KEMAN

# Das weiße Licht des Regenbogens

Plejadische Erzählungen
zum Wandel der Zeit

Rainbowsun Verlag


ISBN 3-9501077-0-3

Das weiße Licht des Regenbogens

1. Auflage Juli 1999


Oberrain 36
A - 6721 Thüringerberg
Telefon: (0043) - (0) 55 50 - 21 24
Telefax: (0043) - (0) 55 50 - 43 40
e-Mail:lichtquell@aon.at

Deutschland:
Projekt Rainbowsun
Günzkofen 11 b
D - 84166 Adlkofen
Telefon: (0049) - (0) 87 07 - 93 17 77
Telefax: (0049) - (0) 87 07 - 93 17 78
e-Mail: rainbowsun.keman@t-online.de

Ich bedanke mich an dieser Stelle bei allen Menschen und sonstigen Wesen, die mich durch mein bisheriges Leben „begleitet“ haben oder mir in irgendeiner anderen Form „begegnet“ sind.
Ein leicht ironischer, wenn auch durchaus ernst gemeinter Dank an das „Leben“ und meine damit verbundenen zahlreichen „Abstürze“, die mir immer wieder zu geistigen „Wachstum“ verholfen haben.

Ein besonderer Dank auch an Lotte und Bernhard für ihr Engagement im Zusammenhang mit der Entstehung dieses Buches. Nicht zu vergessen der Mensch, der die finanziellen Mittel zur Verfügung gestellt hat, und den ich heute noch nicht kenne.

Ihr alle habt und all das hat dazu beigetragen, daß dieses Buch entstanden ist.

Danke !

Dieses Buch widme ich allen Menschen, die sich auf der Suche nach sich selbst befinden, insbesondere denen, die wichtige Menschen, auf welche Art auch immer aus den Augen verloren haben, bevor das wirklich geklärt werden konnte, was zu klären war.

Ich widme es auch dem Andenken an meinen kürzlich verstorbenen Vater

# Vorwort des Autors

Ich habe lange überlegt, was ich Ihnen/Dir lieber Leser als Autor dieses Buches im Vorfeld zu den Inhalten sagen oder erzählen könnte. Zugegebenermaßen fällt mir nichts ein und ich denke die Inhalte dieses Buches sprechen für sich.
Ich wünsche mir, daß dieses Buch ein wenig mehr zu dem Verständnis der Menschen untereinander aber auch dem Verständnis kosmischer Vorgänge dienen wird.
Ein klein wenig mehr liebevoller und menschlicher Umgang des einzelnen Menschen mit sich selbst und mit anderen kann meines Erachtens nach nicht schaden.

Wir befinden uns auf dem Weg zum Bewußtsein des kosmischen Menschen. Gleichgültig wieviel Angst im Augenblick noch in uns sein möge, wir werden lernen, mit ihr umzugehen und sie zu „transformieren".

Ich wünschen Ihnen/Dir lieber Leser, alles Licht und alle Liebe dieser Welt.

KEMAN

Sollten Sie/solltest Du mich persönlich erreichen wollen, wird dies sicherlich möglich sein.
Im Anhang befindet sich ein Hinweis auf das Projekt Rainnbowsun, über das ich erreichbar bin.

## Inhalt

Seid gegrüßt, Menschen des Planeten Erde, in der Liebe des EINEN.

Ihr täuscht euch selbst. Die Täuschung eures Selbst, die „SELBST-Täuschung“, ist auf eurem Planeten nicht nur weit verbreitet, sie dient letztendlich auch dem, was zu tun ihr euch vorgenommen habt.
Während ihr im Zuge eurer spirituellen „Ent-wicklung“ immer wieder nach einer „Auf-gabe“ sucht, also nach einem Lebenszweck, der euch helfen soll, euer Leben, die Möglichkeit euch selbst innerhalb der Dreidimensionalität zu ***leben***, für etwas scheinbar Sinnvolleres „auf-zu-geben“, ist euch nicht einmal ansatzweise bewußt, daß ihr weiter und weiter euch selbst belügt, euch, und damit euer SELBST täuscht.
Ein wissendes Wesen, ein Wesen, das über - von eurer Warte aus gesehen - phänomenales kosmisches Wissen und damit auch über die damit verbundenen Möglichkeiten verfügen kann, **muß**, und es gibt dafür keinen anderen Weg, sich selbst, sein SELBST, das alles weiß, täuschen. Denn nur so ist es möglich, daß dieses wissende Wesen, sich in die absolute Begrenzung eurer dreidimesionalen Welt begibt.
Der Sinn, der dahintersteht, ist derjenige, daß das Wesen, von dem wir sprechen, sich selbst, sein SELBST, durch weiteres Wissen vervollkommnen möchte.
Die Theorie zu erdenken, sich in die Phantasie des Geistes zu begeben und dort gewisse Erlebnisse zu „erträumen“, ist das Eine. Diese Theorie, diese Phantasie in die Praxis umzusetzen, sie am „eigenen Leib“ zu erleben und zu erfahren, ist das Andere.
Damit dies ermöglicht werden kann, muß sich das Wesen in eine Ebene der Schwingung begeben, wo dies möglich ist. Das Wesen muß in seiner ihm eigenen Intelligenz einen Weg finden, sich selbst, sein SELBST zu täuschen und sich selbst vorzugaukeln, es würde, verzeiht diese Bemerkung, eben diese ihm eigene Intelligenz, das in ihm angesiedelte Wissen, eben nicht haben.
Würde dieses Wesen mit all seinen Fähigkeiten und Möglichkeiten innerhalb eines absolut begrenzten Raum-

Zeitgefüges sich aufhalten und würde es in irgendeiner Form leid- oder schmerzvolle Erfahrungen machen, so würde es, aus seinem Wissen und seinen Fähigkeiten heraus, diese Situation sofort verändern.
Damit wäre es der Möglichkeit der **absoluten** Erfahrung beraubt.

Damit das Wesen sich in Begrenzung und „Dunkelheit" erleben und erfahren kann, erschafft es Mechanismen der SELBST-Täuschung, die ihm bei der SELBST-Erfahrung helfen.
Es erschafft sich einen Bewußtseinszustand, in dem seine ihm eigene Intelligenz und seine damit verbundenen Fähigkeiten „überdeckt" werden. Es erschafft sich einen Bewußtseinszustand, der es ihm ermöglicht, Leben in der Dreidimensionalität zu erleben und zu erfahren.

Da es sich dabei um einen Zustand handelt, der zum Ziel hat, innerhalb eines abgegrenzten Zeitgefüges gewisse Erfahrungen zu machen, wird dieses Wesen in seinem Bewußtsein zu einem bestimmten Zeitpunkt seiner „Erlebnis"-Reise im dreidimensionalen Raum-Zeitgefüge einen Mechanismus einbauen, der ihm in seinem begrenzten Bewußtseinszustand die Option erlaubt, sich daraus wieder zu befreien, sich aus dem begrenzten Bewußtseinszustand herauszubegeben, sich aus der Begrenztheit wieder zu befreien, sich zu „ent-wickeln, nachdem es sich in die Begrenzung selbst „eingepackt" hat.
Nun, ihr wissenden Wesen, habt ihr einen Zeit-"Punkt" erreicht, an dem genau dies geschieht. Ihr habt einen Zeitpunkt erreicht, an dem ihr beginnt, wieder wissend zu werden und euch von der Täuschung eures Ur-eigenen SELBST zu lösen.
Zugegebenermaßen macht euch dies sehr zu schaffen. Der Zustand in dem ihr euch befindet, ist immer wieder verbunden mit Ereignissen und Erlebnissen, die den Wesensanteil, der für die Täuschung eures SELBST verantwortlich ist (vergeßt nicht, daß ihr diesen noch benötigt, bevor ihr diesen Anteil von euch zu hassen beginnt) ängstlich und furchtsam sein lassen.

Ihr seid dabei, menschliche Wesen, wieder das zu werden, was ihr eigentlich, im tiefen Inneren eures SELBST immer wart. Wovor also fürchtet ihr euch?

# Wer wir sind

In das jämmerliche Tal der Dunkelheit eingetaucht, sucht ihr nach der Erleuchtung. So fleht ihr die Himmel an, eure Bitten endlich, endlich zu erhören und euch aus eurer Verzweiflung und Hilflosigkeit zu befreien. Was ihr nicht wißt ist, daß ihr strahlende Wesenheiten aus reinem Licht und reiner Liebe seid. Was euch selbst in eure Verzweiflung und Hilflosigkeit führt, sind die Strukturen eures dreidimensionalen Raum-Zeitgefüges, in dem ihr euch in eurem Inkar**m**ationszyklus in einen Ablauf ständigen Lernens und Erfahrens begebt. Sinn und Zweck dieser Inkar**m**ationszyklen innerhalb der dreidimensionalen Raum-Zeitgefüge (es gibt davon mehrere, Anm.d.Verf.) ist lediglich die Erfahrung, sich aus einem scheinbar vollständig abgetrennten Existenzzustand, in dem ihr Menschen euch befindet, sich hinzuentwickeln zu einem Zustand des absoluten Bewußtseins. Erreicht wird dieser Zustand, eben durch das Erleben und Erfahren der dreidimensionalen Realität.

*(Inkarnation stammt ursprünglich von In-Karmation = sich in einen Zyklus des Erlebens und Erfahrens zu begeben, in dem Ursachen gesetzt werden, die der Verursacher in späteren Lebensabschnitten selbst erfährt oder in früheren bereits erlebt hat. Diese Verbindung von (Ver)Ursache(ung) und Wirkung wird aus einer höheren Ebene völlig wertfrei betrachtet und hat nicht einmal ansatzweise mit Schuld oder schuldig werden zu tun. Anm. des Verf.)*

Ihr seid geprägt durch eine Vielfalt von Glaubens- und Verhaltensstrukturen, die euch, euren wahren Wesenskern zum Teil vollständig überdecken. Diesen Bereich werden wir in der Folge detaillierter erläutern.
Im Prinzip seid ihr Wesenheiten, die sich ihrer selbst durchaus bewußt sind. Ihr **glaubt** nur, unbewußt zu sein. Dabei hilft euch ein eigener Wesensaspekt, dessen Aufgabe eben darin besteht, euch scheinbar unbewußt zu halten.

Wir sind die Wesenheiten von Alcyone, der zentralen Sonne der Plejaden. Unsere Existenzform, unsere „Körperlichkeit", würdet ihr als reines Licht wahrnehmen. Wir leben als reines Licht oder Energie innerhalb von reinem Licht oder reiner Energie. Wir sind die Hüter des Wissens von Alcyone und nun ist eine Qualität der Zeit erreicht, in der eure Konfrontationen, mit der Begrenztheit eures eigenen, körperlichen Bewußtseins eine neue Qualität, eine neue Dimension erhält.

Eure Welt ist geprägt von Ängsten und Befürchtungen. Ihr selbst seid geprägt durch eure in euch hineingeprägten oder programmierten Ängste und Befürchtungen.
Nachdem ihr nun immer intensiver in eine Form der Energie eintretet, die euch loslöst von euren Verhaltens- und Glaubensstrukturen, seid ihr nun immer intensiver konfrontiert mit euren Ängsten und Befürchtungen, aber auch mit eurer eigenen Konstruktivität oder Freude.
Ihr selbst habt die Wahl, wenn ihr gelernt habt, daß ihr tatsächlich wählen könnt. Solange die Angst, die Furcht euch beherrscht, seid ihr in den Möglichkeiten eurer freien Entscheidung vollständig begrenzt. **Ihr seid** Wesenheiten aus reinem Licht. Geboren aus dem Bedürfnis des EINEN Wesens, sich selbst erleben und erfahren zu können.
Wir werden euch Informationen geben, die euch behilflich sein können, für euch selbst ein neues, völlig verändertes Bild eurer Welt und aller damit verbundenen Geschehnisse entwickeln und entwerfen zu können. Doch seid an dieser Stelle auch gewarnt. Ihr werdet nicht mehr sagen können: „Das haben wir nicht gewußt!".
Vieles von dem, was wir euch an Information übermitteln, wird euch tief in euch selbst betroffen machen. Vieles von dem, was wir euch übermitteln, wird euch unter Umständen helfen, Teile eurer „SELBST-Täuschung" aufzuheben. Fragt euch an dieser Stelle, ob ihr dies tatsächlich wollt!

Diese, unsere Erzählung, wird euch konfrontieren mit Zusammenhängen, die euch gegebenenfalls zunächst durchaus verwirren können. Aus diesem Grunde solltet ihr die

Erzählung mit all ihren einzelnen Kapiteln als Gesamtheit sehen.
Erst das Ganze läßt euch die Zusammenhänge wahrhaftig begreifen.
Jeder der einzelnen Anteile enthält eine Vielzahl an Informationen. Dennoch bilden erst alle Informationen das gesamte Bild. Widersprüche werden sich in euch regen und gegebenenfalls auch Ablehnung. Denoch werdet ihr immer wieder in euch **fühlen**, daß Wahrheit in den Worten liegt.
Wir erzählen euch nichts Fremdes. Wir erzählen euch eure eigene Geschichte und eure höheren Wesensanteile werden vieles wiedererkennen.
Wenn ihr diese Geschichte lest, macht ihr euch auf eine Reise zu euch (eurem) SELBST.

Die Welt in der ihr lebt ist geprägt, durch den „Leib-haftigen", eine Wesenheit, die der Körperlichkeit unterliegt, und die nicht interessiert ist, Licht in sich zu lassen. Täuschung, Lüge und Gier beherrschen euren Planeten und ihr selbst seid, ob ihr es nun wollt oder nicht, Teil dieser Täuschung.
Nun jedoch führt der Weg eurer spirituellen „Ent-Wicklung" euch in Bereiche, die euch euren eigenen lichten Wesenskern mehr und mehr wahrnehmen lassen.

Wir sind die Wesenheiten von Alcyone, der zentralen Sonne der Plejaden.

**Energie = Information = Schwingung = Bewußtsein = Licht.**

Diese mathematische Formel beinhaltet im Prinzip immenses Wissen.

**Wissen = Information = Schwingung = Bewußtsein = Energie = Licht**

Gleichgültig, wie ihr diese Formel dreht und wendet, sie bildet immer die Basis für alles, was ist, für alles, was lebt.
Wissen ist Macht, doch Macht ist längst nicht das, was die

scheinbar Mächtigen eures Planeten euch weißmachen wollen. Wer weiß, ist unabhängig, kommt zu sich selbst, zu seinem inneren Wesenskern. Wenn ihr wißt, so erhaltet ihr wieder die Macht über euch selbst. Wenn ihr wißt, seid ihr mächtig, doch euer Wissen ob all der kosmischen Vorgänge wird dafür sorgen, daß ihr eure Macht einzig und allein **für euch** und **nicht gegen andere** gebraucht.

So wie wir eure Zukunft sind, seid ihr unsere Vergangenheit. Ihr und wir sind EINS, einzig und allein die Qualität der Zeit, die ihr gestaltet und die wir gestalten, unterscheiden uns.
Nehmt nicht alles, was wir euch übermitteln, als einzig und allein seligmachende Wahrheit hin, sondern beginnt, Verantwortung für euch selbst zu übernehmen. Betrachtet die von uns übermittelten Informationen als Unterstützung in eurer Qualität der Zeit und entscheidet für euch selbst, was für euch selbst als sinnvoll oder nicht sinnvoll erscheint.

Ihr kehrt zurück in das Licht, Kinder des Lichtes.

# Das EINE Wesen

Verwenden wir in unseren Aussagen die Bezeichnung „Gott" oder „göttlich", so ist sie immer und ausschließlich so zu interpretieren, daß sie sich auf das EINE Wesen bezieht. Das EINE Wesen ist die Quelle allen bewußten und unbewußten Lebens innerhalb der kosmischen Begrenzungen. Jede Verbindung zu der Wesenheit, die euch durch vielfältige Fehlinterpretationen alter überlieferter Schriften als „Gott" zu akzeptieren suggeriert wurde, würde wiederum zu Mißverständnissen führen, die aufgrund eurer Sprachstrukturierung ohnehin auftreten können. Eure Sprache ermöglicht es nicht oder nur ansatzweise, mit gewissen Aussagen verbundene emotionale Aussagen oder Ergänzungen zum Ausdruck zu bringen. Ihr verwendet eine der Ratio, dem irdischen oder dreidimensionalen Aspekt eures SELBST angepaßte Ausdrucksform, die einem anderen Aspekt, der sich überwiegend emotional zum Ausdruck bringt, das schriftliche Übermittlen beinahe unmöglich macht.

Anders als in euren religiösen, kulturellen oder gesellschaftlichen Normen verankert, ist das EINE Wesen eine Art von Bewußtseinszustand, auf dem **jede** nur erdenkliche Ausdrucksform von Bewußtsein beruht. Das EINE Wesen ist die Quelle, der Ursprung, die Basis **ALLES** Existenten, gleichgültig ob sich dies nun in körperlicher oder materieller Form oder in rein feinstofflicher oder geistiger Form als Leben zum Ausdruck bringt.
Jedes Leben hat das Bedürfnis, sich selbst zu erkennen und sich selbst zu verwirklichen. Für diesen Vorgang bildet das EINE Wesen, so wie für alle anderen Vorgänge ebenfalls, den Ursprung.
Stellt euch ein Wesen vor, das ALLES ist. Dieses Wesen ist Frage und Antwort, Aufgabe und Lösung. In dem Augenblick, in dem sich dieses Wesen eine Frage stellt, hat es bereits die Antwort parat, da Frage und Antwort ebenfalls EINS ist. Jede Wesenheit kann sich nur eine Frage stellen, wenn die Antwort bereits irgendwo im Kosmos als Energie vorhanden ist. Ebenso

kann dieses Wesen sich nur eine Frage stellen, die sich innerhalb seiner Phantasiestrukturen befindet. Dieses Wesen hat nur die Möglichkeit sich eine Frage zu stellen, die bereits Teil seines ureigenen Bewußtseins ist.
Dieses Wesen ist die Aufgabenstellung und die Lösung. Für dieses Wesen ist beides EINS.
Dieses Wesen kann sich wiederum nur Aufgaben stellen, die sich bereits innerhalb der ureigenen Bewußtseinsstruktur befinden. In diesem Existenzzustand ist das Wesen mit sich selbst EINS. Es gibt weder Unzufriedenheit, noch Haß. Es gibt einzig und allein dieses Wesen und all seine Persönlichkeitsaspekte.
Selbsterfahrung oder Selbsterkenntnis ist nur innerhalb eines sehr begrenzten Rahmens möglich.
Damit Selbsterkenntnis ermöglicht wird, muß dieses EINE Wesen einen Zustand in sich selbst erschaffen, der Frage und Antwort, Lösung und Aufgabe voneinander trennt.
So werden zwei Formen von Energie oder Bewußtsein erschaffen, nämlich das Bewußtsein konstruktiver Art, das Frage und Aufgabenstellen beinhaltet, und die andere Ausdrucksform von Bewußtsein, das Antwort und Lösung beinhaltet.
Beides voneinander getrennt bietet die Chance und Möglichkeit durch die scheinbare Trennung von Frage und Antwort beide sich aufeinander zubewegen zu lassen. Durch das Erschaffen zweier sich selbst gegengerichteter Energie- oder Bewußtseinszustände entsteht ein Spannungsfeld, das sich durch gewisse Vorgänge versucht selbst zu verwirklichen, sich versucht selbst zum Ausdruck zu bringen.
Da das EINE Wesen sich selbst und alle mit sich selbst verbundenen Möglichkeiten der Selbsterkenntnis erleben und erfahren kann, muß es die Möglichkeit der Selbsterfahrung erschaffen.
Dazu dient die weitere Trennung und Aufteilung in eine schier unbegrenzte Anzahl von einzelnen Persönlichkeitsaspekten.
Anders formuliert, wird die Selbsterkenntnis des EINEN Wesens nur möglich, indem ES sich selbst, SEIN Bewußtsein teilt und aus dieser Teilung wiederum verschiedene

Bewußtseins- oder Persönlichkeitsaspekte von sich selbst zu einzelnen Persönlichkeiten zusammenfügt.
So werden Wesenheiten geschaffen, von denen eine jede Anteile der Persönlichkeit des EINEN Wesens in unterschiedlicher Kombination in sich trägt. So werden also beide Formen des voneinander getrennten Bewußtseins konstruktiver und destruktiver Art so miteinander zu einer eigenen Persönlichkeit verschmolzen, daß daraus jeweils Persönlichkeiten entstehen, die **beides** in sich tragen, beides in sich vereinen.
Diese so erschaffenen Wesenheiten sind sich ihrer Existenz und ihrer Herkunft noch sehr bewußt. Diese Wesenheiten werden bezeichnet als die Schöpfergötter, von denen es zweimal sechs gibt. Die ersten sechs repräsentieren die konstruktive Bewußtseinsform, die anderen sechs die destruktive Bewußtseinsform. Obgleich beides im Prinzip eines ist, ist die Polarität der Bewußtseinszustände der bezeichneten Wesenheiten in ihrer Grundtendenz gegensätzlich gepolt.
So und erst so, kann die Frage nach der Antwort suchen und die Aufgabe nach der Lösung. So jedoch muß die Antwort auch nach der Frage suchen und die Lösung nach der Aufgabe.
Beide sind gleich und doch sind beide anders.
Beide Zustände von „Ur-Bewußtsein“, gehen wiederum den Weg der Erkenntnis des eigenen Selbst. Jeglicher voneinander getrennte Bewußtseinszustand gegensätzlicher Polarität sucht sich in der Realität selbst zum Ausdruck zu bringen.
Versucht an dieser Stelle nicht krampfhaft den Zusammenhang zu verstehen. Es wird euch klar werden.
Die so entstandene Existenz der zweimal zwölf Schöpfergötter, bildet die Basis jeglicher Erschaffung von weiterer Persönlichkeitsenergie oder, anders formuliert, von Bewußtsein.
Durch weitere Aufteilung von Bewußtseinsenergie der zwölf Schöpfergötter, wurden immer wieder weitere Bewußtseinszustände erschaffen, deren Lebenszweck und -inhalt die fortwährende Bewußtwerdung der eigenen Persönlichkeit, des eigenen SELBST ist.

Seid euch bewußt, daß jegliche Form der Bewußtwerdung aus einer einmal herbeigeführten Trennung des EINEN Wesens entstanden ist und nach wie vor entsteht, das nach wie vor ebenfalls in seiner Ganzheit existent ist.

Ihr seid, ob euch dies nun bewußt ist oder nicht, Wesensanteile des EINEN Wesens, die sich durch die Zyklen der Inkar**m**ation auf den Weg der Selbsterkenntnis begeben haben.
Euer Leben, ist das dreidimensional körperlich gewordene Bedürfnis des EINEN Wesens, sich selbst innerhalb dreidimensionaler Bewußtseinsstrukturen zu erleben und zu erfahren.
Euer Leben, eure Erkenntnisprozesse des eigenen SELBST, sind die Informationen, die das EINE Wesen **durch euch** erlebt und erfährt.
Lebt ihr euer Leben, so lebt ihr das Leben des EINEN Wesens. Verweigert ihr euch eurem Leben, so verweigert ihr euch dem Bedürfnis der Selbsterkenntnis des EINEN Wesens. Beides jedoch liegt innerhalb eurer Entscheidungsfähigkeit. Gleichgültig welchen der beiden Wege ihr nun wählt, nichts und **niemand**, der die tatsächlichen, kosmischen Geschehnisse und Mechanismen verstanden hat, wird euch dafür beurteilen, verurteilen oder bestrafen, da dies eben euer eigener Weg ist.

Geprägt seid ihr durch eure Verhaltensweisen eurer dreidimensionalen, gesellschaftlichen Strukturen.
Diese basieren nicht auf den göttlichen Prinzipien, sondern einzig und allein auf menschlichen (leib-haftigen) Strukturen.
Nun ist die Qualität der Zeit, euch daraus zu befreien.
Friede mit euch und Friede in euch, Kinder des Lichtes.

## Was ihr wollt

In euch sind eine Vielzahl von Bedürfnissen und Wünschen. Ihr sucht in eurer äußeren Welt immer wieder nach Möglichkeiten und Chancen, diese, eure Wünsche euch zu erfüllen. Doch wie ihr es auch dreht und wendet, überall stoßt ihr auf Dogmen, Verhaltensweisen und Begrenzungen, die euch klar und deutlich mitteilen, daß die Erfüllung eurer Wünsche und eurer tief in euch verwurzelten Bedürfnisse nicht möglich erscheint oder nicht „gestattet" ist.
So geratet ihr wiederum in Konflikt mit euch selbst und der Folgemechanismus ist derjenige, daß ihr für euch selbst Taktiken entwickeln und entwerfen müßt, mit denen ihr euch selbst verständlich machen könnt, daß die „Be-Fried-igung" eurer Bedürfnisse nicht notwendig ist oder diese Wünsche und tiefen Bedürfnisse von der „dunklen" Seite in euch projiziert wurden, um euch in „Versuchung" zu führen.
Euer spiritueller Kommerz und die damit verbundenen dogmatisierenden Anforderungen an euch, die euch wiederum übermitteln, daß es Erkenntnis und vor allem die Liebe des EINEN Wesens, die nicht fragt und nicht verlangt, für euch nur dann gibt, wenn ihr die Anforderungen von Führern, Lehrern oder scheinbaren Meistern erfüllt.
Materielle Bedürfnisse werden verkleidet in das Dogma, daß euer Geld schlecht und die Wurzel allen Übels ist, daß eure Krankheiten Störungen eures Energiefeldes sind, die zum Teil von außen, aus der „höheren" Ebene in euch hineinprojiziert werden, um euch zu lehren und daß Sexualität, welch „schmutziges" Wort, der primitiven Triebbefriedung dient und somit unspirituell ist.

Wieder ergreift ihr alle möglichen Gelegenheiten beim Schopfe, die es euch ermöglichen eurer eigenen, inneren Menschwerdung entgegenzusteuern, euch wiederum selbst zu verleugnen.
Die Bedürfnisse, die Wünsche bleiben, werden jedoch überdeckt durch neue Verhaltensstrukturen, die ihr als „wahr" akzeptiert, ob ihr sie nun tatsächlich verstehen könnt oder

nicht. „Die da oben“ werden schon wissen, was sie von euch (scheinbar) verlangen. In eurer antrainierten Hilflosigkeit, in eurer angelernten Minderwertigkeit sucht ihr weiterhin nach Autoritäten, die ihr auf ein Podest stellt und sie mehr oder weniger verehrt, ohne zu wissen, daß auch diese „nur“ Menschen sind oder „geistige“ Wesenheiten, die sich durch menschliche Existenz zum Ausdruck bringen.
Ihr bleibt dabei, daß ihr klein seid und mickrig. Ihr bleibt dabei, daß ihr hilflos seid und abgetrennt.
Ihr **wollt** weiterhin „minderwertig“ bleiben und akzeptiert die euch übermittelten Glaubenssätze, daß Geld schlecht ist, Krankheit „verdient“ wird und Einsamkeit eurer Selbstfindung dient.

In euch jedoch fühlt ihr unter Umständen etwas völlig anderes. Doch was euch bleibt ist die Furcht, daß, wenn ihr euren Bedürfnissen, euren Wünschen doch Folge leistet, ihr gegen die „höheren“ Vorgaben oder Gesetze verstoßt und damit die „Strafe von da oben“ folgen wird.
Ein „Teufels“-Kreis, innerhalb dem ihr euch ständig gezwungen seht, euch bewegen zu müssen. Könntet ihr euch tatsächlich dafür „ent-scheiden“, eure Wünsche und Bedürfnisse als sinnlos oder nicht erfüllungswürdig von euch gehen zu lassen, so wäre dies ein „echter“, ein „wahrhaftiger“ Bewußtseinszustand. Ob dieser nun tatsächlich erstrebenswert erscheint, muß ein jeder von euch für sich selbst entscheiden. Da ihr eure Wünsche und Bedürfnisse jedoch tief in euch tatsächlich zu erfüllen wünscht, ist die scheinbare Absicht von euch „gut“ zu sein, und den Anforderungen von denen „da oben“ zu entsprechen, wiederum ein Akt der Verleugnung eures wahren SELBST.
So entsteht wiederum ein energetisches Spannungsfeld oder ein Bewußtseinsspannungsfeld, das sich zu verwirklichen wünscht. Ihr setzt durch eure Selbstverleugnung immer wieder einen Schöpfungsakt in Gang, der euch in der äußeren, der materiellen oder dreidimensionalen Welt mit euch selbst, mit eurem SELBST konfrontiert. Euer SELBST, also die Dreiheit von Körper, Geist und Seele, die eigentlich eine Vierheit ist,

beabsichtigt, sich selbst zu erleben und zu erfahren. Jegliche Verleugnung dieses SELBST göttlicher Herkunft, ist eine Verleugnung des kosmischen Lebensprinzips, des SELBST-Erfahrungsprinzips des EINEN Wesens, dessen Einzelaspekte ihr, jeder einzelne von euch, ist oder seid.
Das Befolgen von Regeln, das Einhalten dogmatischer Verhaltensweisen, ist für euch wichtiger geworden, als die SELBST-Verwirklichung des Lebens selbst.

Immer wieder wird euch übermittelt, daß ihr SELBST-Vertrauen, SELBST-Bewußtsein und SELBST-Liebe erleben und erfahren solltet. Dieser Form der SELBST-Verwirklichung entgegengesetzt sind Glaubenssätze wie „Hochmut kommt vor dem Fall", „Wer hoch kommt, fällt tief", und viele weitere mehr.
Das tiefe Bedürfnis nach SELBST-Vertrauen und SELBST-Verwirklichung steht der Dogmatisierung, der Programmierung und den manipulativen und angstfördernden Verhaltensweisen eurer **gesamten** Welt entgegen. Die Furcht vor Bestrafung, die ihr aus eurer Kindheit kennt, da ihr sie immer wieder schmerzvoll erleben und erfahren durftet, ist in eurem „kindlichen" Erinnerungsbewußtsein so tief verankert, daß sie immer noch aktiv ist.

Die euch möglich scheinenden Verhaltensweisen oder Handlungen stehen in absoluter Opposition zu euren Bedürfnissen. Das daraus resultierende Spannungsfeld hat die Tendenz, euch aus eurem Dilemma zu befreien, euch zu unterstützen.

Aus diesem Grunde seid ihr gerade in dieser Qualität der Zeit auf intensive Art und Weise mit eben diesen Verhaltensweisen konfrontiert. Konfrontation führt entweder zur Befreiung oder zu neuen Konflikten und daraus resultierend, gegebenenfalls zu Frustration.
Doch seid ihr dabei, euch selbst zu befreien und das unbegrenzte Glück der SELBST-Erfahrung steht euch unmittelbar bevor.
Es ist an der Zeit, Kinder des Lichtes, ein großes Fest zu feiern.

# Was ist das Bewußtsein des EINEN Wesens?

Prana, Chi, göttliches Bewußtsein, Ur-Energie, kosmisches Bewußtsein, und vielerlei Bezeichnungen mehr für im Prinzip, ein und dasselbe. Immer wieder verwendet ihr unterschiedliche Begriffe für das gleiche Phänomen, was bei vielen von euch zu immer größerer Verwirrung führt. Letztendlich ist den meisten von euch nicht bewußt, was dieses „Zeug" letztendlich ist und ihr versucht immer wieder, zu etwas zu kommen, das im Prinzip Teil eurer eigenen Existenz ist. Ihr versucht etwas in euch zu aktivieren, aus dem alles im Kosmos besteht, dessen Mechanismen oder Wirkungsweisen euch jedoch nicht bekannt sind.

Das auf Manipulation, Täuschung, Lüge und Menschenverachtung basierende Weltbild eures planetaren Kollektives zeigt euch lediglich, daß es Materie und Geist gibt und beides irgendwie miteinander zu tun haben muß. Wie jedoch, scheint niemand so recht zu wissen.

Dann gibt es in eurem Weltbild noch etwas, das Seele heißt, und über das wohl jeder verfügen sollte, aber wo diese „Dinger" nun zu finden sind, weiß niemand so recht.

Also bastelt ihr euch ein Bild eures Planeten, der damit verbundenen Naturgesetze, und versucht euch damit ein universelles oder kosmisches Gefüge zu bauen.

Eure Wissenschaft weiß vieles, was euch noch nicht bekannt ist, doch vieles scheint noch immer undurchschaubar.

Weiß ein Fisch, daß er im Wasser schwimmt? Denkt er überhaupt darüber nach?

In was „schwimmt" ihr Menschen?

Das gesamte kosmische Gefüge basiert einzig und allein auf dem Bewußtseinsphänomen der Bewußtwerdung des EINEN Wesens. Das EINE Wesen ist letztendlich die Ausgangsbasis aller vorhandenen Materie und Nicht-Materie, wobei der Begriff „Materie" noch gesondert erläutert werden muß, da dies wiederum zu Mißverständnissen führen würde.

Das EINE Wesen erschafft durch seine „Denkvorgänge" Bewußtsein oder, anders formuliert, gewisse Formen von

Energie. Diese Energieformen sind immer polar strukturiert, da sie ohne die Polarität nicht wahrhaftig existent sein könnten.

Tatsächlich verhält es sich so, daß das EINE Wesen körperlos ist, und somit alle Schöpfungsvorgänge (wir werden auch zu diesen zurückkehren) letztendlich einzig und allein in seiner Gedankenwelt gestaltet. Diese Gedankenenergie ist etwas, das ihr als sehr hochschwingend energetisch bezeichnen würdet. Tatsächlich ist im Kosmos keine andere Energieform mit der des EINEN Wesens identisch oder vergleichbar.
Die reine Energie des EINEN Wesens ist tatsächlich so unbeschreiblich stark, daß kaum in den Weiten des ALL-ES Wesenheiten existieren, die sich dem EINEN Wesen tatsächlich nähern können.
Der rein gedankliche Schöpfungsakt des EINEN Wesens zieht gewisse Konsequenzen nach sich, da die Gedankenenergie des EINEN Wesens die Tendenz hat, sich nahezu zeitlich unverzögert sofort in materiellen Ausdruck zu bringen. Dies ist deshalb der Fall, da dem EINEN Wesen im Prinzip keine Zweifel an SICH und SEINEN Fähigkeiten bewußt sind.
Dies bedeutet nicht, daß das Erdachte oder, anders formuliert, das Erschaffene sofort in seiner gedachten Form zum Ausdruck gebracht wird, sondern gewisse Ereignisse und Geschehnisse werden miteinander verknüpft, die dann letztendlich zur Folge haben, daß das Erdachte des EINEN Wesens sich zum Ausdruck bringt.
Ihr werdet im weiteren Verlaufe unserer Erzählungen die Zusammenhänge noch zu verstehen lernen. Wir bitten um etwas Geduld.

Bei dem Schöpfungsakt des EINEN Wesens wird also die „Gedanken"-Energie des EINEN Wesens zum Ursprung aller nachfolgenden Ereignisse.
Die Gedankenenergie, das Bewußtsein des EINEN Wesens formt den gesamten Kosmos und alles Leben innerhalb dieses Bereiches.
Alles, was sich in irgendeiner Form als materieller oder nichtmaterieller Anteil der EINEN Bewußtseinsenergie inner-

halb des Kosmos aufhält oder existiert, hat seinen Ursprung im EINEN Wesen. Dies trifft also auf ALL-ES zu.
Anders formuliert, ist ALL-ES Existente innerhalb des Kosmos, die Bewußtseins- oder Gedankenenergie des EINEN Wesens.
ALL-ES Existente ist der reine Ausdruck der Gedanken- oder Bewußtseinsenergie des EINEN Wesens.
ALL-ES Existierende im Kosmos, und es gibt nichts, das nicht im Kosmos existiert, ist das Bewußtsein des EINEN Wesens.
Die Bewußtseinsenergie des EINEN Wesens ist das Wasser, in dem ihr schwimmt.
Die Bewußtseinsenergie des EINEN Wesens ist das Bewußtsein, aus dem ihr geschaffen wurdet, und aus dem ihr und ALL-ES Sichtbare und Nichtsichtbare um euch herum existiert.
Das Bewußtsein des EINEN Wesens ist die Form der Energie, nach der ihr sucht und die ihr so oft nicht findet, da ihr überzeugt seid, daß sie „irgendwo da oben" sein müßte.
Tatsächlich ist sie in euch und um euch herum und, wir wiederholen uns, ALL-ES besteht daraus.

Für euch sind die „Dinge" kompliziert, weil euch immer wieder suggeriert wurde, daß ihr klein, unwissend und nichts seid.
Tatsächlich sind die „Dinge" unglaublich einfach. **Ihr** seid das, wonach ihr sucht. Nicht mehr und nicht weniger.
Wenn ihr es nur glauben könntet ............

Wir bitten um Verständnis, daß wir euch so unglaublich komplizierte und „heilige" Dinge so banal und beinahe kindlich erklären.

## Was ist Materie?

Nichts ist einfacher zu erklären, als die Definition des Begriffes „Materie".
Materie ist für dreidimensionale Verhältnisse sichtbar gemachtes, oder zu dreidimensional-materiellem Ausdruck gebrachtes Bewußtsein des EINEN Wesens.
Wenn ihr nun argumentiert, daß Materie im Prinzip ja auch noch aus Atomen, Molekülen und sonstigen Teilchen wie den „Quarks" oder „Tachionen"Teilchen besteht, so habt ihr durchaus recht.
Dennoch möchten wir euch darauf hinweisen, daß Materie in ihrer einfachsten Struktur aus dem Bewußtsein des EINEN Wesens besteht. Es spielt dabei noch nicht einmal eine besonders große Rolle, ob ihr nun von drei-, vier-, fünf- oder noch „höherer"-dimensional zuzuordnender Materie sprecht.
Die Grundsubstanz der Materie ist das Bewußtsein, die Gedankenenergie des EINEN Wesens.

Sucht ihr nun nach einer Erklärung des „Phänomens Materie", kommt ihr, um dies wahrhaftig zu verstehen, nicht darum herum, die Mechanismen hinter dem in materielle Ausdrucksform gebrachten Bewußtsein zu betrachten.
Dies wird zwar euer Welt- und insbesondere euer SELBST-Bild gegebenenfalls ein wenig erschüttern, aber es wird dennoch euer Verständnis für ALL-ES, was ist, fördern.

Das EINE Wesen erschafft auf allen Schwingungsebenen oder Dimensionen durch sein Bedürfnis nach SELBST-Erfahrung und SELBST-Erkenntnis eine Basis für diesen Vorgang.
Ebenfalls erschafft das EINE Wesen in seinem Geist oder seiner Phantasie Teilaspekte oder Teilpersönlichkeiten aus seiner eigenen Persönlichkeitsstruktur, die in dieses Basisgefüge hineinpassen und dort die Möglichkeit der eigenen Entwicklung und Entfaltung haben.
Vergeßt jedoch nicht: All dies sind Anteile oder Teilaspekte des EINEN Wesens.
Alles Erschaffene ist lebendiger Ausdruck des EINEN Wesens

oder, anders formuliert alles was ist, sind Gedanken des EINEN Wesens, die sich selbst weiterdenken.

Da das Prinzip der Schöpfung nicht ausschließlich auf das EINE Wesen begrenzt und beschränkt ist, sondern jedes, sich selbst bewußte Gedankenfeld des EINEN Wesens selbst Schöpferkraft in sich trägt, wird von jedem sich selbst bewußten Bewußtsein des EINEN Wesens oder, anders zum Ausdruck gebracht, von jeder **Wesenheit**,Realität oder Materie erschaffen.

In euren Vorstellungen ist etwas Lebendiges ein „Gegenstand", der sich selbst bewegt oder, unter Umständen, sogar selbsttätig denkt.
Tatsächlich ist alles, tatsächlich ohne Ausnahme ALL-ES, lebendiger Ausdruck des EINEN Wesens. Das, was ihr als „tote" Materie bezeichnet, ist wahrhaft **nicht** existent.
Materie, mag sie aus eurer Wahrnehmung betrachtet noch so starr und unbeweglich sein, besteht aus dem Bewußtsein, der Gedankenenergie des EINEN Wesens, so wie ALL-ES innerhalb des Kosmos es tut.
ALL-ES auf eurem Planeten, ihr selbst, andere Menschen oder Lebewesen um euch herum, selbst die „tote" Materie, werden gebildet und strukturiert aus der Kraft der Gedanken. Sie werden gebildet durch die Kraft der Wesensanteile des EINEN Wesens, das ihr, jeder einzelne von euch, seid und bleiben werdet auf alle Zeit, bis ALL-ES sich vereint in dem einzigen, was jemals wahrhaftig existierte: dem EINEN Wesen.

Ist euch bewußt, was diese Aussage für euch bedeutet, Kinder des Lichtes?

## Spiritualität

Wieviele von euch leben Spiritualität in ihren Köpfen anstatt in ihren Herzen?
Wieviele von euch lesen sich „Wissen“ an und leben es so, als käme es aus ihren eigenen Herzen?
Seid ihr wahrhaftig glücklich mit euren spirituellen Überzeugungen?
Seid ihr wahrhaftig zufrieden mit euren aufgesetzten Reglements und dogmatischen Verhaltensweisen?

Eure Spiritualität entsteht oftmals in euren Köpfen, nicht in euren Herzen. So sagt euch euer Kopf, die Ratio, der Verstand, der physische Ausdruck eurer Seinsform, viele Begriffe für ein und dasselbe, was für euch „richtig“ und was für euch „falsch“ ist. Dieser Aspekt jedoch ist unterworfen einer Vielzahl von rein materiellen Gegebenheiten und wird euch immer wieder mit einer Form der Angst begleiten, die letztendlich aus vielen anerzogenen oder in euch hineinprogrammierten Verhaltensweisen entstanden ist.

Uns ist daran gelegen, euch Hinweise über euch selbst zu geben. Dies mag in einigen Fällen nicht besonders angenehm sein, insbesondere dann, wenn ihr euch in verschiedenen Zusammenhängen angesprochen, berührt oder „erwischt“ fühlt. Uns ist jedoch **nicht** daran gelegen, euch zu „erwischen“. Wir sind nicht daran interessiert, euch zu sagen, was ihr richtig oder falsch macht, da dies Formen von Bewertungen erfordern würde, die auf Werteskalen beruhen, die einzig und allein künstlich erzeugte und manipulative Hintergründe haben.
Spiritualität entsteht in euren Herzen. Spiritualität ist etwas, das ihr nicht erst „ent-wickeln“ müßt. Ihr seid hochspirituelle Wesenheiten, deren wahrhaftiger Wesenskern überdeckt ist mit einigen „Programmen“, die sich langsam aber sicher aufzulösen bsbeginnen. Ihr wickelt euch aus euren, auf euren wahren Wesenskern aufgesetzten, Bewußtseinsschichten aus. Dies ist der Vorgang der „Ent-Wicklung“.

Spiritualität müßt ihr nicht entwickeln. Sie ist in euch, ihr seid sie. Das Problem oder das Thema, das euch daran hindert, das spirituelle Wesen zu sein, das jeder einzelne von euch ist, ist der Bereich eurer ganzheitlichen Seinsform aus Körper **und** Geist **und** Seele, den wir in diesem Zusammenhang als „das physische SELBST" bezeichnen wollen. Bevor ihr nun wieder erschreckt, weil wir euch wiederum einen Begriff übermitteln, dessen Bedeutung so unklar ist, wie für viele von euch die Begriffe von „höherem SELBST", „niederem SELBST" und vieler anderer mehr, seid versichert, daß wir diese Unklarheiten noch beseitigen werden.

Spiritualität ist weder kompliziert, noch unüberschaubar. Spiritualität **ist**. Nicht mehr und nicht weniger. Was all diese „Dinge" für euch so unübersichtlich macht, ist die allgemein herrschende Verwirrung, die Kompliziertheit eurer Gedanken und Gefühle. Euer Zweifel, der durchaus bewußt in euch projiziert wird, damit ihr euch (eures) SELBST eben **nicht** sicher sein könnt. Wer zweifelt, wer sich schuldig, klein und unwissend fühlt, ist auf das Außen, also die äußere, physische Welt angewiesen und wird meist dort nach der Lösung suchen. ALL-ES, was ihr braucht, werdet ihr dort jedoch nicht finden. Das, wonach ihr wahrhaftig sucht, ist in eurem eigenen Inneren. Dies jedoch könnt oder wollt ihr nicht glauben und so sucht ihr weiterhin im Außen nach den Lösungen. Ihr findet jedoch nicht die „Lösung" in der äußeren Welt, ihr findet die „Bindungen".
Die äußere Welt ist sehr bedeutsam für euch auf eurem Wege der SELBST-Findung und der SELBST-Erkenntnis. Doch euch selbst werdet ihr dort nicht finden.
ALL-ES, wonach ihr sucht, tragt ihr in euch, in eurem inneren Wesenskern, der lediglich überdeckt ist durch einige physische Bewußtseinsprogramme und der euch aufgrund dessen teilhaben läßt an den menschlichen Verhaltensweisen, die sich wiederum ausdrücken durch Frustration, Unzulänglichkeit, Minderwertigkeit, Zweifel und Angst.
Dies sind die wahren „Spiritualitätskiller" auf eurer Welt. Alle Verhaltensweisen, die ihr als „negativ" bezeichnet, lassen sich

zurückführen auf Bewußtseinsstrukturen der Angst.
Diese Energie der Angst ist es, die euren wahrhaftigen Wesenskern überdeckt. Ihr lebt in einer Welt, die beherrscht wird von Angst.

Viele von euch leben eine Form der aufgesetzten Spiritualität. Dabei handelt es sich um Formen der Spiritualität, die einzig und allein von eurem „Kopf", eurer Ratio gelebt und kontrolliert wird. Dieser wiederum ist durch die soeben beschriebenen Angststrukturen „verseucht". Das Ergebnis daraus ist klar: Spiritualität wird verwendet um Ängste zu überdecken, Minderwertigkeiten und gewisse Unfähigkeiten.
Die auf diese Art gelebte Form der Spiritualität ist dogmatisierend und missionierend, entwickelt jedoch nicht oder nur im Ansatz die wahren Fähigkeiten einer Wesenheit, da Angststrukturen nicht durch SELBST-Verständnis und SELBST-Liebe integriert und somit aufgelöst, sondern auch in der Spiritualität dominant sind.
Werte und Urteile sind die Folge der „Ratio-Spiritualität" und daraus resultierende andere Macht- und Angststrukturen, die den Umgang mit anderen lichten Wesenheiten im menschlichen Körper erschweren.

Spiritualität fließt aus den Herzen, denn dort ist die Verbindung zwischen „oben" und „unten".
Seid euch selbst nicht böse, Kinder des Lichtes, wenn ihr „Kopf-Spiritualisten" seid. Begreift, daß dies ein Vorgang ist, den ihr benötigt um zu euch selbst zu finden. Versteht, daß ihr nicht anders konntet, als ihr es in eurem Leben getan habt. Hättet ihr anders handeln, denken oder fühlen können, hättet ihr es dann nicht getan?
Wer hat das Recht, einen oder viele von euch zu verurteilen, wenn ihr es nicht anders wußtet? Diese Aussage gilt nicht nur für unsere Erzählung, sondern für euer gesamtes bisheriges Leben!
Wie hättet ihr anders denken, fühlen oder handeln sollen, wenn die Angst in euch ist und euch mit ihren Krallen am Boden hält, so daß ihr nach Wegen suchen müßt, dennoch schweben zu

können?
Verurteilt euch selbst nicht und verurteilt andere nicht. Beginnt euch selbst zu begreifen und zu verstehen, damit ihr wiederum einen Schritt näher zu euch selbst kommt.

Beginnt euch zu mögen, Kinder des Lichtes, so wie ihr seid.

## Das „Menschwerdungsprogramm“

Eine Wesenheit, die beschließt sich auf dem Planeten zu inkar**m**ieren, muß zunächst einmal lernen, wie die „Dinge“ hier laufen. Dazu ist etwas vonnöten, das wir in diesem Zusammenhang als das „Menschwerdungsprogramm“ bezeichnen möchten.

Ein Mensch verfügt über einen rein physischen Bewußtseinsaspekt, in dem alle Informationen gespeichert werden, die dieser Mensch in seinem Erdenleben erhalten hat.
Dieser Bewußtseinsanteil des Menschen ist im Prinzip bei seiner „Ankunft“ ein weitestgehend „unbeschriebenes Blatt“. Erst im Laufe seines Lebens lernt dieser Mensch die Basis seines späteren „physischen Bewußtseinsinhaltes“ von anderen Menschen in unterschiedlichen Formen und Intensitäten.

So ist das menschliche Kleinkind zunächst angehalten zu erlernen, wie der menschliche Körper auf geistige Impulse reagiert. Dies ist die Phase des Menschen, die eintritt, nachdem er den mütterlichen Körper verlassen hat. In diesem Lebensabschnitt wird jede Handbewegung, jede Mimik von dem Kleinkind **erlernt**. Das Kleinkind verfügt über natürliche Reflexe, die als eine Art „Lebenserhaltungssystem“ des Kleinkindes zu betrachten sind.
Wenn das Kleinkind den mütterlichen Körper verlassen hat und in der Erhaltung seines Lebens auf die eigenen Körperfunktionen angewiesen ist, beginnt der körperliche Prägungs- oder Programmierungsprozeß!
Wenn die körperlichen Sinne des Kindes voll ausgeprägt sind, lernt das Kind durch Sehen, Hören, Riechen, Fühlen und Schmecken wie das „hier so läuft“. Gewisse Bewegungsabläufe nahestehender Personen werden bereits in der Frühphase des Kleinkindes beobachtet, registriert und abgespeichert.
Spätere Entwicklungsphasen des Kindes intensivieren das Bedürfnis des Kindes, Verhalten zu lernen. Das Kind lernt den Unterschied zwischen Bedürfnis und Bedürfnisbefriedigung kennen, da oftmals die Bedürfnisse des Kindes nicht oder nur

ansatzweise tatsächlich befriedigt werden. Das Kind ist sich nicht bewußt, daß es im Prinzip lediglich seine wahrhaftigen Bedürfnisse zum Ausdruck bringen müßte, um der Befriedigung ein Stück näher zu kommen.
Das Bedürfnis des Kindes ist meist größer als der Erwachsene ihm aufgrund seiner augenblicklich herrschenden Lebenssituation geben kann oder zu geben bereit ist.
Das Grundbedürfnis einer Wesenheit, die sich aus einem Bereich des Angenommen-seins und des Geliebt-werdens in einen physischen Körper in eine von Angst geprägten Welt begibt, ist es, ohne wenn und aber geliebt zu werden. Dies jedoch ist, zumindest wenn das Kind schon größer geworden ist, oftmals nicht mehr in dem Ausmaße möglich, wie das Bedürfnis des Kindes es erfordern würde.

Durch die vielfältigen Verhaltensweisen der erwachsenen Menschen dem Kinde gegenüber erhält das Kind aufgrund seiner kindlichen Logik ein Bild über sich. Dieses SELBST-Bild bestimmt weitgehende Bereiche des Denkens und Fühlens dieses Kindes. Wir werden später nochmals über diese Thematik und gewisse Zusammenhänge erzählen.

Das Kind steckt mitten in seinem „Menschwerdungsprogramm" und lernt von seinen Eltern Verhaltensweisen, Meinungen, Regeln, Urteile und Beurteilungen, Sichtweisen, Wert- und Beurteilungsskalen und insbesondere ein Bild, eine Meinung über sich selbst als eigenständige, menschliche Wesenheit kennen.
All dies sind Teile des „Menschwerdungsprogrammes".
In der Schule lernt das größer gewordene Kind letztendlich Wissen kennen, das dem Kind als in dieser Phase noch relativ kritikloser Wesenheit zeigt, worum es in der Welt zu gehen scheint. Der kleine Mensch lernt etwas, das ihr als Disziplin bezeichnet. Der kleine Mensch lernt eine Vielzahl von neuen Regeln kennen, die den kleinen Menschen dauerhaft prägen und ihm wiederum ein neues Bild von sich selbst und seiner Wertigkeit zeigen.
Der kleine Mensch erhält bestätigt, was er ohnehin schon

vorher gelernt hatte: Liebe, respektive Ersatzformen davon, wie beispielsweise Anerkennung, Akzeptanz anderer Menschen, Zuwendung gibt es nur gegen Leistung, wobei der Begriff Leistung auch so zu verstehen sein kann, daß gewisse Verhaltensweisen des kleinen Menschen gewisse Verhaltensweisen der großen Menschen nach sich ziehen. Ein leidendes Kind erhält in der Regel mehr Zuwendung als ein nichtleidendes; ein aufsässiges Kind erhält diese Zuwendung in „negativer" Art, beispielsweise durch Bestrafung.
Gute Leistungen in der Schule werden durch die besondere Zuwendung des Lehrers begrüßt, wobei nicht einmal der verbale Ausdruck hierzu vonnöten ist.
Gute Noten beispielsweise erfüllen jedoch auch noch einen anderen Zweck. In der Leistungsgesellschaft eurer westlichen Welt werden gute Leistungen belohnt, und schlechte im Prinzip bestraft. Deshalb lernt ein Kind auch durch das Verhalten der großen Menschen, daß Leistung belohnungswürdig und geringe Leistung bestrafungswürdig ist.

Im Laufe der Jahre entwickelt sich dadurch bei dem kleinen Menschen ein Weltbild, das wiederum einzig und allein durch die anderen Menschen **erlernt** wird. Junge Menschen, die zum Teil noch intensiven Zugang zu ihren höheren Wesensanteilen besitzen, werden im Zuge ihres „Menschwerdungsprogramms" davon entwöhnt oder haben nicht die Möglichkeit diese erweiterte Wahrnehmung verbal zum Ausdruck zu bringen und lernen daraus, daß dies **nicht erwünscht** oder **nicht „normal**" ist. Also wird der junge Mensch mit seiner erweiterten Wahrnehmung früher oder später diese aus Angst vor „Bestrafung" verstecken und vergessen oder wird, beispielsweise durch ärztliche Behandlung, „norm-alisiert".

Das „Menschwerdungsprogramm" wird immer wieder in unseren Erzählungen zu finden sein, da es für DICH und DEINEN wahren „Menschwerdungsprozeß" von wesentlicher Bedeutung ist.

Sei Dir bewußt, Kind des Lichtes, daß DU einen Schritt näher zu DIR tust. Die Frage, ob DU DICH (DEIN) SELBST finden wirst stellt sich nicht wirklich. Die Angst, daß es nicht so sein könnte ist verwurzelt in DEINEM physischen SELBST, aus dem DU dabei bist, DICH herauszuentwickeln.

*Alles, was Du weißt und was Du kannst, hast Du von anderen Menschen gelernt oder auf der Basis des von anderen Menschen Gelernten auf Deine eigenen Bedürfnisse und Anforderungen abgestimmt und umgesetzt.*
*Deine Kreativität ist Ausdruck Deines Geistes. Die körperliche Umsetzung Deiner geistigen Impulse erfordert jedoch den Gebrauch Deines Körpers. Das mit dem Körper verbundene „physische SELBST“ ist jedoch zum überwiegenden Teil durch das „Menschwerdungsprogramm“ und die damit verbundenen Verhaltensweisen geprägt oder programmiert.*
*Verbunden damit sind Glaubenssätze oder Glaubensstrukturen, die als absolute Überzeugungen in Dir verankert sind.*

## Prägungen

Nun mag bei einigen von euch der Eindruck entstehen, daß uns daran gelegen ist, euch mitzuteilen, daß ihr wiederum nichts „richtig" macht und ihr euch wieder auf dem Holzweg befindet. Es mag der Eindruck entstehen, daß wir euch kritisieren oder euch Vorschriften machen. Doch nichts davon ist zutreffend. Wenn wir euch über die kosmischen Zusammenhänge aus unserer Sicht erzählen, so kommen wir nicht umhin, uns auf euren Wortschatz zu beschränken. Dieser, euer Wortschatz ist jedoch an die Vorgaben eurer Welt angepaßt und somit auf die notwendigste und rationale Kommunikation begrenzt. Wir kommen also nicht darum herum, euch mit **euren** Worten Anteile unserer Sichtweisen oder unseres Wissens zu übermitteln. Hierbei stoßen wir jedoch immer wieder auf ein Phänomen, das sehr intensiv mit euren Prägungen, also den Persönlichkeitsanteilen von euch, die sich dieser eurer Welt angepaßt haben, verbunden ist.

Diese Prägungen bezeichnet ihr als Verhaltensmuster, Glaubenssätze, Glaubensstrukturen oder Programmierungen. Diese Glaubensüberzeugungen von euch Menschen gehen weiter und sind weitreichender als ihr denkt. Allerdings haben diese auch eine wesentliche Funktion in dem Spiel der dritten Dimension auf dem Planeten Erde.
Eine Wesenheit, die über die Fähigkeit verfügt, beinahe ohne Zeitverzögerung die Gedankenenergie des EINEN Wesens in Formen der Realität umzuwandeln, also durch Gedankenkraft physische Realität zu erschaffen, würde, wenn sie mit Situationen konfrontiert wird, die ihr Leid oder Schmerz zufügen, umgehend ihren Selbstschutzmechanismus aktivieren und damit die schmerz- oder leidvolle Erfahrung umgehen. Diese Wesenheit würde, mit unangenehmen Situationen konfrontiert, sofort die Realität verändern, da sie das tiefe Bedürfnis nach Harmonie, Verständnis und Freude in sich trägt. Ein Vorgang der SELBST-Erfahrung und der SELBST-Erkenntnis, der darauf beruht, durch schwierige Situationen sich (also das eigene) SELBST unter bestimmten Voraus-

setzungen zu erleben und zu erfahren, wäre durch diese Vorgehensweise beinahe unmöglich.

Eine hochschwingende Wesenheit, also ein Wesen, das in einer, verglichen mit eurer Dimension, höheren Schwingungsebene beheimatet ist, verfügt in der Regel über ein immenses kosmisches Wissen und kann sich aufgrund dessen nicht ohne weiteres in einen Inkar**m**ationszyklus begeben, da dieser, wie bereits erwähnt, ein großes Maß an SELBST-Beschränkung erfordert.
Somit benötigt diese Wesenheit eine Art von „Bewußtseinsbegrenzungsprogramm", das es diesem Wesen ermöglicht, sich als Anteil einer, verglichen mit seiner ursprünglichen Herkunft, „niederen" Schwingungsebene oder Dimension selbst zu erfahren und zu erleben.

SELBST-Erfahrung und SELBST-Erkenntnis sind tiefes Bedürfnis der EINEN Wesenheit. Da ALL-ES, was jemals existierte, existiert oder jemals existieren wird, in seiner Ur-Energie aus dem Gedanken- oder Gefühlspotential des EINEN Wesens bestand, besteht oder bestehen wird, ist die SELBST-Erkenntnis und die SELBST-Erfahrung Grundbestandteil jeder existenten Lebensform. Jede in ihrer Entstehung begriffene Lebensform wird ebenso dieses Bedürfnis in sich tragen, da jede Lebensform aus der Gedankenenergie des EINEN Wesens erschaffen wird.
Ebenso wie jede Lebensform das Bedürfnis nach SELBST-Verwirklichung in sich trägt, so verfügt auch jedes Lebewesen über die Schöpferkraft der Imagination, also der Fähigkeit, die Realität aus Gedankenenergie zu erschaffen. Somit verfügt jedes Lebewesen über die ständig vorhandene Möglichkeit, aus der Kraft der Gedanken physische Realität zu gestalten. Mehr dazu jedoch später.

Zurück zum ursprünglichen Thema.
Entschließt sich nun eine Wesenheit, sich in einen Zyklus der Inkar**m**ation zu begeben, wird es sein ursprüngliches Wissen auf bestimmte Persönlichkeitsanteile begrenzen **müssen**, da

sonst Erfahrung und Erleben der beispielsweise dritten Dimension nicht tatsächlich möglich ist. Die Gründe hierfür haben wir bereits erwähnt.

Für dieses hochschwingende Wesen, das sich entschlossen hat, einen Zyklus der Inkar**m**ation zu durchleben, muß nun ein Körper zur Verfügung gestellt werden, der von dem Bewußtseins- oder Persönlichkeitsanteil der hohen Wesenheit „be-**seel**-t" oder besser noch „be-**geist**-ert" werden kann.
Das bedeutet in der Praxis, daß sich auf der entsprechenden Welt, beispielsweise auf dem Planeten Erde, zwei Wesenheiten zusammenfinden, die sich bereits in ihren irdischen Körpern befinden und mit ihren Körpern einen neuen Körper erzeugen. Im Prinzip ist dies bereits im Vorfeld der Inkar**m**ationszyklen vereinbart worden, dazu jedoch wiederum später.
Die hohe Wesenheit, die sich in einen dreidimensional-körperlichen Existenzzustand begeben möchte, wird bereits in der Entstehungsphase des Körpers, selbst wenn dieser sich erst im fötalen Zustand befindet, mit diesem verbunden und verknüpft sein.
Dies ist sehr wichtig, da der irdische oder physische Körper mit einem eigenen Bewußtsein ausgestattet ist. Dieses körperliche, physische oder „niedere" Bewußtsein, gemessen an der wahren Existenz der sich inkar**m**ieren wollenden Wesenheit, ist in seiner Entstehung absolut ungeprägt. Das rein körperliche Bewußtsein ist Wesensanteil des menschlichen Körpers und, wir wiederholen uns, verfügt in diesem Stadium über **keine** eigene Persönlichkeit. Die Persönlichkeit des rein körperlichen Bewußtseinsaspektes wird geprägt von Persönlichkeitsanteilen der Mutter und Persönlichkeitsanteilen des Vaters und ist somit durch diese beiden Bewußtseinsanteile geprägt.
Im Laufe der Entwicklungsphase innerhalb des mütterlichen Körpers, wird dieser Bewußtseins- oder Persönlichkeitsanteil wesentlich durch die Energie der Gedanken und Gefühle der Mutter, zum Teil auch durch die des Vaters, weiter geprägt oder programmiert.

Erblickt das Kind das „Licht der Welt“, so wird der Vorgang der Programmierung des rein physischen Bewußtseinsanteils weiter fortgesetzt. Verhaltensweisen, Glaubenssätze, Überzeugungen werden in den irdischen Bewußtseinsanteil übertragen. Sobald der Körper im Mutterleib zu entstehen beginnt, wird bereits im Ansatz eine weitere Verbindung zu dem morphogenetischen Bewußtseinsfeld oder, anders ausgedrückt, zu dem Massenbewußtseinsspeicher errichtet.

Abb. 1

Die einstmals hochschwingende Wesenheit, hat einen Anteil ihrer wahren Existenz an einen Körper gebunden und somit vermischt sich das „hohe“, das wissende Bewußtsein mit dem „unwissenden“, dem programmierten, dem körperlichen Bewußtsein.

Während in seiner „hohen“ Existenzform Denken und Fühlen der Wesenheit dreidimensional, also der Trinität, der Dreiheit (Abb.2), entsprechen, sind auf der physischen Ebene **polare** Denk- und Gefühlsstrukturen vorgegeben (Abb.1). Polare Denkstrukturen erlauben dem Wesen, sich zwischen zwei Extremen zu „ent-**scheiden**“ oder als „Mitte“, also aus der Verbindung zweier Extreme eine gewisse Art der Verbindung zu schaffen. Was in der zweidimensionalen Struktur jedoch scheinbar fehlt, ist das Wissen, oder besser formuliert die Tatsache, daß jede Wesenheit in ihrer Ursprünglichkeit ein göttlicher Bewußtseinsaspekt, ein göttliches Wesen ist.

Abb. 2

Erst die Trinität beinhaltet diesen Aspekt.

Als körperlich existierende Existenzform, als menschliches Wesen, das in dieser Form der Existenz untrennbar mit seinem körperlichen oder physischen

Bewußtseinsanteil verbunden ist, fehlt zunächst dieses Wissen. Obwohl der Trinitätsaspekt auch in dem physischen Bewußtseinsanteil latent, also nicht aktiviert, vorhanden ist, könnt ihr aufgrund gewisser Begebenheiten auf eurem Planeten zur Zeit noch nicht in vollem Umfang darüber verfügen.
Bevor ihr nun verstandesgesteuert versucht, die Trinität zu erreichen, solltet ihr jedoch erst noch etwas weiter lesen.

Ihr alle wißt, daß ihr euch inkar**mi**ert habt, um zu lernen. Um auf eurer Welt lernen zu können, **dürft** ihr euch eurer wahrhaftigen Fähigkeiten nicht bewußt sein, da euch, mit euren euch innewohnenden Fähigkeiten lernen, erleben und erfahren unter diesen Voraussetzungen sonst nicht möglich wäre.
Damit euch der Aufenthalt in euren Körpern auf eurer dreidimensionalen Welt möglich ist, vermischt sich ein Teil eures „höheren Selbst“ mit Anteilen eures „niederen Selbst“. Das körperliche, das erdgebundene Bewußtsein mischt sich mit dem ungebundenen und unbeschränkten Bewußtsein.
Jedes menschliche Wesen trägt nicht nur die Möglichkeit in sich, die dreidimensionale Realität zu gestalten und zu erschaffen, jedes Wesen tut dies seit Anbeginn jeder Inkar**m**ation ohne Unterlaß.
Die „**Qual**-ität“ der Realität, die ein jeder für sich selbst und ihr alle gemeinsam für euch erschafft, ist jedoch geprägt von der Unbewußtheit eures physischen Bewußtseinsanteils und somit geprägt von vielfältigen Programmierungen und Glaubensstrukturen.

**„Dir geschehe nach Deinem Glauben.“**

Was ihr jedoch glaubt, über euch selbst und über eure Welt, ist wiederum geprägt durch einen Anteil des morphogenetischen Bewußtseinsfeldes, dessen Inhalt durch Wesenheiten manipuliert wurde, die ihr aufgrund unterschiedlicher Veröffentlichungen als Illuminaten oder als die „Bösen“ kennt oder bezeichnet. Dies jedoch erfüllt wiederum eine Funktion, die es euch allen ermöglicht hat, euren Weg der SELBST-Erfahrung auf eurer Welt zu gehen.

Nun seid ihr, Leser dieser, unserer Geschichte und alle Wesen um euch herum (auch diejenigen, die diese Erzählung nicht lesen), Geschöpfe höchster Herkunft. Ihr seid jedoch alle gemeinsam geprägt von „Bewußtseinsbegrenzungs-programmen", die euch in der Erschaffung eurer dreidimensionalen Realität behindern. Ohne diese Programme, Glaubenssätze, Verhaltensweisen, Glaubensüberzeugungen, Persönlichkeitsmustern oder wie ihr es sonst benennen wollt, wäre euch die SELBST-Erfahrung nicht möglich gewesen.
Bevor ihr nun also beginnt, euch ein neues „Feindbild" zu schaffen oder ein bestehendes „Feindbild" zu ergänzen und zu erweitern, sei euch versichert, daß ALL-ES im Kosmos seinen Zweck und seine Erfüllung findet.
„Gut" und „Böse" wirken auf einer gewissen Ebene zusammen. Diese Form der gemeinsamen Aktivität erfüllt einzig und allein den **EINEN** Zweck, nämlich in Äonen der Zeit, die Vereinigung der Polaritäten herbeizuführen, so daß ALL-ES wieder **EINS** ist.

Ihr erlebt und gestaltet die Qualität der Zeit. Ein jeder für sich selbst und ihr alle gemeinsam. Ihr erlebt nun die Zeit der Bewußtwerdung eurer physischen Bewußtseinsanteile. Dieser Vorgang ist oftmals schmerzvoll, da ihr immer wieder erlebt, daß viele Persönlichkeits- oder Bewußtseinsanteile in euch vor euch selbst verborgen waren und nun an die Oberfläche eurer Bewußtseinsspeicher drängen. Die Zeit des Planeten Erde geht in dieser Form dem Ende zu. Bevor sich nun jedoch wieder Angst in euch breitmacht, sei euch gesagt, daß dies **keineswegs** mit der Vernichtung des Planeten oder mit gigantischen, menschenvernichtenden Katastrophen verbunden sein wird.

Ihr erlebt in dieser Zeit die Auflösung begrenzender und einengender Bewußtseinsstrukturen.
Letztendlich bedeutet dies für euch, daß ihr euch in eine veränderte Seinsform begebt. Eine Existenzform, die euch weitaus mehr Möglichkeiten bietet, euch weitaus mehr als

bisher gestattet, die euch innewohnenden Fähigkeiten eures Geistes, also eurer ursprünglichen, „höheren“ Persönlichkeit zu entfalten und zu „ent-wickeln“.
Ein Grund zur Freude, findet ihr nicht, Kinder des Lichtes und der Liebe?

## Lebensformen

Da ALL-ES, was jemals existierte, existiert oder jemals existieren wird, in seinem Ursprung aus dem Bewußtsein oder der Gedankenenergie des EINEN Wesens entstammt, diese Energieform die Basis für ALL-ES, was ist, bildet, ist tatsächlich **ALLES** auch lebendig. „Tote“ Materie ist tatsächlich nicht existent, da auch sie aus der Bewußtseinsenergie des EINEN Wesens besteht. Jegliches Leben wird durch gewisse kosmische Vorgänge in eine gewisse Ausdrucksform gebracht, wobei der „Geist“ immer der Impulsgeber für die Entstehung der Ausdrucksform bildet. Damit das Bewußtsein des EINEN Wesens, die „Ur-Suppe“, das kosmische Bewußtsein, Prana, Chi, wie immer ihr es nennen wollt, Form annehmen kann, müssen Umstände gestaltet werden, die dies ermöglichen.
Materie ist lebendig gewordener Ausdruck von der Gedanken- oder Bewußtseinsenergie des EINEN Wesens.
Damit die Bewußtseinsenergie des EINEN Wesens, aus dem der gesamte Kosmos sowie das scheinbare „NICHTS“ besteht, sich formen oder sich in physischem Ausdruck ausbilden kann, wird eine Art „Katalysator“ benötigt, der durch seine eigene Gedanken- oder Bewußtseinsenergie der „Ur-Suppe“ den Impuls zur Formung gibt.
So wird unter Umständen eine sehr hoch entwickelte Wesenheit, beispielsweise ein „Schöpfergott“, in sich den Impuls verspüren, eine neue Welt zu schaffen. Dieser Schöpfergott wird sich in der Folge damit beschäftigen, dieser Welt einen gewissen Lernaufgabenbereich zuzuordnen. Im dem Moment, in dem der Schöpfergott in sich EINS mit seiner Kreation wird, wenn der Gedanke mit der Energie des Herzens verschmilzt, wird sich an irgendeiner Stelle im Kosmos eine neue Welt beginnen zu bilden. Dies nimmt unter Umständen nach eurer Zeitrechnung Jahrmillionen in Anspruch. Beinahe automatisch bilden sich auch die Umgebungen und Bedingungen für diese Welt, wie beispielsweise eine Sonne und weitere Planeten, die benötigt werden, damit dem Planeten die Erfüllung der Aufgabe möglich wird, ohne sonderlich von dem Schöpfergott berücksichtigt zu werden, da im Bewußtsein oder

Wissen des Schöpfergottes verankert ist, daß eine Welt in den Weiten des ALL-ES ohne eine energiespendende Sonne nicht existieren kann.
In diesem Falle ließe sich sagen, dies ist eine Glaubensstruktur, eine innere Überzeugung des Schöpfergottes.
Im Laufe der Entwicklung dieser Welt werden sich nach und nach weitere Lebensformen bilden und die Entwicklung der kollektiven, planetaren Lebensform mit beeinflussen.
Der Schöpfergott schafft die Welt nicht in jedem Detail und nicht an einem bestimmten Ort. Im Prinzip tut er nichts anderes, als sich eine detaillierte Vorstellung von dem zu machen, was er als sinnvoll und fehlend in den Weiten des ALL-ES erachtet, dies in seiner gedanklichen Welt zusammenzufügen und es aus seiner inneren Überzeugung heraus einfach **geschehen** zu lassen ohne nochmals verändernd in die Abläufe einzugreifen.

Damit beispielsweise der Planet Erde und die auf ihm lebenden Menschen sich intensiv ihren Lernschritten widmen konnten, war der Besuch von außerirdischen Lebensformen erforderlich, die durch Manipulation an den menschlichen Genen erst gewisse Lernthemen ermöglicht haben.
Aus der Sichtweise des rein physischen Bewußtseins ist eine derartige Handlungsweise verwerflich und hat dafür gesorgt, daß ihr eine Vielzahl von Inkar**m**ationsabläufen in Leid und Elend fristen „mußtet".
Aus der Warte des Schöpfergottes, der seine Aufgabe darin sieht, durch seine Existenz dem EINEN Wesen auf dem Wege zur SELBST-Erkenntnis zu dienen, war all das „not-wendig" und dem GANZEN förderlich.

Damit Realität, gleichgültig in welcher Schwingungsebene oder Dimension, zwei Begriffe für ein und dasselbe, entstehen kann, wird kosmisches Bewußtsein, Prana, Chi, wie auch immer, in bestimmte Ausdrucksformen transformiert, also gewandelt.

Dieser Vorgang setzt sich durch alle Seinsebenen oder Dimensionen, wieder zwei Definitionen für ein und denselben

Zustand, fort. Das bedeutet, daß jede existente Lebensform im Prinzip über die gleiche Schöpferkraft, wie ein Schöpfergott verfügt. Lediglich durch „aufgesetzte“ Glaubenssätze wird diese Form der Schöpferkraft eingeschränkt, jedoch **niemals** gänzlich aufgehoben.
Leben entsteht immer und ohne Ausnahme aus der Gedanken- oder Imaginationskraft einer Wesenheit, die sich auf einem bestimmten Wissensstand befindet.
Alles ist Leben, da alles aus dem lebendigen Bewußtsein des EINEN Wesens besteht.
Die Bäume um euch sind lebendiger Ausdruck des EINEN Wesens, die Planeten um euch herum, bestehen aus der Bewußtseinsenergie des EINEN Wesens, selbst die für eure Wahrnehmung scheinbar „tote“ Materie, aus der ihr durch vielfältige Vorgänge die Gegenstände eures täglichen Lebens gestaltet, sind lebendiger Ausdruck des Bewußtseins des EINEN Wesens.
Ihr selbst, jeder einzelne von euch, ist lebendiger Ausdruck des Bewußtseins des EINEN Wesens, auf dem Wege zur Erkenntnis des eigenen SELBST.
Nichts, rein gar nichts von dem, was ihr um euch sehen, hören, fühlen, riechen oder tasten könnt, ist „tote“ Materie.
Die Luft, die ihr atmet, das Wasser, das ihr trinkt, die Nahrung, die ihr zu euch nehmt, ist die Bewußtseinsenergie des EINEN Wesens, in eben diese materielle Ausdrucksform gebracht, damit ihr euch auf eurem Planeten aufhalten und den Weg der SELBST-Erkenntnis eben dort gehen könnt, wo ihr nun gerade seid.
Ihr eßt, trinkt, atmet die Energie des EINEN Wesens. Ihr selbst besteht aus der Bewußtseins- oder Gedankenenergie des EINEN Wesens.

Alles ist Leben und alles ist die Energie des EINEN Wesens.
Wo also wollt ihr den Kontakt zu dem EINEN Wesen oder zu euren eigenen höheren Anteilen finden, wenn nicht in euch (eurem) SELBST.
Ihr geht einen Weg der „Ent-wicklung“ eures eigenen SELBST.
In der tatsächlichen Bedeutung dieser Worte wickelt ihr euer

eigenes SELBST aus etwas aus, das euch (euer) SELBST in seinem SELBST-Ausdruck behindert und hemmt.

Ihr seid dabei, euch ein neues Welt- und SELBST-Bild zu gestalten.
Wenn euch unsere Worte im Augenblick noch verwirren sollten, so seid versichert, daß ihr verstehen werdet, Kinder des Lichtes. Bald, sehr bald.

## Das morphogene Bewußtseinsfeld

Vielen von euch ist der Begriff des „morphogenetischen Feldes" geläufig. Im Prinzip ist das morphogenetische Bewußtseinsfeld nichts anderes als ein gigantisches Informationsfeld, das eine unvorstellbare Flut von Informationen verarbeitet.
Jede lebendige oder „tote" Materie und deren Bewußtseinsfelder sind innerhalb des kollektiven morphogenetischen Feldes miteinander verknüpft.
Das irdische „morpho-gene-tische" Bewußtseinsfeld ist wiederum Teil eines größeren Bewußtseinsfeldes, das wiederum Teil eines größeren Bewußtseinsfeldes ist, das Teil eines größeren Bewußtseinsfeldes ist, usw. Diese Verkettung von morphogenetischen Bewußtseinsfeldern, deren Inhalte in der Regel durch die mit ihnen verbundenen kollektiven Lebensformen gestaltet werden, lassen sich wie eine aufgereihte Perlenkette bis zu einem Punkt hin verfolgen, den wir als das EINE Wesen bezeichnen, das in diesem Zusammenhang das größte morphogene Bewußtseinsfeld darstellt.
So existieren auf den unterschiedlichen Schwingungsebenen unzählige unabhängige morphogenetische Bewußtseinsfelder, die jedoch wiederum über das in dieser „Hierarchie" nächsthöhere Feld miteinander verbunden sind und sich auf dieser Ebene auch austauschen.
Der Begriff „Hierarchie" ist in diesem Zusammenhang so zu verstehen, daß das sich selbst bewußteste Feld, also das EINE Wesen, als das Höchste, das nächste, sich seiner etwas weniger selbst bewußteste Feld „eine Stufe" darunter usw. Bei dieser Hierarchie geht es nicht um Macht. In dieser Hierarchie geht es um Bewußtseins- oder Informationsstrukturen und die Fähigkeit diese auch verarbeiten zu können.

Bleiben wir jedoch bei euch. In eurer Ebene stellt jeder einzelne von euch ein eigenes morphogenetisches Bewußtseinsfeld dar. In diesem Feld sind alle Informationen gespeichert, die ihr jemals in irgendeiner Inkarmation erlebt, erfahren oder gesammelt habt. Selbst wenn ihr euch bewußt an vieles nicht erinnern könnt, öffnet sich manchesmal für einige von euch ein

Tor und ihr könnt euch beispielsweise an vergangene Inkar**m**ationen erinnern.
Der Begriff „morpho“ ist eine Ableitung eines ähnlichen Begriffes aus eurem Sprachgebrauch und bezieht sich auf die Form, das Aussehen oder, wie wir es zu bezeichnen wünschen, auf die materielle Ausdrucksform von Bewußtseinsenergie des EINEN Wesens.
Auf die „Gene“ werden wir in einem späteren Kapitel gesondert eingehen.

Aus einer höheren Warte gesehen, nämlich derjenigen aus der ihr euch in die Enge, wir bitten euch, die phonetische Ähnlichkeit mit dem Begriff „Ängste“ zu berücksichtigen, der Dreidimensionalität begeben habt, dient eure Inkar**m**ation der Erweiterung eurer Fähigkeiten und Kenntnisse. Von eurer Warte aus betrachtet ist eine Inkarmation eher etwas Unschönes, etwas Konfrontierendes, etwas Schmerzvolles und Schwieriges.
Da sich bei den meisten von euch das „Hauptbewußtsein“ überwiegend innerhalb des rein physischen Aspektes aufhält, fehlen euch diejenigen Informationen, die es euch ermöglichen, euer Leben in der absoluten Bewußtheit eures SELBST zu betrachten und zu leben.
So seid ihr angewiesen auf die Programme, Glaubensüberzeugungen, Denk- und Gefühlsstrukturen, die euch ein Bild von euch (eurem) SELBST entstehen lassen, das euch Hilflosigkeit, Minderwertigkeit, Unbewußtheit, Fehlverhalten, Schuld und viele anderer „negativer“ Strukturen suggeriert.
Innerhalb der Struktur eures physischen Bewußtseinsanteils seid ihr den Gegebenheiten und Situationen scheinbar ausgeliefert und müßt sehen, wie ihr zurecht kommt. Diese Programmierungen, wir weisen nochmals ausdrücklich darauf hin, sind eurem wahren, dem „höheren“ SELBST nur „aufgesetzt“ und somit, je nach Entwicklungsstand der einzelnen Wesenheit, jederzeit veränderbar.
Ein Vorgang übrigens, den ihr gerade sehr intensiv durchlebt.

Um die Zusammenhänge für euch Menschen etwas detaillierter

beschreiben zu können, werden wir zwischen dem „kollektiven Bewußtseinsfeld“ und dem „individuellen Bewußtseinsfeld“ unterscheiden.
Das individuelle morphogenetische Bewußtseinsfeld ist ein Zustand von Information oder Bewußtsein, in dem alle persönlichen „Daten“ gespeichert sind, also alle Informationen, die innerhalb aller vergangenen Inkarmationen durch Erleben und Erfahren gesammelt wurden. Des weiteren erlaubt dieses Feld unmittelbare Kommunikation mit allen zu erreichenden „höheren Bewußtseinsanteilen“. Das bedeutet im Einzelfall, daß Wissen aus „höheren“ Ebenen des SELBST „angezapft“ werden kann. Ihr bezeichnet Anteile dieses Vorganges beispielsweise als „Intuition“ oder in anderer Form als „channeln“.
Die, von euch aus gesehen, „höheren“ Ebenen kommunizieren oftmals nicht in verbaler Form, sondern als eine Art „sicheres Gefühl“, phasenweise auch dadurch, daß Wünsche oder Bedürfnisse in euch erweckt werden, oder ähnlichem.
Alle Informationen einer Wesenheit, die in irgendeiner Art und Weise an den Planeten „gebunden“ ist, sind innerhalb des kollektiven Bewußtseinsfeldes gespeichert. Dies bedeutet jedoch keineswegs, daß jeder die Informationen eines anderen „lesen“ kann. Obgleich es keinen „Datenschutz“ gibt, existiert eine Art Schutzmechanismus. Das kollektive Bewußtseinsfeld, dies gilt übrigens für jedes Bewußtseinsfeld, ist in verschiedene Ebenen unterteilt.
So wird eine Wesenheit, die sich auf dem Wege der SELBST-Erkenntnis befindet und einen gewissen Teil dieses Weges hinter sich gelassen hat, im Laufe der Zeit mit immer „höheren“ Anteilen des kollektiven Feldes verbunden werden. Dies ermöglicht diesem Wesen immer intensivere Kommunikation mit den unterschiedlichen Ebenen des Informationsfeldes.
Anders formuliert, je weiter ein Mensch sich auf dem Wege der SELBST-Erkenntnis nach „vorn“ bewegt hat, desto größer ist seine Fähigkeit der Kommunikation. Es bedeutet jedoch auch, daß dieser Mensch in der Lage ist, gewisse „persönliche Daten“ eines anderen Menschen aus dem Bewußtseinsfeld abzurufen. Ein menschliches Wesen jedoch, das diese Fähigkeit erlangt

hat, wird in seiner Persönlichkeitsentwicklung soweit gediehen sein, daß es keinerlei Unfug mit diesem Wissen anstiften wird. Das Interesse dieser Wesenheit dies auch tatsächlich zu tun, ist sehr gering, da es in seinem Herzen begriffen hat, daß der Weg der SELBST-Erkenntnis nur über sich (sein) SELBST gehen kann.

Andererseits unterliegt jedes Wesen im Prinzip der freien Entscheidung und so ist es durchaus möglich, daß dieser Mensch noch einen gewissen Bezug zu, beispielsweise, „negativer Machtausübung" hat. In einem solchen Falle ist es möglich, daß der Mensch in seiner Persönlichkeit noch nicht so

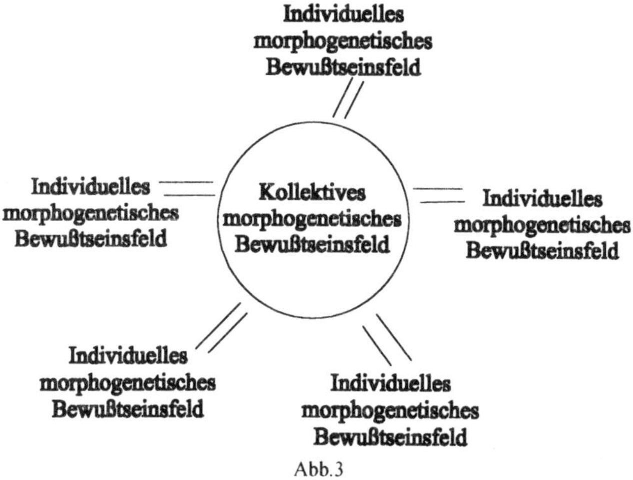


Abb.3

gefestigt ist und wieder „umkippt", also ein Stück auf den Weg zur „Dunkelheit", also der „Nichterkenntnis" nimmt.

Doch seid nicht besorgt, ihr werdet diese Menschen erkennen.

Das morphogene Bewußtseinsfeld ist also die zentrale Verbindungsstelle aller auf dem Planeten lebenden Wesenheiten. „Lebend" bedeutet in diesem Zusammenhang auch die Tier-, Pflanzen- und Mineralwelt.

Es findet ein fortwährender Austausch zwischen dem kollektiven und dem individuellen Feld statt (Abb.3). Das bedeutet, individuelle Bewußtseinsfelder geben Information an das kollektive Feld ab und beziehen aus dem kollektiven Feld

Informationen. Verändert sich nun ein Mensch auf dem Wege der SELBST-Erkenntnis und entwickelt aufgrund dessen eine Anbindung an eine höhere Ebene des kollektiven Feldes, so steht diese Information auch den anderen Wesenheiten latent zur Verfügung. Latent deshalb, weil sich gegebenenfalls viele menschliche Wesen noch nicht auf dieser Stufe der SELBST-Erkenntnis befinden. Erst wenn gewisse Erkenntisprozesse durchlaufen wurden, besteht eine Affinität zu der höheren Ebene. Dann und erst dann, wenn die Persönlichkeit der Wesenheit einen gewissen Wissens- oder Erkenntnisstand erreicht hat, wird dieser Vorgang sozusagen „automatisch" vonstatten gehen.
Versucht möglichst nicht, irgend etwas zu erzwingen. Dies wäre für euch lediglich hinderlich, da als Hintergund für die Motivation etwas beschleunigen oder gar erzwingen zu wollen, wiederum gewisse Ängste stehen. Ihr werdet im Laufe unserer Erzählung noch verstehen lernen, warum sich dies so verhält.

Jeder Glaubenssatz, jede Programmierung, jedes Verhaltensmuster ist im kollektiven Feld gespeichert und wahrscheinlich auch aktiviert. Da der überwiegende Teil der Menschheit nach wie vor in dem Bewußtsein der Angst und der Minderwertigkeit lebt, ist dies auch die überwiegende Prägung eurer Welt.
Die wahrhaft Mächtigen eures Planeten haben kein Interesse daran, dies zu verändern. Ganz im Gegenteil versuchen sie das auf dem Planeten Erde herrschende „Negativbewußtsein" noch zu schüren und fördern.
Ihr Interesse ist gerade deshalb so groß, da ihr, jeder einzelne von euch, das Potential der Schöpferkraft in euch tragt und somit durchaus in der Lage seid, Realität zu erschaffen. Wärt ihr euch eurer wahren Existenz, eurer wahren Fähigkeiten bewußt, so würdet ihr innerhalb kürzester Zeit durch eure Imaginationskraft die dreidimensionale Realität verändern. Solange ihr euch jedoch schuldig, klein und minderwertig fühlt und so intensiv damit beschäftigt seid, euer Leben wenigstens einigermaßen „in den Griff" zu bekommen, solange sind die wahrhaft Mächtigen nicht in Gefahr. Also fördern sie durch eine Vielzahl von Mechanismen eure Unbewußtheit, um so eure

euch innewohnende lichte Schöpferkraft zu binden. Solange ihr davon überzeugt seid, klein und machtlos zu sein, solange werdet ihr eine davon geprägte Realität erzeugen.
Wieder erinnern wir euch daran, keine neuen Feindbilder zu schaffen. Auch die wahrhaft Mächtigen erfüllen ihren Anteil an den Geschehnissen.

So wie jeder einzelne von euch Menschen das kollektive Bewußtseinsfeld eures Planeten prägt, so wird dieser Vorgang auf den höheren Ebenen fortgesetzt. Kollektive Bewußtseinsfelder, die sich auf der gleichen Ebene befinden, sind verbunden mit einem kollektiven Feld, das die kollektiven Felder miteinander verbindet, usw., bis das Feld des EINEN Wesens erreicht ist. Die Form der Kommunikation ist in sich so schnell, daß das EINE Wesen kurz nach einem Geschehnis die Information in sich trägt. Zu diesem Punkt solltet ihr das Kapitel der Bewertungen und Beurteilungen lesen, ansonsten mag sich bei einigen von euch wiederum Panik ausbreiten.
Jeder Erkenntnisprozeß eines einzelnen Menschen hat auf diese Weise Einfluß auf die Geschehnisse innerhalb und außerhalb des planetaren Bewußtseinsfeldes. Dies bedeutet letztendlich, daß jeder Entwicklungsschritt eines Menschen Einfluß auf das gesamte kosmische System hat.

Wußtet ihr, daß ihr so wichtig seid, Kinder des Lichtes?

## Konstruktive und destruktive Strukturen

Was eigentlich bedeuten die Worte „Konstruktivität" und „Destruktivität"?
In eurem Sprachgebrauch lassen sich der Begriff „konstruktiv" als „erschaffend" oder „schöpferisch", der Begriff „destruktiv" als „zerstörerisch" oder „beseitigend" beschreiben.
Die Begriffe „kon-**struk**-tiv" und „des-**struk**-tiv" enthalten beide die Buchstabenfolge „**struk**", die eine Abwandlung des Begriffes „Struktur" darstellt. Vereinfacht dargestellt ist eine Struktur wiederum ein gewisses Gebilde aus ineinander verschachtelten Abläufen von Ursache und Wirkung.
Die Silbe „kon" läßt sich als Verkürzung des Begriffes „**kon**-form", also im weitesten Sinne „als dem Vorgang zugewandt" oder „positiv" gegenüberstehend beschreiben. Die Silbe „de" wiederum definiert sich weitläufig als „ent" oder „ablehnend".
So bleibt als tatsächliche Bedeutung des Begriffes „Konstruktiv" die Definition „den Abläufen der Strukturierung zugetan" und „Destruktiv" als „den Abläufen der Strukturierung entzogen" oder „die Abläufe der Strukturierung zerstörend" übrig.
Im Prinzip hilft euch das auch nicht wesentlich weiter, dennoch ist es von Bedeutung.
Die Schöpferkraft, also die Konstruktivität, ist letztendlich auf die Destruktivität angewiesen. Anders formuliert, muß in einigen Fällen das Alte erst „sterben", damit das Neue entstehen kann.
Konstruktivität ist dann erst nützlich, wenn das „Erschaffene" auch umgesetzt werden kann. Damit keine Überforderung entsteht, die durch eine Überlastung der Bewußtseinskapazität des einzelnen Wesens eintritt, muß das Maß zwischen Erschaffung und Zerstörung in etwa im Gleichgewicht bleiben.
Destruktivität oder Zerstörungskraft ist erforderlich, um neuen Raum, neue Kapazitäten für die Konstruktivität zu erschaffen. Also ist in dieser, unserer Beschreibung die Zerstörung durchaus konstruktiv anzusehen.
Zerstörung kann also durchaus „positiv" sein. Ebenso kann der Drang des Erschaffens dann „negativ" sein, wenn dem Erschaffer Schwierigkeiten durch die Vielzahl seiner

Schöpfungen und die damit verbundenen Herausforderungen entstehen.

Was also ist nun tatsächlich „gut" oder „schlecht"? Ist die Destruktivität schlecht, die einerseits vernichtet oder zerstört, andererseits jedoch den Raum, den Platz für neues Schöpferisches schafft?
Oder ist die Konstruktivität „gut" oder „schlecht", weil sie einerseits eben erschafft, andererseits jedoch das Bewußtseinspotential des Erschaffers an seine Schöpfungen bindet?

Alles ist Energie. Alles ist Information. Alles ist Bewußtsein. ALL-ES ist letztendlich EINS. Erst die Verbindung aus beiden Seiten schafft wahre EINHEIT. „Gut" und „schlecht" sind wahrhaft nicht existent. „Gut" und „Böse" sind Kreationen der Polarität. Die **ABSOLUTE** Verbindung von „Gutem" und „Bösem" ist die TRINITÄT, die beide polaren Seiten miteinander verbindet.

Solange ihr vor euch und vor anderen so tut, wie es euch lange suggeriert wurde, nämlich die „gute" Seite von euch hervorzukehren und die „negative" Seite in euch unter den Teppich zu kehren, solange werdet ihr nicht in der Lage sein, euch (euer) SELBST in seiner Ganzheit zu akzeptieren und euch somit einen Zugang zur SELBST-Liebe zu schaffen.

Es mag durchaus möglich sein, daß euch unsere Beschreibungen keineswegs gefallen. Es mag durchaus sein, daß ihr in euch Widerstand verspürt und diesem auch Ausdruck verleiht.
Dennoch hört in euer Herz. Dort und nur dort werdet ihr entscheiden können, was nun für euch die Wahrheit oder die Täuschung sein mag.
Es ist an der Zeit, daß ihr lernt, Verantwortung für euch (euer) SELBST zu übernehmen. Dies mag ein Vorgang sein, den ihr nicht sonderlich liebt, weil er euch mit euch (eurem) SELBST konfrontiert und zu einigen „Ent-Täuschungen" führt, was in der wahren Bedeutung nur heißt, daß Täuschungen aufgehoben

werden. Somit ist das Erleben von „Ent-Täuschungen" durchaus etwas „Positives".

Laßt euch nicht verunsichern, Kinder des Lichtes, weder von unseren Erzählungen, noch von anderen Verheißungen. Die Wahrheit trägt ein jeder von euch in sich (seinem) SELBST. Dort und nur dort könnt ihr eure eigene Wahrheit finden und „emp-finden".
Jeder trägt seine eigene Wahrheit in sich. Dort ruht sie solange, bis ihr (euer) SELBST genug von der Täuschung habt und euch auf die Suche nach der Wahrheit macht.

## Werte, Bewertungen, Urteile und Verurteilungen

Ihr lebt in einer „künstlichen“ Welt. Künstlich deshalb, weil in eurer Welt Verhältnisse herrschen, die dafür sorgen, daß inkarmierte Wesenheiten in Strukturen der Begrenzung und Abgetrenntheit sich aufhalten und diese, für eine Zeit in das Bewußtsein implantierten Voraussetzungen den wahrhaftigen Möglichkeiten der Wesenheiten entgegenlaufen.
Ihr lebt innerhalb polarer Gegebenheiten, deren polare Zuordnung auf gewissen Wertmaßstäben beruht. Gut ist, was den Wertmaßstäben entspricht, schlecht ist, was den geltenden Werten widerspricht.

Ihr seid darauf trainiert worden, darauf zu achten, ob die „gute“ Seite euch dominiert, oder ihr von der „bösen“ Seite infiltriert werdet.
Eure gültigen Werte beruhen auf gesellschaftlichen, kulturellen und insbesondere religiösen Reglements. Gelernt habt ihr eure Werteskalen aufgrund der bereits beschriebenen Vorgänge innerhalb des „Menschwerdungsprogrammes“. Es handelt sich also um angelernte, antrainierte oder anprogrammierte Skalen der Beurteilung und Bewertung.

Im Zuge eurer Spiritualisierung habt ihr gelernt, daß die „böse“ Seite daran interessiert ist, euch zu manipulieren und euch in eurer Befreiung des Geistes zu beschränken und zu begrenzen um Macht über euch ausüben zu können.
Im Zuge eurer spirituellen „Ent-Wicklung“ habt ihr vieles über Außerirdische erfahren, die versuchen euch zu manipulieren und euch in Bahnen zu lenken, die letztendlich der Befreiung eures Geistes abträglich sind.
Ihr habt gelernt, daß die Probleme und Schwierigkeiten eures Lebens etwas sind, das ihr euch ausgesucht habt und glaubt aufgrund dessen, daß sich die „Dinge“ eures Lebens dann ändern werden, wenn für euch der Zeitpunkt gekommen ist.
„Geld ist die Wurzel allen Übels“ und deshalb habt ihr in euch Programme installiert, die dafür sorgen, daß ihr nicht darüber verfügen könnt.

Krankheit habt ihr euch nach euren Überzeugungen ausgesucht und deshalb könnt oder wollt ihr diesen Zustand nur halbherzig verändern.
Einsamkeit ist Teil eures Weges, so glaubt ihr zu wissen, und deshalb sucht ihr euch Mechanismen der Ablenkung, die euch helfen sollen den Schmerz der Vereinsamung nicht spüren zu müssen.

Einerseits bleiben die Bedürfnisse nach Überfluß, Gesundheit und Gemeinsamkeit in euch und andererseits schafft ihr euch Ablenkungen und halbherzige Scheinüberzeugungen, die euch helfen sollen, euer mehr oder weniger leidvolles Schicksal zu lindern.
Als spirituelle Menschen, so habt ihr gelernt, solltet ihr dem Materiellen entsagen und dennoch bleiben die Wünsche in euch.
Eure angelernten Werte und Überzeugungen sagen euch, daß ihr den „Versuchungen“ widerstehen solltet. Anderseits bleibt das Bedürfnis.
Ihr meditiert, sucht Hilfe „dort oben“, seid wiederum „enttäuscht“, wenn ihr sie nicht in der Form erhaltet, wie ihr sie euch erhofft habt, und habt zu eurem Trost die Überzeugung, daß ihr es wohl im Augenblick noch nicht verdient habt, das Glück in Menschengestalt zu finden, was auch immer dies für den Einzelnen von euch bedeuten möge.

So lebt ihr euer Leben, unterscheidet euch inzwischen als spirituelle Menschen und Esoteriker, die sich mit „geistigen“ Dingen beschäftigen und als „Normale“, die letztendlich von nichts „dort oben“ Ahnung haben.
Aufgrund welcher Voraussetzungen beurteilt und bewertet ihr die anderen Menschen?
Vor allem: Aufgrund welcher **Werte** beurteilt ihr die anderen Menschen?

Viele von euch fürchten sich vor der „bösen“, der „dunkeln“ Seite, den Illuminaten, den furchterzeugenden „schlechten“ Außerirdischen.

So lest ihr Bücher, die euch Hoffnung versprechen, die euch jedoch wiederum veranlassen, euren Ängsten noch ein wenig Nahrung zu geben und ein klein wenig mehr zu warten, bis für euch der „richtige" Zeitpunkt gekommen ist. Ihr wartet darauf, bis ihr eure „Auf-gabe" gefunden habt, also den Vorgang, der euch veranlaßt etwas oder jemand aufzugeben.

Doch was könnte es Wert sein, daß ihr euer Leben, eure Überzeugungen aufgeben könntet, um dem „Ruf" Folge zu leisten?
Seid ihr schon einmal auf den Gedanken gekommen, daß auch eure esoterische oder spirituelle „Szene" von der „dunklen" Seite unterwandert sein könnte?
Seid ihr schon einmal auf den Gedanken gekommen, daß viele der verbreiteten Lehren schlicht und ergreifend nicht „richtig", nicht „konstruktiv", nicht der „Entwicklung des Bewußtseins" förderlich sein könnten?
Wie sollt ihr nun die Wahrheit erkennen?

Ihr habt gelernt, daß ihr auf der Erde inkar**m**iert seid, um zu lernen. Ihr habt gelernt, daß in Phasen des Schmerzes oder des Leidens ihr weitaus mehr „lernt" als in Phasen der Freude und des Glücklich-seins.
Ist es nicht möglich, daß ihr solange „falschen Lehrern" und „Führern" auf den Leim gehen müßt, bis ihr begreift, daß ihr SELBST für euch und euer Tun verantwortlich seid?
Wenn es sich nun so verhält, daß ihr hochschwingende Wesenheiten seid, die sich aus ihrer ursprünglich hohen Schwingungsebene in die Begrenztheit der Dreidimensionalität begeben haben um sich fortzubilden und um sich SELBST zu erkennen, gehört dann die Eigenverantwortlichkeit nicht zu euren ursprünglichen Fähigkeiten und Bedürfnissen?
Wie jedoch verhaltet ihr euch als die Menschen, die ihr nun einmal seid?
Ihr übergebt eure Verantwortung an andere, stellt fest, daß diese nicht in Einklang mit euch und euren Vorstellungen handeln und seid wiederum „ent-täuscht".
Aus eurer „Ent-Täuschung" entsteht Frustration, aus dieser

Aggression und diese habt ihr gelernt, nicht ausleben zu dürfen.

Einerseits sprecht ihr von der Liebe der Wesenheiten „dort oben“ und andererseits glaubt ihr denen unter euch, die euch Regeln geben, nach denen ihr zu handeln habt, um den Anforderungen derer „dort oben“ zu entsprechen.
Ihr sprecht von der bedingungslosen Liebe und schenkt denen Glauben, die euch Verhaltensweisen und Regeln an die Hand geben, damit ihr die bedingungslose Liebe derer „dort oben“ erlangen könnt?
Wollt ihr die Sinnlosigkeit dieses Tuns nicht begreifen?
Macht es für euch Sinn, daß das EINE Wesen einen jeden von euch in absoluter Individualität erschaffen hat, wenn gleichzeitig von dem EINEN Wesen wiederum Regeln und dogmatisierende Verhaltensweisen gefordert werden, die dazu dienen sollen, das EGO des EINEN Wesens zu stärken, indem es von euch gepriesen und verehrt wird?
Ist das der Sinn, den ihr in diesem kosmischen System seht?

**„Ich bin der Herr, Dein Gott! Du sollst keine anderen Götter haben neben mir!“**

Eine Wesenheit, die in sich SELBST die absolute Überzeugung trägt, das EINE Wesen zu sein, wäre im Prinzip auch jeder „Gott“, der verehrt wird. Da dieses EINE Wesen ALL-ES ist, hat ES nicht notwendig, sich auf diese Art und Weise „verehren“ zu lassen. Einzig und allein eine Wesenheit, die Interesse daran hat, sich auf der Ebene des EGOs verehren zu lassen, wird derartige „Gebote“ veranlassen.

Jedes Wesen, das in sich SELBST begriffen und verstanden hat, daß ES Teil eines großen Ganzen ist und einen Teilaspekt des großen Ganzen darstellt und repräsentiert, wird verstehen, daß Handlungen gegen andere Teilaspekte des großen Ganzen, gleichgültig in welcher Form, sinnlos sind, da die verursachende Wesenheit größeren Schaden durch ihre Handlung erlebt als die scheinbar geschädigte.

Wer in seinem Herzen die wahren kosmischen Zusammenhänge begriffen hat, wird nur noch aus seinem Innersten handeln und sprechen, dies jedoch niemals mehr gegen andere richten.
Wer aus seinem Ego heraus die kosmischen Zusammenhänge interpretiert, auslegt und auslebt, wird immer wieder mit den „Angstprogrammen" und den „Unzulänglichkeitsprogrammen" des niederen, des physischen SELBST konfrontiert sein.

All euer Tun, all das, was ein jeder von euch in seinem oder ihrem Leben schon getan oder nicht getan hat, beurteilt ihr aufgrund gewisser Vorgaben oder Werteskalen, die in der Regel darauf beruhen, wie ihr euer eigenes menschliches SELBST-Bild gelernt habt zu interpretieren.
Jede Handlung die ihr setzt, bewertet und beurteilt ihr aufgrund dieser Werteskalen.
Ginge es nun, im Gegensatz zu euren in euch hineindoktrinierten Überzeugungen, nicht mehr darum, gewisse Dinge eures täglichen Lebens „gut" oder „schlecht" zu tun, könnte es nur noch darum gehen, **diese Dinge eben zu tun**.
Und wenn es „nur" darum ginge, die Dinge getan zu haben, hättet ihr alle Anforderungen in vollem Umfange bestanden.
Erst die bei euch geltenden Werte, mit denen ihr euch selbst und die Menschen um euch herum bewertet und beurteilt, lassen euch feststellen, daß ihr eure Dinge in den wenigsten Fällen wirklich „gut" gemacht habt. Aufgrund der bei euch geltenden Wertmaßstäbe kommt ihr meist zu dem Ergebnis, daß ihr das, was ihr nun getan habt, wesentlich besser hättet tun können.
Dies bestätigt euch wieder in der Überzeugung eurer Unzulänglichkeit, eurer Minderwertigkeit und eurem „negativen" SELBST-Bild, führt in der Folge auf Dauer zu Frustration, Depression und weiter zur Aggression, die ihr, wie ihr gelernt habt, gefälligst zu unterdrücken habt, da ihr ansonsten ja „böse" seid, und dies wiederum „negative" Konsequenzen hat.
So setzt ihr euch wieder euer „Scheinlächeln" auf und tut vor euch (eurem) SELBST so, als wäre alles in Ordnung und ihr würdet absolut klarkommen. Werdet ihr gefragt, wie es euch

geht, so sagt ihr „gut“ und wißt in euch, daß es oftmals anders ist.
In euch jedoch bleibt der Wunsch, „ES“ endlich einmal wirklich „gut“ zu machen, der weiter auf „Be-**fried**-igung“ hofft.

Wer glaubt ihr, Kinder des Lichtes und der Liebe, ist fähig und in der Lage, ein hochschwingendes Wesen zu bewerten und zu beurteilen?
Wer glaubt ihr, Kinder des Lichtes und der Liebe, ist fähig und in der Lage, ein unglaublich entwickeltes Individuum in all seinen Aspekten, mit all seinen offensichtlichen und verborgenen Fähigkeiten und Möglichkeiten wahrhaftig zu erkennen?
Wer glaubt ihr, Kinder des Lichtes, könnte über die Möglichkeit verfügen, ein in seinem SELBST sehr weit entwickeltes Wesen mit „negativen“ Kräften zu manipulieren und zu verängstigen, wenn dieses Wesen sich nicht SELBST dafür öffnet?

Jeder Einzelne von euch verfügt in seinem Innersten über gewaltige Kräfte und Energien.
Was euch scheinbar dieser Kräfte beraubt, sind eure in euch hineinprogrammierten Ängste (Enge).
Ihr lebt in eurer Welt der Ängste (Enge). Diese Ängste (Enge) sind (ist) wesentlicher Bestandteil eures physischen SELBST, also des Anteils in euch, der in seiner gesamten Funktion einem irdischen „Lernprogramm“ unterworfen war und ist.
Ängste öffnen energetische „Tore“ in euch, durch die eure eigenen Energien abfließen können und die sich dorthin wenden, wo sie Erfüllung finden.

„**Euch geschehe nach eurem Glauben!**“ und wenn ihr in euch und vor euch (eurem) SELBST an die Angst glaubt, so ist die logische Konsequenz daraus, daß ihr sie erlebt. Schließlich und endlich besitzt ihr, jeder von euch, die Macht und die Fähigkeit Realität zu erschaffen.
Warum also erschafft ihr, jeder einzeln für sich und ihr alle gemeinsam für euer Kollektiv, nicht eine Form der Realität, die ihr wirklich wollt?
Die Antwort ist letztendlich sehr einfach. Ihr tut es nicht, weil ihr

es nicht wirklich glauben könnt.
„**Euch geschehe nach eurem Glauben**!“, und somit beißt sich die Katze wieder in den eigenen Schwanz.
Beginnt ihr das System zu verstehen?

## Erwartungen und Wünsche

In dem Begriff „Er-**wart**-ung" steckt die Silbe „wart", abgeleitet aus „warten". Die Frage stellt sich, worauf ein Mensch wartet, wenn sie oder er eine „Er-wart-ung" hat. Solange eine Wesenheit wartet, handelt sie nicht.
Im Prinzip sind Erwartungen Projektionen aus eurem rein physischen Bewußtseinsanteil, also dem Aspekt in euch, der durch eine unglaubliche Vielzahl von Wertmaßstäben und Glaubenssätzen in weiten Bereichen programmiert ist.
Eine Erwartung entsteht immer dann, wenn ein Mensch aus seinem eigenen Welt- und SELBST-Bild heraus in sich ein Defizit trägt. Dieses Defizit, dieses Bedürfnis, dieser Wunsch drängt nach Selbstausdruck oder Verwirklichung. Dieser Wunsch oder das Bedürfnis ist Gedankenenergie, die nach SELBST-Verwirklichung strebt.
Aufgrund des vorhandenen Weltbildes und/oder SELBST-Bildes des betroffenen Menschen entsteht nun eine gewisse Vorstellung oder gedankliche Konzeption, wie nun dieses Bedürfnis oder dieser Wunsch zu verwirklichen wäre.
In die Realisierung sind entweder andere Menschen oder Begebenheiten einbezogen. Aufgrund des eigenen SELBST- und Weltbildes entsteht in dem Menschen eine gedankliche Projektion, eine Art Vorgehensweise, was nun geschehen müßte, damit das Defizit, der Wunsch, das Bedürfnis Erfüllung erfährt.
Da ein Mensch in der Regel ein SELBST-Bild von sich hat, das in einigen Lebensbereichen von Ängsten und Unzulänglichkeiten oder Minderwertigkeiten geprägt ist, scheint es überaus schwierig, dieses Bedürfnis der Befriedigung zuzuführen.
Es müßten sich längst eingefahrene Verhaltensweisen ändern oder es müßten Situationen eintreten, die zu einer Veränderung der Situation führen.
Nun ist der Mensch Schöpfer seiner Realität, sowie im individuellen Bereich seines Lebens, als auch als Teil des planetaren Kollektives. Obwohl das menschliche Wesen, wenn auch zur Zeit innerhalb gewisser Grenzen, ein absolut einzigartiges Individuum in den Weiten des Kosmos darstellt,

hat der rein physische, der programmierte Bewußtseinsaspekt, das Bedürfnis etwas „Besonderes“, etwas einzigartig **Menschliches** darzustellen.
Dazu trägt das in den Menschen hineinprojizierte Programm bei, lediglich „durchschnittlich“ oder gar gänzlich minderwertig zu sein. Um diesen Zustand zu beseitigen, entstehen in einem Menschen oftmals Phantasien, die ihn, den Menschen, aus der Masse der Menschheit hervorheben.
Also müssen sich, um zum ursprünglichen Thema zurückzukehren, im Leben des Menschen, der in sich Bedürfnisse trägt, Lebenssituationen verändern damit diese der Realisierung näherkommen. Da der Mensch der Überzeugung ist, dies nicht aus sich selbst heraus bewerkstelligen zu können, greift er beispielsweise zu gewissen Manifestationstechniken oder beginnt auf andere Art und Weise, gegebenenfalls über die Meditation, in der geistigen Ebene eine Veränderung herbeizuführen.
Dabei geraten zwei Bewußtseinsschichten in Konflikt, nämlich die geistige Ebene, in der die Ur-Persönlichkeit der Wesenheit angesiedelt ist, und der physische, der programmierte Bewußtseinsanteil dieser Wesenheit.
Da sich nun der Hauptanteil des Bewußtseins bei einer körperlich inkarmierten Wesenheit eben überwiegend in dem rein physischen Bewußtseinsanteil aufhält, dominiert dieser Bewußtseinsaspekt die Wesenheit.
Damit wird das menschliche Wesen durch seine überwiegend menschlich-programmgemäßen Glaubenssätze dominiert. Dadurch sind wir nun wieder zum Thema der Erwartungen zurückgekehrt.

Ein Mensch, der Lebensumstände anders gestalten will oder Bedürfnisse befriedigen möchte und sich dazu aufgrund sozialer, gesellschaftlicher, kultureller oder religiöser Verhaltensnormen nicht in der Lage sieht, wird dazu greifen, sich auf irgendeine Art Hilfe zu suchen.
Affirmationen, Meditation und andere Techniken, um eine gewisse Überzeugung in den Bereich der Bewußtseinsschicht zu transportieren, den ihr als das „Unbewußte“ bezeichnet, sind

bei spirituell oder esoterisch ausgerichteten Menschen inzwischen üblich.
Also wird versucht, eine gewisse, meist unbewußte absolute Überzeugung mit einer anderen, in der Regel erwünschten Überzeugung zu überdecken oder umzuprogrammieren. Meist kommt ihr dabei in die Schwierigkeit, daß der zu verändernde Lebensbereich euch unter Umständen seit vielen Jahren sehr vertraut ist, und ihr wünscht ihn mit etwas zu überdecken, von dem ihr noch nicht so genau wißt, worauf ihr euch einlaßt.
In euch tragt ihr die Erwartung, daß ihr durch Meditation, durch das Praktizieren von Techniken oder Ähnlichem euer Leben verändern werdet. In einigen Fällen funktioniert dies auch. In der Regel jedoch nicht so, wie ihr es euch erhofft habt.
Geht es einige Male „schief", so seid ihr frustriert, die Folge davon mögen mehr oder weniger schwere Depressionen sein und auf Dauer gesehen entsteht daraus ein gewisses Potential an Aggression, die ihr wiederum nicht ausleben dürft.

Ein anderer Bereich der Erwartungen sind diejenigen, die ihr an andere Menschen habt. Insbesondere in dem Lebensbereich, den ihr als „Be-zieh-ung" definiert. Interessant an der Definition ist die Silbe „zieh", die dem Wort „ziehen" entstammt.
Da ihr meist gelernt habt, eure Wünsche und Vorstellungen nicht definieren zu „dürfen" oder zu können, habt ihr euch Mechanismen oder gewisse Verhaltensweisen angelernt, die euch helfen sollen, dem anderen Menschen eure Vorstellungen zu übermitteln. In dem Lebensbereich Partnerschaft scheint euch dies besonders schwierig, da ihr den Menschen, von dem ihr sagt, daß ihr ihn liebt, nicht verletzten wollt. Schließlich und endlich ist dies auch der Mensch, der euch am nächsten steht, und von dem ihr etwas überaus Bedeutsames erhaltet: Liebe, Zuwendung, Geborgenheit, Verständnis und menschliche Wärme.
Zumindest ist dies eure Vorstellung. Die Praxis sieht jedoch meist etwas anders aus. Ihr wünscht euch Liebe, Zuwendung, Geborgenheit und vieles mehr, erhaltet es jedoch nicht in der Form, die eurer Vorstellung entspricht, nicht oder zumindest nicht so, wie es eurer Vorstellung nach „sein sollte". Eurer

Partnerin oder eurem Partner ergeht es nicht anders. Anstatt eine Art der Kommunikation zu entwickeln, die euch eine klare Lösung aus der Thematik ermöglichen würde, seid ihr von der Angst dominiert, euren Partner oder eure Partnerin verlieren zu können, wenn ihr euch selbst vor dem Anderen „outet". Aus dieser Angst heraus erzählt ihr in klärenden Gesprächen nur die Oberfläche der von euch empfundenen Problematik, denn wenn ihr alle eure Wünsche und Bedürfnisse offenlegen oder gar auf deren Erfüllung pochen würdet, müßtet ihr gegebenenfalls damit rechen, daß der oder die Andere euch nicht mehr wiedererkennt und euch eventuell verläßt.

Letztendlich jedoch, um bei der Offenheit zu bleiben, geht es nicht wahrhaftig um den Partner oder die Partnerin, sondern um das, was ihr von ihm oder ihr erhaltet, nämlich die Wärme, Geborgenheit, die Zärtlichkeit und die Liebe, die ihr so dringend benötigt.
Erst dann, wenn der erlebte Schmerz und das fortwährend erfahrene Leid dauerhaft größer sind als die „Gegenleistung", seid ihr für Veränderungen, für „Lösungen" bereit.

Abb. 4

Was geschieht, wenn ihr eine Erwartung in euch tragt?

Von all den Möglichkeiten und Chancen, die ihr habt und die euch das Leben bietet, greift ihr euch einen Teilbereich heraus und fixiert eure gesamte Wahrnehmung darauf (Abb.4).
Das bedeutet nichts anderes, als daß ihr so auf die Erfüllung eurer Bedürfnisse und Wünsche fixiert seid, daß ihr all das um euch herum nicht mehr wahrnehmen **<u>könnt</u>**. Eure Fixierung auf den Weg der Realisierung, der sich in euren Köpfen festgesetzt hat, ist meist die einzige Vorstellung, die euch möglich erscheint.
Nun ist das Leben ständiger Fluß. Hättet ihr euch nicht auf einen Teilbereich eurer Wahrnehmung beschränkt und würdet,

nicht wie die Katze vor dem Mauseloch sitzen, in der Hoffnung, daß die Maus sich eines Tages schon blicken lassen wird, so könntet ihr um euch herum all die Mäuse tanzen sehen, die wissen, daß ihr sie im Augenblick nicht sehen könnt.
Anders formuliert, durch eure Fixierung auf ein Geschehnis, durch eure Fixierung auf eine Begebenheit, seht ihr all das, was das Leben, das Schicksal, der Kosmos, das EINE Wesen, wie immer ihr dies in diesem Zusammenhang bezeichnen möchtet, euch im Überfluß geben könnte und würde, nicht.
Ihr seht nicht, was alles geschehen könnte, ihr seht nur, was eben nicht geschieht.
Erst wenn ihr bereit seid eure Fixierung aufzugeben, was immer dann automatisch passiert, wenn sich die Situation so verkrampft hat, daß ihr versucht euch aus dem Geschehnis zu entziehen, dann läuft euch oftmals die Erfüllung eures Wunsches oder eures Bedürfnisses über den Weg.
Dann jedoch hat sich euer Leben zum Teil so verändert, daß ihr die Erfüllung zwar registriert, sie euch jedoch aufgrund eures veränderten Lebens nicht mehr so interessiert.

Im Prinzip könntet ihr aus all den Geschehnissen und Begebenheiten eures Lebens durchaus den Zusammenhang, den Mechanismus erkennen, dennoch seid ihr in eurer Wahrnehmung wiederum in diesem Lebensabschnitt auf die Erfüllung anderer Bedürfnisse fixiert, und der Vorgang wiederholt sich. Ihr könntet aus eurer eigenen Lebenserfahrung eine unglaubliche Vielzahl von kosmischen Abläufen und Mechanismen erkennen. Dennoch scheint es euch wesentlich wichtiger zu sein, euch auf andere Teilbereiche eurer gesamten Möglichkeiten zu beschränken, euch Informationen aus eurer äußeren Welt zu holen, von denen ihr euch erhofft oder erwartet, daß sie endlich, endlich die Veränderungen in eurem, ach so kargen und tristen Leben herbeiführen mögen.

Ihr, jeder einzelne von euch, trägt das Wissen über all die kosmischen Zusammenhänge in sich (seinem oder ihrem) SELBST. Die Erfüllung eures „Mensch-sein-Programms“ hat jedoch nach wie vor Vorrang vor der Möglichkeit, euer Leben nach euren eigenen Wünschen und Vorstellungen zu gestalten. Doch bereits wenn ihr diese, unsere Worte lest, macht sich in euch wiederum der Gedanke breit, daß ihr dies wohl nie oder bestenfalls erst eines Tages schaffen werdet.

Eure Erwartungen sind nichts anderes als Wünsche und Bedürfnisse, von denen ihr glaubt, sie euch nicht aus euch selbst heraus erfüllen zu können, und die Erfüllung aus diesem Grunde in andere Menschen oder bestimmte Lebensabläufe hineinprojiziert.
Macht euch bewußt, daß es den anderen Menschen ebenso ergeht, wie euch selbst. Auch die anderen Menschen haben Erwartungen, die nach Erfüllung drängen.
Doch so wie die anderen euch dauerhaft eure Erwartungen und Hoffnungen nicht erfüllen werden, so könnt auch ihr die Erwartungen und Hoffnungen der anderen Menschen nicht erfüllen.

Was bleibt, wenn ihr eure Erwartungen aufgebt, Kinder des Lichtes?
Was bleibt ist das pure Leben eures eigenen SELBST. Ein Gedanke, der einigen von euch immenses Unbehagen bereitet. Schließlich und endlich könnt ihre euch dann nicht mehr hinter Regeln, Dogmen und anderen Verhaltensweisen verstecken und müßt hochoffiziell das tun, dem ihr euch ohnehin niemals entziehen konntet und könnt: Die Verantwortung für euch (euer) SELBST und das damit verbundene Tun und Lassen zu übernehmen.

## Es gibt nichts umsonst

Wir kommen nun zu einer Thematik, die vielen von euch äußerst unangenehm sein dürfte. Die Aussage der Überschrift ist nur in einem gewissen Teilbereich eures Gesamtbewußtseins zutreffend, nämlich dem Bereich eures rein physischen, dem programmierten SELBST.

Jedes, in einem menschlichen Körper inkar**m**iertes Wesen, trägt, aufgrund gewisser Umstände das tiefe Bedürfnis in sich, von der äußeren Umwelt angenommen, akzeptiert, gemocht und geliebt zu werden.
Zuwendung, Geborgenheit, Vertrauen, menschliche Wärme, Liebe und Sexualität sind tief im menschlichen Bewußtsein verwurzelte Bedürfnisse, die im Prinzip die Lebensweise eines jeden menschlichen Wesens intensiv beeinflussen.
Damit diese Bedürfnisse erfüllt werden können, muß jeder Mensch gewisse Verhaltensweisen oder Mechanismen entwickeln, aufgrund derer es dem Menschen möglich scheint, diese Bedürfnisse „be-**fried**-igen" zu können.

Ein Mensch beispielsweise, der aufgrund seiner im physischen Bewußtsein verwurzelten Glaubensstruktur davon überzeugt ist, daß er oder sie, nicht schön, nicht klug, nicht gut genug oder anderweitig unzulänglich ist, wird versuchen, in seinem Verhalten sich soweit an einen anderen Menschen anzupassen, daß dieser den anderen aufgrund seiner Verhaltensweisen akzeptieren kann.
Unter Umständen geht dies soweit, daß der andere Mensch fortwährend versucht, auf vielfältige Arten herauszufinden, welche Wünsche und Bedürfnisse der andere hat und versuchen ihm oder ihr diese soweit als möglich zu erfüllen.
Dieser „angepaßte" Mensch ist in der Regel voller Ängste, muß er oder sie doch, aufgrund des eigenen SELBST-Bildes und des eigenen SELBST-Wertes, ständig befürchten, daß der oder die Andere die scheinbare Unzulänglichkeit entdeckt und ihn oder sie verläßt oder in anderer Form „bestraft".

So wird dieser Mensch im Laufe der Zeit immer weniger seiner eigenen Persönlichkeit erhalten oder gar weiterentwickeln, da der andere Mensch mehr und mehr zum Lebensinhalt wird.

Wahrhaftig jedoch geht es in diesem Zusammenhang nicht tatsächlich um den anderen Menschen, sondern es geht letztendlich darum, was der angepaßte Mensch für eine Art von „Gegenleistung" für seine SELBST-Verleugnung und SELBST-Täuschung erhält. Die Gegenleistung besteht eben in dem Gefühl, nicht allein zu sein und trotz der eigenen Minderwertigkeit einen anderen Menschen zu **haben**, der Liebe entgegenbringt oder zumindest Ersatzformen von „Liebe" anbietet.
In einem derartigen Zusammenhang wird zwar von „Liebe" gesprochen, jedoch handelt es sich dabei um eine Art von „Geschäft" wobei die an dem Geschäft Beteiligten niemals einen klaren Vertrag ausgehandelt haben, sondern jeder versucht, die Gedanken und Wünsche des anderen zu erkennen.
Was ist daran schlecht? Im Prinzip nichts!

Das Problem, das die **Beteiligten** damit haben, liegt einzig und allein darin, daß im Laufe der Zeit diese Form der Vereinbarung zu beiderseitiger Frustration, Depression und wiederum zur Aggression führt, wobei ihr inzwischen mehrfach erfahren habt, daß ihr letztere ja nicht haben „dürft".

Das Gefühl vieler von euch Menschen, nicht gut genug oder anderweitig unzulänglich zu sein, ist oftmals so ausgeprägt, daß ihr immer wieder versucht, über gewisse Tätigkeiten oder Handlungen ein gewisses Maß an Anerkennung, Zuwendung oder gar Liebe zu erhalten. Habt ihr im Laufe eures Lebens gelernt, daß dies über den Bereich der Partnerschaft, der „Be-zieh-ung" nicht möglich ist, sucht ihr nach Alternativen. Gegebenenfalls reicht euch das, was ihr an Zuwendung innerhalb einer Partnerschaft erhaltet noch nicht aus, da euer Defizit so ausgeprägt ist, daß ihr immer mehr braucht.

Unter Umständen begebt ihr euch in diesen Fällen in Berufe oder Berufungen, innerhalb derer ihr durch die Hilfe, die ihr an anderen Menschen leistet, euch wiederum ein Maß an Anerkennung oder Akzeptanz holt.
Gerade dann, wenn euch die letzten unserer Aussagen betroffen gemacht haben, solltet ihr einmal genauer hinsehen. Seid jedoch versichert, selbst wenn ihr erkennen solltet, daß es sich so bei euch verhält, ist dies keineswegs „schlecht". Es ist auch nicht „gut". Es ist einzig und allein so, wie es nun einmal ist. Erst die Wertungen in euren menschlichen Bereichen lassen „Dinge" als gut oder schlecht erscheinen. Letztendlich sind es jedoch „nur" Dinge.

Je mehr ihr versucht, die Erwartungen anderer Menschen zu erfüllen, desto mehr geratet ihr in die Falle der SELBST-Verleugnung. SELBST-Verleugnung ist jedoch innerhalb eures „Lernprogrammes" nur auf gewisse Zeit möglich.
Immer dann, wenn die Form oder Art der Verleugnung des eigenen SELBST ein gewisses Maß überschritten hat, bricht ein Teilbereich eures Lebens in sich zusammen. Ihr empfindet dies als einen äußerst schmerzvollen Vorgang, der jedoch, letztendlich, durchaus befreiend wirkt.
Wiederum ist es eure Fixierung auf einen Teilbereich eurer Gesamtwahrnehmung, der euch derartige „Befreiungsgeschenke" als schmerzvoll erleben läßt.

Wenn ihr versucht, den Erwartungen der Anderen zu entsprechen, gleichgültig um wen es sich dabei handelt, preßt ihr euer SELBST, all eure Bewußtseinsebenen in ein Schema, das euch, dauerhaft gesehen, euer Leben noch enger erscheinen läßt. Eure absolute und einzigartige Individualität wird angepaßt auf die Bedürfnisse anderer, wobei die Option der Erfüllung der Bedürfnisse anderer Menschen niemals tatsächlich gegeben ist.
Derartiges Verhalten ist für alle Beteiligten in eurem Vorgang der Bewußtwerdung völlig abträglich und wird euch nicht zur Erfüllung führen.

Macht euch bewußt, daß jeder von euch absolut einzigartig ist. Die Skalen eurer Bewertungssysteme, nach denen ihr euch immer wieder selbst beurteilt und bewertet, sind von anderen Menschen zu bestimmten Zwecken erschaffen worden. Solange ihr nicht aus euch (eurem) SELBST heraus begreift, daß ihr durch euren Weg durch den Zyklus der Inkar**m**ation dem EINEN Wesen in SEINEM Wege der SELBST-Erkenntnis dient, solange werdet ihr euren wahren Wert für das gesamte kosmische System nicht begreifen und euch immer klein und machtlos fühlen.

Ihr habt euch Körper geschaffen, die eurem Geist als Vehikel durch den Ablauf der Inkar**m**ation dienen. Wenn der Körper euch nicht gefällt, verändert ihn. Wenn ihr über Charaktereigenschaften verfügt, die ihr nicht mögt, verändert sie. Wenn es Lebensumstände gibt, die euch nicht gefallen, verändert sie.

Ihr habt nicht nur die Macht dazu, letztendlich verfügt ihr auch über das Wissen, diese anzuwenden.
Lediglich eure Programme innerhalb eures physischen SELBST hindern euch daran, da ihr gelernt habt, daß die Dinge so sind, wie sie nun einmal sind, und daß ihr als einzelne ohnehin nichts verändern könnt.
Also nutzt eure Macht und macht das, was ihr für „richtig" erachtet, Kinder des Lichtes.

## Alles, was DU willst

Glaube es nun oder nicht: DU bist ein lichtes Geistwesen, verbunden mit der dreidimensionalen Ausdrucksform eines physischen Körpers. DEINE Körperlichkeit ändert nichts daran, daß DU über ein immenses Potential an kosmischem Wissen und über die „not-wendige" Macht verfügst, dieses Wissen und DEINE Kenntnisse auch sinnvoll anzuwenden.

Im Prinzip sind unsere Worte nicht einmal erforderlich, DICH daran zu erinnern. DU müßtest nichts anderes tun, als DIR DEIN Leben und all die damit verbundenen Geschehnisse vor Augen zu halten. Letztendlich erzählen wir DIR nichts Neues. Wir erzählen DIR, was DU weißt, damit DU es einmal glauben magst. DU fühlst so vieles in DIR. In manchen Situationen spürst DU die Wahrheit, auch wenn andere DIR anderes erzählen. Doch DU hast gelernt, daß dies „nur" Gefühle sind, und DU hast gelernt, daß Gefühle nicht unbedingt mit der Realität zu tun haben. Gefühle genießen eher den Ruf unzuverlässig, weibisch und unrational, eben „nur" Gefühle zu sein.

Mach DIR bewußt, daß DEIN höherer, DEIN wissender Aspekt oftmals „nur" über Gefühle mit DIR kommuniziert. Sprache begrenzt die Art der Kommunikation wieder auf die reine Rationalität, denn um zu sprechen brauchst DU Worte, und Worte sind verbunden mit Interpretationen. So entstehen in der sprachlichen Form der Kommunikation viele Ungereimtheiten und Mißverständnisse.

DEIN höherer Aspekt, die „Stimme" in DIR, kommuniziert oftmals nur im Bereich der Gefühle. So kennst DU vielleicht das Gefühl innerhalb einer Situation, in der DU einfach spürst, daß sich gewisse Dinge eben so verhalten. DU „fühlst" Sicherheit in Bezug auf die Situation. Aus der Unsicherheit des Programmes heraus, das DICH gelehrt hat, Gefühlen keinen Glauben zu schenken, wirst DU verunsichert und traust DIR (DEINEM) SELBST nicht.

Erst im Nachhinein erkennst DU, daß DU DEINEM Gefühl hättest vertrauen können.

DU bist ein lichtes Wesen, herabgestiegen in die Enge (Ängste) der Dreidimensionalität, um zu lernen, DICH SELBST unter der Voraussetzung der Abgegrenztheit, des Zweifels und Angst zu erleben und zu erfahren.
Doch warst DU nie und wirst niemals aus dem Bewußtsein des EINEN Wesens getrennt sein können, da ALL-ES, was jemals existiert hat, existiert, oder jemals existieren wird, aus dem Bewußtsein, der Gedankenenergie des EINEN Wesens besteht. Spüre in DICH hinein und empfinde dieses Gefühl in Deinem Herzen. Fühle die Geborgenheit, die Wärme und die Liebe, die niemals von DIR wahrhaftig entfernt war. ALL das trägst DU in Deinem Herzen. ALL das kommuniziert mit DIR über die „wahren" Gefühle, die sich durch ihre innere Wärme von den projizierten und mit Erwartungen verbundenen Gefühlen unterscheiden.
Wenn DU nicht weißt, wie DU DICH „ent-scheiden" sollst, so höre in DICH hinein. Lerne, DEINE wahren Gefühle von projizierten Gefühlen zu unterscheiden.

Alles, was DIR in Deinem Leben bisher wirklich und wahrhaftig wichtig war, konntest DU auch in DEIN Leben holen. All das, was DU nicht in Deinem Leben hast, all die Bedürfnisse und Wünsche, die DU in DIR trägst und von denen DU glaubst, daß sie DIR wichtig sind, mögen verbunden sein mit Vorstellungen die DU hast, die DIR in Wahrheit jedoch nicht tatsächlich wichtig sind, oder haben ihre Begründung darin, daß DU versuchst, Erwartungen anderer zu erfüllen. Dabei mag es sich durchaus auch um die tief in DIR verwurzelte Erinnerung an Erwartungen handeln, die mit DEINER jetzigen Realität nichts mehr zu tun haben.

Durch die Erinnerung an den Schmerz bereits erlebter Situationen vermeidest DU unter Umständen auch heute noch gewisse Umstände oder Konfrontationen, die DEIN Leben und die Erfüllung einiger DEINER Bedürfnisse und Wünsche verhindern oder verzögern.

DU bist ein lichtes Wesen, herabgestiegen in die Enge (Ängste)

der dreidimensionalen Welt, um DICH SELBST unter diesen Umständen zu erleben und zu erfahren.
Suche nicht nach einer „Auf-gabe", suche nach DIR (DEINEM) SELBST.
Die Wünsche und Bedürfnisse, die DU in DIR trägst und die DIR (DEINEM) SELBST wichtig erscheinen, versuche sie DIR, soweit es DIR möglich scheint, zu erfüllen. Verdränge und negiere sie nicht. Sie sind äußerst bedeutsam für DICH, denn sie werden DIR helfen, DICH oder weitere Anteile DEINES SELBST in DIR zu finden.
Entgegen der in spirituellen Kreisen verbreiteten Meinungen sagen wir DIR, daß DU DEINEN Spirit, DEINEN Geist durch den Zugang in die Materie finden wirst.
Verdrängst DU Teile DEINES wahren SELBST, so wirst DU DICH nicht wahrhaftig lieben können. DU bist eine Kombination aus lichter und dunkler Energie. Die Entscheidung, welche dieser Seiten DU in der äußeren Welt leben möchtest, triffst DU SELBST. Versuchst DU das vermeintlich Dunkle in DIR zu verdrängen, so verdrängst DU einen Teil von DIR (DEINEM) SELBST. Wenn DU DICH für etwas, das DU getan oder geleistet hast, liebst, so wirst DU DICH für etwas, das DU nicht getan oder nicht den an DICH gestellten Erwartungen entsprechend geleistet hast, hassen. Erst wenn DU so sein kannst, wie DU nun einmal bist, in der Verbindung aller DEINER Aspekte, wirst DU DICH so annehmen können, wie DU nun eben einmal bist. Liebe, die wahrhaftige Liebe fragt nicht und verlangt keine Leistung.
Sei DIR bewußt, daß DU bist, wie DU bist, weil DU in diesem Augenblicke DEINES Lebens gar nicht anders sein kannst.
Wenn DU dies wahrhaft verstanden hast, wenn DU dies auch in DEINEM Herzen fühlen kannst, so hast DU die Basis geschaffen, DICH (DEIN) SELBST zu lieben.

So mag es durchaus sein, daß DU in dieser „**Qual**-ität" der Zeit, immer wieder Phasen großen Schmerzes und schwerer Trauer durchlebst. Doch bitten wir DICH, nicht aufzugeben und DIR die Gewißheit zu bewahren, daß DU zu Veränderungen beiträgst, die kosmische Auswirkungen haben werden. Es ist nicht

notwendig DEINEN Schmerz und die Trauer zu mögen oder DIR die Märtyrerrolle „überzustülpen". Sei DIR gewiß, daß der Schmerz nur deshalb in DIR ist, weil alte Anteile, alte, längst überholte und abzulegende Verhaltensweisen und Glaubenssätze DICH, DEIN Bewußtseinsfeld verlassen, die DICH über lange Jahre begleitet haben. Sei DIR bewußt, daß ein Teil von DIR stirbt oder geht, den DU für DEINEN weiteren Weg nicht mehr benötigst.
Stirbt ein Tier, das Jahre mit DIR verbracht hat, so trauerst DU um das Tier, auch wenn DIR immer klar war, daß DU es überleben wirst. Dennoch trauerst DU.
Ebenso ergeht es DIR mit Teilaspekten DEINES wahren Wesens. Sei DIR in DEINEM Schmerz und DEINER Trauer jedoch bewußt, daß die Zeit der Veränderung, des Wandels für DICH unmittelbar bevorsteht, sonst könntest DU um Verlorenes nicht trauern.

Alles kannst DU erreichen, wenn DU wirklich willst. Wenn es DIR nicht möglich ist etwas zu erreichen, frage DICH, ob es DIR wahrhaftig wichtig ist. So kannst DU überprüfen, ob DU nicht Zeit verwendest, um etwas nachzujagen, das DIR in Wirklichkeit eben völlig unbedeutsam ist, und DU vielleicht nur gewisse Erwartungen zu erfüllen versuchst.

DU wirst geliebt, Kind des Lichtes, auf eine Art, die DU DIR jetzt noch nicht einmal ansatzweise vorstellen kannst.
Sei DIR bewußt, daß die Absichten und die Motivationen, aus denen heraus DU „Dinge" tust oder läßt, bedeutsam sind.
Zu dieser Thematik gibt es eine eigene Geschichte im weiteren Verlauf unserer Erzählung.

## Probleme

Was eigentlich ist ein Problem?
Im Prinzip ist das, was ihr als ein Problem bezeichnet, eine auf euch treffende Thematik, die aufgrund bestimmter Umstände nicht in die Planung der augenblicklichen Zeitqualität paßt und euch mit Gegebenheiten konfrontiert, die ihr eben gerade nicht „brauchen" könnt.
In der „Be-**deutung**" des Wortes liegt bereits die Antwort. Das Wort „Pro-blem" setzt sich zusammen aus der Silbe „Pro", also der geneigten oder positiven Zuwendung zu etwas oder jemand, und der Silbe „blem", die scheinbar auf den ersten Blick in eurem Sprachgebrauch keinen Sinn ergibt.
Erst wenn klar wird, daß die Silbe aus dem Begriff „Em-**blem**" entspringt, erhält dieser Begriff einen Sinn. Ein Emblem ist eine **Symbolhaftigkeit** oder eine **Symbolik**.
„Problem" bedeutet nichts anderes als „Pro-Emblem", also die Zuwendung zu einer Symbolik oder einer Symbolhaftigkeit.

Wenn es sich nun tatsächlich so verhält, daß ein Problem keine tatsächliche Schwierigkeit, sondern lediglich eine in materielle Ausdrucksform gebrachten Symbolhaftigkeit ist, was macht dann die Symbolik für euch zu einer Lebenssituation, die euch oftmals Kummer und Leid zufügt?
Was ist der Zusammenhang zwischen der in dreidimensionale Realität gebrachte Symbolik und eurem Leben?
Probleme sind „Dinger", auf die ihr gut und gerne verzichten könntet. Schließlich und endlich bringen diese oftmals euer mehr oder weniger geregeltes Leben ganz schön durcheinander. Es hat euch soviel Arbeit und Mühe gekostet, viel Schweiß, Leid und Schmerz, um euer Leben so in den Griff bekommen zu haben, wie es nun einmal bei jedem von euch der Fall ist. Kommt nun ein Problem auf euch zu, so bringt dieses, je nach Intensität der Schwierigkeit, euer gesamtes Konzept durcheinander.
Habt ihr es mit Mühe und Not, mit Ellenbogenmentalität und Falschheit, mit Dienen und Buckeln, mit Leid und Schmerz, mit Frustration und Depression, gegebenenfalls auch mit Freude

und großem Engagement endlich nach vielen Jahren geschafft, euch einen Teil vom „Kuchen“ ins Trockene zu bringen, habt ihr euch also im privaten und beruflichen Bereich eures Leben etwas etabliert und macht Pläne, euch ein Haus, eine Wohnung oder sonstige Dinge anzuschaffen, oder wollt einfach nach all den Jahren der Mühe und der SELBST-Verleugnung ein wenig mehr Zeit und Ruhe haben, geschehen „Dinge“, die euch eure Ruhe durcheinanderbringen, euch Schwierigkeiten, Ängste und Nöte bescheren.
Habt ihr endlich Lebensziele erreicht oder habt ihr das sichere Gefühl, auf dem Wege dorthin zu sein, manifestieren sich eure inneren Verhaltensstrukturen zu massiven körperlichen Blockierungen. Eure Körper beginnen in der Form auf die vielfältigen Arten eurer SELBST-Verleugnung zu „re-agieren“, wie sich eben Kombinationen aus Welt- und SELBST-Bild in Verbindung mit weiteren Glaubenssätzen ergeben. So bilden sich eure Herz- und Kreislauferkrankungen, Venen-, Nerven- und sonstige Entzündungsherde, Knochen- und Bluterkrankungen und vieles mehr in euren Körpern aus.

Eure Medizin gibt euch viele Arzneien und Behandlungstechniken an die Hand, mit denen eure Körper im Ansatz, zumindest in der Lebensphase ihrer größten, rein physischen Schaffenskraft, produktiv und halbwegs leistungsfähig bleiben.
Doch eure Medizin behandelt nicht, oder wiederum nur im Ansatz, eure Psyche, den Bewußtseinsanteil eures SELBST, der gebunden ist an den menschlichen Körper und in dem das Programm der „Pflichterfüllung“, des „sich-Einbringens-in-das-System“, das „ich-muß-es-schaffen-nach-oben-zu-kommen“ sitzt.
Wenn ihr zu den „Leistungsträgern“ eurer Profitgesellschaft gehört, seid ihr meist tief in euch nicht zufrieden. Ihr fühlt, daß es „mehr“, daß es „anderes“ geben muß, doch wie solltet ihr euer Leben verändern. Müßtet ihr doch, so euer Glaubenssatz, euer Leben so verändern, daß ihr das, was euch lange Zeit eures Lebens so wichtig war, aufgeben.
Was euch unzufrieden und damit auf Dauer krank und depressiv sein läßt, ist euer innerer Widerspruch, die innere

Zerrissenheit, die Frage nach dem Weg zu der wahrhaftigen Beglücktheit.

Nun, vielleicht gehört ihr doch eher zu den anderen, zu denjenigen, die aufgrund ihres, nach irdischen Gegebenheiten betrachtet, „sozialen Geburtsrechtes“ von Anfang an zu den eher „durchschnittlichen Typen“ und damit zu den beinahe chancenlosen Menschen gehören.
Irgendwie ist es euch gelungen, euch in das System einzufügen und euch beruflich so zu etablieren, daß ihr halbwegs zurechtkommt. Oftmals denkt ihr darüber nach, was ihr tun könntet, um eure materielle und existentielle Situation zu verändern, denn eigentlich hättet ihr schon gern etwas mehr.
In euren Phantasien entwickelt ihr Strukturen, die euch über euer soziales Wertgefühl und euer damit verbundenes SELBST-Wertgebilde hinausheben. Vielleicht habt ihr euch den Traum des eigenen Häuschens oder ähnliches erfüllt, und lebt immer wieder in der Angst, daß ihr in den schweren Zeiten euren Job verlieren könntet. Damit wäre schon beinahe vorprogrammiert, daß ihr die immens hohe Schuldenbelastung nicht mehr „bedienen“ könnt, gegebenenfalls die Basis eures Lebens, eure Familie auseinanderbricht und euer gesamtes Lebenskonzept „baden“ geht.
So lebt ihr, oftmals verborgen in den tiefen Schichten eurer Bewußtseinsstrukturen, in Angst und Furcht. Euer Leben wird immer wieder geprägt durch Beschränkungen und irgendwann fragt ihr euch, ob denn das wirklich alles gewesen sein soll. Der innere Zweifel, der mehr oder weniger immer vorhandene Druck, die ständige Sorge, macht euch immer wieder zu schaffen. Eure Zweifel, eure Unsicherheit und eure immer wieder unbefriedigt gebliebenen Bedürfnisse, lassen euch früher oder später spüren, daß Energien sich irgendwann materialisieren, sich also in dreidimensionaler Ausdrucksform präsentieren. Frustration, Depression und unterdrückte Aggression zeigen Wirkung und euer Körper mag nicht mehr so, wie er doch eigentlich sollte. Was bleibt ist der Weg zum Arzt oder zum alternativen Heiler. Doch diese beseitigen das innere Programm im Menschen nicht oder nicht dauerhaft. So mag

durchaus Linderung eintreten, Heilung ist jedoch meist nicht gegeben, solange der Mensch sich nicht wahrhaftig verändert.

Vielleicht gehört ihr zu den Verweigerern, den „Alternativen". Vielleicht seid ihr diejenigen, die die „schein-bare" Sinnlosigkeit dieser Verhaltensnormen eingesehen haben, oder vor sich (ihrem) SELBST zumindest so tun. Vielleicht habt ihr einen Job, den ihr ausübt, um eure einfache Lebensweise zu finanzieren. Vielleicht lebt ihr von den Leistungen „sozialer" Systeme.
Wahrscheinlich seid ihr Esoteriker oder spirituelle Menschen, die nach dem „mehr" auf ihre Art suchen. Ihr habt vielleicht eine Aufgabe gefunden, der ihr nachgeht, meditiert und transzendiert, habt einen „Meister" oder „Führer" und lebt euer Leben so, wie es euch gerade möglich ist.
Doch auch ihr, viele von euch, so unterstellen wir, seid tief in eurem Innersten nicht wahrhaftig glücklich und zufrieden. Ihr strebt nach innerer Meisterschaft und nach den „höheren" Dingen. Doch auch ihr habt immer wieder Wünsche und Bedürfnisse, denen ihr oftmals entsagt.
Vielleicht zürnt ihr uns ob unserer Beschreibung der Thematik der „Pro-Embleme", weil ihr nun glaubt, daß wir euch eure Überzeugungen nehmen wollen.
Auch ihr habt eure Schwierigkeiten, eure Zweifel, eure Nöte und Ängste, eure Frustrationen und Depressionen und auch Aggressionen, die ihr, und wir bitten euch, uns nicht wirklich „böse" zu sein, ganz besonders nicht ausleben „dürft".

Alle miteinander habt ihr euch arrangiert mit eurem Leben, mit euren Umständen, mit eurem scheinbaren Mangel, mit euren Erkrankungen und euren Schwierigkeiten.
Als spirituelle Menschen habt ihr gelernt, daß „Pro-Embleme" eine Art „Freunde" sind, die euch auf eurem Lernprozeß innerhalb eurer Inkar**m**ation helfen zu lernen. Was euch oftmals im Zusammenhang mit einem auftauchenden „Pro-Emblem" Schwierigkeiten schafft, ist, daß ihr die Symbolik **dahinter** nicht zu erkennen vermögt.

Die meisten von euch haben sich nicht inkar**m**iert, um sich

innerhalb ihres Lebenszyklus einfach „festzusetzen“ und darauf zu warten, daß es irgendwie schon weitergehen wird. Ihr seid auf eurem Planeten, um zu lernen, euch (euer) SELBST zu erfahren, euch weiterzuentwickeln.
So erlebt ihr immer wieder „Ent-Täuschungen“, also Vorgänge, bei denen Täuschungen eures SELBST aufgehoben oder beseitigt werden. Ihr erlebt immer wieder im Zusammenhang mit gewissen Begebenheiten Frustrationen, durch die ihr in der Folge Schmerz und Leid erfahrt. Dieses Leid und diesen Schmerz erlebt ihr immer wieder und solange, bis ihr bereit seid, euer Leben und die damit verbundenen Umstände zu verändern.
Dazu seid ihr absolut und ohne Zweifel in der Lage. Die Zusammenhänge damit haben wir bereits beschrieben. Warum jedoch seid ihr erst bereit in eurem Leben Veränderungen herbeizuführen, wenn ihr den Schmerz des Schmerzes nicht mehr ertragen könnt?
Ist es möglich, daß ihr euch (euer) SELBST nicht wichtig und ernst genug nehmt? Daß ihr aufgrund dessen, weil ihr **gelernt** habt, nicht wichtig genug zu sein, erst Veränderungen herbeiführt, wenn ihr euer Leben in dieser Form nicht mehr ertragen könnt? Seid ihr nicht erst dann für wahrhaftige Veränderungen in eurem Leben bereit, wenn es nur noch die Alternative gibt, etwas zu verändern oder durch den fortwährenden Schmerz zu „sterben“?
Erhalten Leid und Schmerz nicht dadurch eine absolute Existenzberechtigung?
Verhaltet ihr euch nicht deshalb so, weil ihr immer wieder im Laufe eures Lebenszyklus mit eurer scheinbaren Minderwertigkeit, mit dem Gefühl nicht wichtig genug, nicht groß genug, nicht „gut“ genug zu sein, konfrontiert wart und seid?
Verhaltet ihr euch nicht deshalb auf diese Weise, weil ihr immer wieder über euch gelernt habt, daß ihr das, was ihr tut, meist nicht wirklich gut genug tut, und seid ihr aufgrund dieser Verhaltensweisen nicht tief in euch SELBST überzeugt davon, daß ihr eigentlich ohnehin nicht wirklich etwas verändern könnt?

Seid versichert, ihr habt euch **nicht** in dreidimensionalen Körpern inkarmiert, um euch mit den Gegebenheiten eures Lebenszyklus zu arrangieren. Ihr habt euch in die Realitätsebene der Dreidimensionalität begeben, um euer Leben als menschliches Wesen zu **leben**, so wie es euch aufgrund eures individuellen „Menschwerdungsprogrammes", das in eurem physischen SELBST verankert ist, möglich ist. Ihr habt euch auf den Planeten Erde in körperlicher Ausdrucksform begeben, weil ihr in Zuge eurer Gesamtentwicklung dazu in der Lage seid, diese Welt zu gestalten und zu formen.
Ihr habt euch dorthin begeben, weil ihr fähig und in der Lage seid, euer physisches SELBST mit seinem dreidimensionalen Körper, mit all seinen Möglichkeiten und euer „höheres" SELBST, also eure „wahre" Persönlichkeit, miteinander zu verbinden und auf der dreidimensionalen Ebene eure geistigen, „übersinnlichen" Fähigkeiten zu entwickeln und auszuleben.
Das Wort „Leben" rückwärts gelesen, bedeutet „Nebel", und ganau das ist das Thema eurer dreidimenionalen Inkarmation, nämlich die Einnebelung eurer wahrhaften Persönlichkeitsstruktur zu lichten.

Eure Welt und die damit verbundenen Gesellschaftsstrukturen lehren euch über euch (euer) SELBST etwas völlig anderes. Sie geben euch Regeln, Verhaltensnormen und insbesondere Glaubenssätze, mit denen es euch nahezu unmöglich gemacht wird, eure Fähigkeiten wahrhaftig zu entwickeln.
„**Dir geschehe nach Deinem Glauben**", und wenn ihr tief in eurem Innersten glaubt, klein und machtlos zu sein, so seid ihr manipulierbar und gebt eure Macht und die damit verbundenen Chancen und Möglichkeiten euer Leben nach euren Vorstellungen zu leben, definitiv an andere ab.

Ihr lernt in eurer Kindheit während der Ausbildung zum „Menschsein" Autoritäten zu akzeptieren, euren euch (scheinbar) zugedachten Platz innerhalb der Gesellschaftsstrukturen anzuerkennen und lernt euch mit gewissen, scheinbar unabänderlichen Gegebenheiten zu arrangieren.
All diese „Lernprogramme werden von den wahrhaft Mächtigen

eures Planeten kreiert und gestaltet und über vielfältige „Veröffentlichungsmethoden“ publik und zum „Gesetz“ gemacht.

In euch das wahre, das kosmische Wissen, und in der äußeren Welt das Programm. Das ist es, was euch krank macht, euch Schwierigkeiten und „Pro-embleme“ haben läßt.
Euer „höheres“ Selbst, eure „Ur-Persönlichkeit“, wobei diese Definition nicht ganz zutreffend ist, läßt euch immer wieder durch Leid und Schmerz Hinweise zukommen.
Das Entwickeln von „SELBST-Bewußtsein“ also von Bewußtsein für euch (euer) SELBST und die damit verbundene Persönlichkeitsstruktur, ist das, worum es letztendlich in eurem Lebenszyklus geht. Dem gegenüber stehen jedoch Glaubenssätze wie: „Hochmut kommt vor dem Fall“ und ähnliches. Ihr habt gelernt, daß „„Be-**scheiden**-heit“ eine Tugend ist“ und habt ihr die Scheidung oder Trennung in euch vollzogen, so sucht ihr wiederum nach der Verbindung, nach der Vereinigung.

„Pro-Embleme“ sind Hinweise von euch (eurem) SELBST an euch (euer) SELBST über die Symbolhaftigkeit einer Herausforderung die wahren Hintergründe erkennen und gegebenenfalls auch lösen zu können.

Ihr seid hochschwingende und aus der unbeschreiblichen Liebe des EINEN Wesens entstandene Wesenheiten. Eure „Aufgabe“ ist es, euch (euer) SELBST innerhalb dreidimensionaler Strukturen zum Ausdruck zu bringen. Ihr seid mit allem ausgestattet, was ihr dazu benötigt.
Was eurem absoluten und SELBST-bewußten Ausdruck eurer wahren Existenz entgegen steht, ist die teilweise Unmöglichkeit, die wahren Hintergründe einer „Pro-Emblem-Symbolik“ zu durchschauen.
Der Grund dafür ist einfach und beruht wiederum auf den antrainierten Programmen.

Das bringt uns schon zur nächsten Thematik. Um eine

Symbolik in ihrem gesamten Ausmaß begreifen zu können, ist es förderlich, ein gewisses Maß an Fakten zur Verfügung zu haben. Erst wenn diese vorhanden sind, kann das Bild in seiner Gesamtheit entstehen.
Da ihr wiederum lernen „durftet“, daß es „gut“ ist über gewisse Charaktereigenschaften zu verfügenn und daß es „schlecht“ ist, über gewisse andere Charaktereigenschaften zu verfügen, versucht ihr, eurem Programm gemäß, die Erwartungen des Systems an euch zu befriedigen und möglichst „gut“ zu sein.
Das bringt uns bereits zur nächsten Thematik dieser Erzählung.

## Die „dunkle“ Seite in euch

Viele von euch fürchten sich vor der „dunklen“ Seite. Sowohl vor den „dunklen“ Anteilen in euch (eurem) SELBST als auch vor der „dunklen Macht“ im Allgemeinen.
Ihr geht davon aus, daß das Interesse des „Leib-haftigen“, also der Wesenheit, die sich der Körperlichkeit verschrieben hat und die die lichten, geistigen Bereiche negiert, darin liegt, eurer Seele „hab-haft“ zu werden. Der Teufel, dem nachgesagt wird, daß er verschlüsselte Botschaften rückwärts in allen möglichen Medien oder Übermittlungen „plaziert“, ist, wird er in den englischen Sprachraum als „Devil“ transferiert und ebenfalls rückwärts gelesen, als „lived“ zu erkennen. „Lived“ in die deutsche Sprache übersetzt, heißt also nichts anderes als „gelebt“.
Wäre es da nicht möglich, daß der „Leib-haftige“, also der „am Leib haftende“, nichts anderes als die Symbolik für **nicht gelebtes Leben** und den daraus resultierenden Schmerz darstellt?

Einige von euch mögen sich bei dieser unserer Erzählung durchaus verunsichert fühlen. Schließlich und endlich könnt ihr euch nicht sicher sein, ob wir uns als Wölfe den Schafspelz übergezogen haben und euch sehr subtil versuchen, auf die „andere“, die „dunkle“ Seite hinüberzuziehen. Solltet ihr unsere Erzählungen und Beschreibungen jedoch weiter lesen, so werdet ihr wiederum gewisse Zusammenhänge erkennen und für euch (euer) SELBST „ent-**scheiden“** können, was ihr davon halten sollt.
Doch zurück zum Thema.

Lebt ihr euer Leben?
Oder lebt ihr etwas, von dem ihr glaubt, daß es das ist, was eurer Definition von „Leben leben“ am nächsten kommt, geprägt durch Arrangements, Regeln und dogmatisierender Verhaltensweisen, die euch zwar ein gewisses Maß an scheinbarer Sicherheit geben, jedoch ein gewisses Maß an Unzufriedenheit in euch hinterlassen?

Eine Wesenheit, die aufgrund ihrer Herkunft in der Lage ist, ihre Gedankenenergie in dreidimensionale Realität zu transferieren, wird aus ihrem bewußten **und** dem unbewußten Teil ihrer Gedankenenergie Realität entstehen lassen.
Eine Wesenheit, die ihre Gedankenenergie in materielle Ausdrucksform bringt und die von Ängsten geprägt oder gar dominiert ist, wird genau diese Ängste als Anteil ihres bewußten und unbewußten Bewußtseinsinhaltes in dreidimensionale Realität umsetzen.
Dies bedeutet letztendlich für die erschaffende Wesenheit, daß sie im Prinzip Opfer ihrer eigenen Schöpfungen wird. Jede Furcht, jede Not und jede Angst öffnen letztendlich ein Bewußtseins- oder Energietor genau dorthin, womit das Bewußtsein, das Gedankenenergie gestaltet, sich beschäftigt.

Eine Wesenheit, die beispielsweise daran interessiert ist, eine andere, vielleicht sogar „stärkere" Wesenheit zu beherrschen, müßte nichts anderes tun, als ein gewisses Maß an Furcht zu verbreiten, auf das die zu dominierende Wesenheit anspricht. Ist das Ziel erreicht und die Wesenheit, die beherrscht werden soll, hat Angstbewußtsein oder Angstenergie in sich erzeugt, wird diese Wesenheit genau diese Angstrealität um sich herum erschaffen und im Gegenzug versuchen, Gegenmechanismen zu erzeugen, die ihr helfen, sich aus der Angst zu befreien.
Die „dunkle" Wesenheit hat nichts anderes getan, als die hohen „geistigen" Kräfte der anderen Wesenheit für sich zu nutzen. Die „Angstrealität" erzeugt das Wesen selbst, aus der, in diesem Falle, „scheinbaren" Freiheit der „eigenen" Entscheidung.

Betrachtet eure Welt und die damit verbundenen Gegebenheiten. Betrachtet eure eigenen Ängste.
Wovor fürchtet ihr euch? Ihr fürchtet euch, geliebte Menschen zu verlieren, ihr fürchtet euch, euren Arbeitsplatz, euer Geld auf der Bank, euren guten Ruf oder was auch immer zu verlieren.
Ihr fürchtet euch vor allen möglichen Geschehnissen, die auf euch zukommen könnten oder gar prophezeit wurden, ihr

fürchtet euch vor Krieg und vor Not, ihr fürchtet euch vor Katastrophen und ihr fürchtet euch vor vielen weiteren Dingen.
Was jedoch könnte euch bei all den Geschehnissen tatsächlich passieren? Letztendlich fürchtet ihr euch davor, daß euer Körper, das Vehikel, das euch durch das Raum-Zeitgefüge der dritten Dimension transportiert, Schaden nehmen könnte.
Wäre diese Angst nicht in euch, wovor könntet ihr euch dann noch fürchten?

Denkt ein wenig über diesen Abschnitt nach, bevor ihr diese Gedankenfolge völlig ablehnt, und fühlt in euch hinein.

In einer Welt, die angefüllt ist mit Wesenheiten, die fähig und in der Lage sind, aus der Kraft ihrer Gedanken heraus dreidimensionale Realität entstehen zu lassen, brauchen negative Machtstrukturen und damit verbundene Wesenheiten nichts anderes zu tun, als ein „Menschwerdungsprogramm“ zu initiieren, das den realitätserzeugenden Wesenheiten Machtlosigkeit und damit „Ohn-macht“ suggeriert, und die Gedankenenergie dieser Wesen auf bestimmte „Angst-Energie“ erzeugende Projektionen zu fixieren. Schon läuft alles wie von selbst, den Vorstellungen der „Negativwesenheiten“ gemäß.

Damit die „realitätserzeugenden“ Wesenheiten nicht auf den Gedanken kommen können, ihre beiden polaren Aspekte, das „hohe“ und das „niedere“ SELBST miteinander zu verbinden, um ihr volles Potential entstehen lassen zu können, muß nicht mehr getan werden, als diese Wesenheiten zu „be-**scheiden“**, die Trennung zusammengehöriger Bewußtseinszustände also aufrecht zu erhalten.
Mechanismen der Abhängigkeit, der Minderwertigkeit und der Angst fördern diesen Zustand.
Systeme der Bewertung und der Beurteilung unterstützen weiterhin diese „Abschneidung“, insbesondere dann, wenn, gleichgültig was eine Wesenheit tut, es niemals „gut genug“ oder der „Scheinperfektion“ des idealen Menschen entsprechend erfüllt werden kann.
Also müssen „nur“ Scheinperfektionisten oder dement-

sprechende Vorgaben projiziert werden, und schon kann sich jede realitätserzeugende Wesenheit sicher sein, die Vorgaben nicht erfüllen zu können, und wird somit immer wieder aus sich SELBST heraus ein „negatives" SELBST-Bild von sich erzeugen.
Der Kreis schließt sich und alles bleibt, wie es „immer" war.

In eurem Gesellschaftssystem, verbunden mit euren kulturellen und insbesondere religiösen Normen, ist es „gut", über möglichst viele „positive" und „schlecht" über „negative" Charaktereigenschaften zu verfügen. Der Preis oder die Belohnung für den „guten" Menschen, gemessen an eben diesen Normen, ist die Zuwendung, der Respekt, die Akzeptanz und die „Vorbildfunktion" des betreffenden Menschen, also Ersatzformen dessen, wonach ihr alle so dürstet, nämlich das Gefühl, geliebt zu werden.
Die „Bestrafung" für den Menschen, der zu seinen „negativen" Charaktereigenschaften stehen möchte, ist die Verachtung oder Mißachtung, die Vorwürfe der anderen, die daraus entstehen, daß der betreffende Mensch sich weigert, die gesellschaftlichen Normen zu erfüllen und so weiter.
Letztendlich bedeutet dieser Zustand den Liebesentzug, und das ist etwas, mit dem die wenigsten von euch umgehen möchten.
Die **Skala der Bewertungen** jedoch basiert wiederum auf künstlich geschaffenen, rein physischen, also programmierungsgemäßen Voraussetzungen.

So lebt ihr in einem Zustand, der euch in eurer Gedankenwelt zwar immer wieder mit scheinbar „negativen" Charaktereigenschaften konfrontiert, da ihr Gedanken- und Gefühlsstrukturen wie Neid, Gier, Habsucht, Rachsucht, Zweifel, Ängste und sonstiges mehr zwar immer in euren Gedanken und Gefühlen erlebt, diese jedoch programmgemäß, meist schon vor euch (eurem) SELBST verdrängt und negiert, dennoch immer wieder erfahrt und erlebt, daß ihr sie eben doch habt.
Dieser, in euch hineinprogrammierte Verdrängungsmecha-

nismus „hilft“ euch dabei, eure beiden polaren Seiten nicht erkennen zu können. Das bedeutet für euch im Prinzip, daß ihr euch wiederum dafür „liebt“, wenn ihr es geschafft habt „gut“ gewesen zu sein, euch jedoch dafür „haßt“, wenn ihr (scheinbar) versagt, also den Vorgaben nicht entsprochen habt. So schlagt ihr der bedingungslosen Liebe zu euch (eurem) SELBST wiederum ein Schnippchen, denn ihr tragt den Glaubenssatz in euch, daß ihr euch nur dann lieben könnt, wenn ihr eben „gut“ seid, also den Normen und den an euch gestellten Vorgaben entsprecht.

In eurer Hilflosigkeit als esoterisch oder spirituell ausgerichtete Menschen geht ihr sogar so weit, daß ihr eure, in euch hineinprogrammierten Überzeugungen „nach oben“ projiziert und davon überzeugt seid, daß ihr im Zuge eures spirituellen Erwachens die Regeln und Normen „derer dort oben“ zu erfüllen habt, damit ihr es schaffen könnt, euch und eure Körper zu „erhöhen“.
In euch dominiert die Überzeugung, daß, wenn ihr pflichtgemäß die Regeln und Vorgaben „derer dort oben“ erfüllt, ihr, in **eurer** Vorstellung einfach bei den kommenden Geschehnissen dabei sein müßt. Ganz sicher seid ihr euch jedoch noch nicht. Also versucht ihr euch noch ein wenig in eurer äußeren Welt zu „**orient**-ieren“, euch noch ein wenig sicherer zu werden und dann, so glaubt ihr, werdet ihr eines Tages schon wissen, was eure „Auf-gabe“ ist oder sein wird.

Nun fragen wir euch: Glaubt ihr, daß eine Wesenheit, die sich in die Begrenzung ihres eigenen Bewußtseins in eine bestimmte Seinsform begeben hat, um sich selbst unter diesen Voraussetzungen zu erleben und zu erfahren, tatsächlich Fehler machen kann?
Glaubt ihr, daß eine Wesenheit, entstanden aus dem Bewußtsein, aus der Gedankenenergie des EINEN Wesens, dem EINEN Wesen auf dem Wege SEINER Bewußtwerdung durch körperliches Erfahren und Erleben zu dienen, Normen und Regeln von „dort oben“ auferlegt bekommt, die dieses Wesen letztendlich in der Absicht seiner Existenz fortwährend

begrenzen und beschränken und letztendlich dafür sorgen, daß dieses Wesen seine Freiheit des SELBST niemals wahrhaftig leben könnte?

Ist es tatsächlich das, was ihr glaubt?
Alles, wahrhaftig alles, was euch in eurem persönlichen SELBST-Ausdruck begrenzt und beschränkt, hat seine „Ursache“ innerhalb einer irdischen, auf das physische Bewußtsein bezogenen Programmierung oder entsprechenden Glaubenssätzen.

Wenn ihr in euch bereit seid zu akzeptieren, daß eure „positiven“ **und** eure negativen“ Charaktereigenschaften euch in eurer Ganzheit, also der Verbindung zweier polarer Bewußtseinsstrukturen, ausmacht, könnt ihr euch erst in eurer Ganzheit annehmen und akzeptieren.
Dann, und erst dann, habt ihr die Möglichkeit geschaffen, **hinter** eure „negativen“ Charaktereigenschaften zu blicken und die dort versteckten und verdeckten Ängste und Befürchtungen zu erkennen. Solange ihr die „negativen“ Seiten in euch verdrängt, sind euch diese Möglichkeiten der SELBST-Erkenntnis verborgen.

Versteht ihr das Prinzip der „dunkeln“ Seite in euch nun ein klein wenig besser, Kinder des Lichtes?
Das Licht einer kleinen Kerze ist in der Lage einen Raum zu einem gewissen Teil zu erhellen. Kann die Dunkelheit mit ihrer Kraft die Helligkeit wahrhaftig überdecken, wenn Licht im Raum ist?
Denkt einmal darüber nach, wenn ihr wollt.

## Die äußere Welt - der innere Spiegel

Ein Wesen, das sich aus der Existenzform des rein geistigen oder energetischen Wesens in eine Abfolge von Geschehnissen begibt, die physische Existenz also Körperlichkeit erfordert, trägt in sich die Absicht, seinem Schöpfer, also dem EINEN Wesen durch die Erkenntnis des eigenen SELBST und der damit verbundenen Möglichkeiten, in SEINER Existenz dienlich zu sein.
Eine rein geistige, also nichtkörperliche Existenzform hat einen wesentlichen „Nachteil". In rein energetischer Seinsform fehlt der Wesenheit die Möglichkeit Körperlichkeit tatsächlich zu erleben und zu erfahren. So ist diese Daseinsform unter gewissen Voraussetzungen zwar in der Lage, auch aus seiner Körperlosigkeit heraus Materie in den unterschiedlichen Schwingungsbereichen oder Dimensionen zu erschaffen, dennoch ist eine wahre Anteilnahme, ein „in-die-Körperlichkeit-involviert-sein" nicht möglich. Diese Daseinsform beschränkt sich rein auf die seelisch-geistige Konzeption, hat jedoch den „Vorteil" sein geistiges Potential, seine Phantasie vollständig unbegrenzt ausleben zu können.
Ein Inkarmationszyklus wird von einer Wesenheit immer dann „gewählt", wenn die Wesenheit zu der eigenen Überzeugung kommt, daß das geistige Phantasiepotential erschöpft oder ausgeschöpft ist und für weitere Erlebnisse in rein geistiger Existenzform neue Impulse durch die **Erfahrung** des körperliches Leben „not-wendig" geworden sind.

Körperliche Seinsform, gleichgültig in welchem Dimensions- oder Schwingungsband, ist immer und ohne Ausnahme verbunden mit einem „Vehikel", einem Körper. Dieser Körper jedoch hat ebenso immer und ohne Ausnahme ein eigenes, an die physischen Vorgaben gebundenes Bewußtseinspotential.
Wird ein Körper, gleichgültig in welcher Dimension, in welcher Art und auf welcher Welt „erzeugt", wird dieser Körper, respektive das mit dem Körper verbundene Bewußtsein, auf die Anwesenheit auf dem Planeten „trainiert". In dieser Phase lernt die körperlich inkarmierte Wesenheit, sich den Gegebenheiten

der Welt, auf die es sich begeben hat, anzupassen.
Das körperliche Bewußtsein, über das wir noch gesondert erzählen werden, ist also immer durch die „Körperbewußtsein-Lernprozesse“ geprägt oder programmiert.

Da jeder Inkar**m**ationszyklus und jedes damit verbundene körperliche Leben der Erfahrung und dem Erleben der einzelnen Wesenheit dient, ist die Körperlichkeit und die damit verbundene Realität letztendlich ein- und dasselbe.
Die körperlich inkar**m**ierte Wesenheit benötigt für ihren Erfahrungszyklus eine Art „Spiegel“, der ihr zeigt, wo und in welcher Phase ihres Lernvorganges sie sich befindet. Da ein körpergebundener Zyklus immer eine **Verbindung** von geistiger **und** körperlicher Ebene darstellt, wobei, insbesondere auf dem Planeten Erde, überwiegend das körperliche Bewußtsein die Ganzheit dominiert, sind für das Erlernen dieser Zusammenhänge ganze Lebensbereiche oder oftmals mehrere Lebenszyklen erforderlich.

So verfügt ein körperlich inkar**m**iertes Wesen zwar über die Schöpferkraft der geistigen Wesenheit, kann sich jedoch meist daran nicht oder nur teilweise erinnern.
Der geistige Bewußtseinsbereich weiß zwar von dieser Diskrepanz, greift jedoch, von besonderen Lebenssituationen abgesehen, meist nicht ein, um den eigenen Lernvorgang nicht zu beeinflussen.

Nun erschafft sich jedes Wesen in seiner Körperlichkeit des Inkar**m**ationszyklus durch die Inhalte des physischen Bewußtseins in Verbindung mit den Inhalten des geistigen Bewußtseins, wobei, wie bereits erwähnt, der körperliche Aspekt überwiegt, dreidimensionale Realitäten, die sich einerseits völlig auf das einzelne Wesen beziehen, sich andererseits jedoch auch als Teil der kollektiven Erfahrung mit in die Gesamtheit aller inkar**m**ierten Wesenheiten mit einbringen. Anders formuliert, erschafft sich jeder einzelne Mensch aufgrund all seiner Bewußtseinsinhalte seine physische, also die dreidimensionale Realität. Zu diesen

Bewußtseinsinhalten gehört das Wissen der wahren, dem Menschen aufgrund seiner „höheren“ Aspekte innewohnenden Fähigkeiten und, der dominierende Bewußtseinsaspekt, das physische, programmierte Bewußtsein!
Beides miteinander gestaltet physische Realität, die jeder einzelne von euch tagtäglich erlebt und erfährt.
Die Grundvoraussetzungen für euer Leben verschaffen euch eure beiden Elternteile, gleichgültig, ob sie bei eurer Geburt noch zusammenleben oder auch nicht. Eine Wesenheit, die sich einen Körper für einen weiteren Erfahrungsabschnitt sucht, ist sehr sorgfältig in der Auswahl seiner „Körpererzeuger“. Schließlich und endlich erhaltet ihr von diesen Personen die Voraussetzungen in Form von Programmen, die ihr für eure körperliche Lernaufgabe dringend braucht.
Charaktereigenschaften, eigene Programme und Glaubenssätze dieser Personen, sowie religiöse, gesellschaftliche, kulturelle und soziale Gegebenheiten sind in diesem Zusammenhang äußerst bedeutsam.
Für das eigene körperliche Leben sind diese Voraussetzungen von großer Bedeutung, schließlich und endlich geht es um die Enge (Ängste) der körperlichen Erfahrung. Diese Enge (Ängste) muß gelernt werden, denn ein menschliches Leben ohne ein Grundprogramm zu erlernender Erfahrungen und Erlebnisse wäre völlig sinnlos und absolut unlogisch.

Da ihr nun aufgrund der beschriebenen Vorgänge alle gemeinsam und jeder für sich, dreidimensionale Realität erschafft und gestaltet, müßt ihr letztendlich nur sehen, was in eurem Leben euch immer wieder geschieht, damit ihr Erkenntnisse über die in euch unbewußt vorhandenen Programmierungen erhalten könnt.
Allerdings werdet ihr feststellen, daß ihr euch bei der Erkenntnis der Symboliken, die euer Leben bestimmen, wiederum wesentlich leichter tut, wenn ihr euch vor euch selbst eingestehen könnt, daß ihr eben auch über „negative“ Charaktereigenschaften verfügt. Schließlich und endlich seid ihr Menschen innerhalb eures rein physischen Bewußtseinsaspektes überwiegend „negativ“ konditioniert. Dies ist auch der

Grund, warum viele der Ereignisse innerhalb eures Lebens, sich in „negativer“ Form zum Ausdruck bringen.
Selbstverständlich ist die Bewertung von „positiv“ und „negativ“ wiederum ein physischer Bewußtseinsaspekt. Würden wir jedoch auf derartige Begriffe verzichten, würde ein wesentlicher Aspekt schriftlicher Übermittlung wegfallen, und somit wäre diese Art zweidimensionaler Kommunikation undurchführbar geworden.

Die Geschehnisse in Form von Problemen und Schwierigkeiten, die euch oftmals so zu schaffen machen, sind die Spitze des Eisberges.

**Dahinter steckt eine Symbolik.**

Unter Umständen habt ihr die Symbolik dahinter nochmals vor euch versteckt. Lernt also, mehr dahinter zu sehen, verbunden mit der Option, daß ihr auch eine „negative“ Seite in euch tragt. Dies wird euch auf dem Wege der SELBST-Erkenntnis wesentlich weiterhelfen, Kinder des Lichtes und der Liebe.

## Schuld und Sühne

Schuld ist in eurer Welt ein gängiges Programm der Manipulation. Religiöse Institutionen verwendeten und verwenden noch die Schuld, um die Angehörigen der religiösen Gemeinschaften in ein gewisses Angstkonzept zu drücken, und dafür, sozusagen als Leistung der Institution, „Gegenkonzepte" anbieten. So wird der oder die „Gläubige" in ein Verhältnis der Abhängigkeit gestürzt, denn wurde schuldhaftes Verhalten an den Tag gelegt, das dadurch entsteht, daß ein Verstoß gegen Regeln der verehrten hohen Wesenheit begangen wurde, wird der „Gläubige" aus seiner Furcht vor Strafe in der Regel versuchen, die Schuld zu sühnen. So bieten die religiösen Gemeinschaften als Leistung die Sühne für begangene Schuld an. Scheinbar schuldhaftes Verhalten wird erzeugt, indem Regeln erlassen werden, die im Prinzip dem Wesen des Menschen ganz oder teilweise gegengerichtet sind und aufgrund dessen ein regelkonformes Verhalten kaum möglich ist. Der einzelne Mensch bleibt ohne Chance und kommt nicht umhin, aus der in ihn hineinprojizierten Angst heraus, Hilfe bei eben der Institution zu suchen.

Letztendlich erzeugen derartige Institutionen ein Bild einer hohen Wesenheit, die Verhaltensweisen an den Tag legt, die mit einem hundertprozentigen Egomanen vergleichbar sind.
Es wird von einem „liebenden" Gott gesprochen, der jedoch, wie eure Überlieferungen aufzeigen, blutrünstig, dogmatisch, egozentrisch und nachtragend ist, jedoch keineswegs „liebevoll" oder liebenswert.
Die Autorität dieser scheinbar „hohen" Wesenheit begründet sich auf der Macht, die sie zumindest in Überlieferungen hat, und der damit von ihr ausgehenden Autorität.
Es wird das Bild eines Gottes der Vergeltung projiziert, der durchaus bereit zur Vergebung ist, wenn der Sünder sich ihm letztendlich doch noch unterordnet und zumindest glaubwürdig versichert, von seinem sündhaften Verhalten abzulassen.
Bereits Kinder werden in eurer Zivilisation mit derartigem Wissen zwangsbeglückt, damit sie ja nicht vergessen, sich in

das erwünschte Schema eurer Gesellschaft einzupassen.
In eurem Wertesystem gibt es immer einen „Schuldigen" und einen „Un-Schuldigen". Kriegerische Auseinandersetzungen pochen in ihrem Propagandaszenarien immer wieder darauf.
Euer gesamtes Weltbild ist darauf aufgebaut, daß der Schuldige bestraft und der Unschuldige nichts dafür kann, sich jedoch zur Wehr setzen muß. Der Unschuldige hat die Masse hinter sich und der Schuldige wird verachtet und hat, zumindest nach eurer Moral, die Rechnung zu bezahlen.

Das Prinzip der Schuldverursachung funktioniert auch prächtig innerhalb eurer zwischenmenschlichen Beziehungen. Eine übliche Vorgehensweise ist es, einem Partner durch gewisse Verhaltensweisen zu zeigen, daß er oder sie gewisse Erwartungen wieder einmal nicht erfüllt hat und aufgrund der dadurch verursachten Schuld „Bestrafung" zu erleiden hat.

Das Prinzip der „Schuld ist ein rein deidimensional-körperliches. Im kosmischen Bewußtsein gibt es keine Schuld und infolgedessen auch keine Sühne.
Schuldhaftigkeit setzt voraus, daß es Regeln gibt, deren Verstoß in irgendeiner Form ruchbar ist.
Wenn jedes im Kosmos existierende Wesen einzig und allein deshalb existiert, da es durch seine körperliche Existenz der Bewußtwerdung des EINEN Wesens, des Erschaffers vom ALL-EM, was ist, dient, kann es in logischer Konsequenz keine Regeln oder Vorschriften des EINEN Wesens geben. Alle Regeln, die das EINE Wesen den anderen Wesenheiten auferlegen würde, die sich deshalb in körperliche Daseinsform begeben haben, damit das EINE Wesen sich erleben und erfahren kann, würden in ihrem Ziel, nämlich der Bewußtwerdung des EINEN Wesens zu dienen, beschränkt.
Somit würde sich das EINE Wesen, das ALL-ES ist, sich selbst in seiner Bewußtwerdung begrenzen und sich fortwährend Beschränkungen auferlegen.
Das EINE Wesen braucht jedoch die körperliche Erfahrung, die ihr Menschen, als Teil des kosmischen Kollektives, ihm

verschafft.

Wenn sich nun in einigen von euch der Gedanke breitmachen sollte, daß, wenn es im Kosmos oder von der EINEN Wesenheit keine Regeln und vorgeschriebenen Verhaltensweisen gibt, viele Glaubenssätze nach denen ihr bisher glaubtet leben zu müssen, ihre Sinnhaftigkeit verlieren, dann beginnt ihr im Ansatz unsere Erzählung zu begreifen.
Wenn ihr nun noch verstehen wolltet, daß die Wertmaßstäbe, nach denen ihr euch (euer) SELBST und euer Tun bewertet und beurteilt habt, auch einer Generalerneuerung unterzogen werden sollten, so seid ihr bereits dabei, eurem Leben eine völlig andere Wendung zu geben.

## Ursache und Wirkung

Das Prinzip von Ursache und Wirkung ist euch, als spirituell oder esoterisch ausgerichtete Menschen, durchaus bekannt. Ursache und Wirkung sind für euch, insbesondere im Zusammenhang mit den bereits von uns gemachten Aussagen, von Bedeutung. Da innerhalb der kosmischen Gesetzmäßigkeiten weder Schuld noch sonstige Vorgaben oder Regeln existent sind, muß es jedoch andere Verbindungen zwischen dem Tun einer Wesenheit und dessen Auswirkungen geben.

Was also ist die Ursache, die die Voraussetzung für eine Wirkung darstellt?
Alles ist Energie, alles ist Bewußtsein, alles ist Schwingung, alles ist Information und alles ist Licht. Unter dieser Voraussetzung ist die Schwingung, die Energie, das Bewußtsein immer die Ursache für alles, was sich jemals in irgendeiner Form innerhalb der physischen Realität zum Ausdruck bringt, also Form annimmt.

Für einen Menschen wird der „absolute" Gedanke, das „absolute" Gefühl, der „absolute" Glaubenssatz immer und ohne Ausnahme realitätserschaffendes Instrument sein. „Absolut" bezieht sich in diesem Zusammenhang darauf, daß dem „absoluten" Gedanken, dem „absoluten" Gefühl oder dem „absoluten" Glaubenssatz kein anderer Gedanke, kein anderes Gefühl oder kein anderer Glaubenssatz „entgegensteht".
Die „Dinge" eures Lebens, die Überzeugungen, die ihr in keinster Weise in Frage stellt, sind die Ursachen für die Gestaltung eurer Realität. Damit diese Energie eurer Gedanken tatsächlich für euch nutzbar und einsetzbar wird, kommt ihr nicht umhin, euch mit euren Programmierungen und euren, in euch hineinprojizierten Glaubensüberzeugungen, beschäftigen zu müssen.

Im Prinzip stehen jedem menschlichen Wesen **alle** Lebensthematiken zur Verfügung. Das bedeutet, daß jeder

Mensch in der Lage ist, alles leben, erleben und erfahren zu können. Durch das Auswahlverfahren“ der Programmierung des physischen Bewußtseinsanteils jedoch werden bei jedem Menschen individuell unterschiedliche Lebensthematiken „aktiviert“. Andere bleiben „inaktiv“. Das bedeutet, daß jeder Mensch zwar immer mit einer Vielzahl von Lebensthematiken beschäftigt oder konfrontiert ist, einige jedoch zu einer Lebensthematik werden und andere einfach gelebt werden, ohne daß der Mensch sich gesondert damit beschäftigen müßte.
So wird, um dies an einem Beispiel zu erläutern, ein Mensch mit fortwährenden Schwierigkeiten innerhalb zwischenmenschlicher Partnerschaftsangelegenheiten unter Umständen keinerlei existentielle Thematiken haben, oder ein schwer erkrankter Mensch beispielwesie keinerlei Beziehungsthematik und keine existentielle Thematik.
Voraussetzung für diese Einschätzung, die jeder Mensch für sich selbst treffen muß, ist jedoch die absolute Ehrlichkeit sich (seinem) SELBST gegenüber.

Solange ihr euch in eurer Gedanken- und Gefühlswelt immer wieder mit einer Thematik auseinander-, oder besser zusammensetzen müßt, könnt ihr davon ausgehen, daß es sich um eine eurer „Pro-Emblematiken“ handelt.
Wir wiederholen nochmals: Jedes Lebensthema, mit dem ihr euch **nicht** immer wieder beschäftigen müßt, gehört einfach zu eurem Leben und muß nicht in irgendeiner Form gelöst oder erlöst werden.
Die Dinge eures Lebens, die mit unbefriedigten Wünschen oder Bedürfnissen zu tun haben und diese aufgrund ihrer Nichtbefriedigung euch immer wieder konfrontieren, sind verknüpft mit den Dingen, die zu eurer Lebensthematik gehören.

Ihr sucht immer wieder nach Möglichkeiten und Wegen, die Lernthematiken eures Lebens auf anderen Wegen als durch Schmerz, Leid und Frustration erleben und erfahren zu können. Auch wenn es sich für einige von euch „unspirituell“ anhören möge: über die Befriedigung eurer Wünsche und Bedürfnisse, das Leben und Erleben von Begebenheiten, die euch auf dem Wege zu dieser Befriedigung begegnen, habt ihr diesen Weg gefunden.

Die Zerrissenheit in euch, der ständige Zweifel und eure verzweifelte Suche nach der für euch zutreffenden Wahrheit, machen euch euer, von Glaubenssätzen geprägtes Leben, oftmals so schwer. Euer Bewußtseinsinhalt, geprägt von eurem Zweifel, eurer Angst und Not, geprägt durch eure Minderwertigkeits- und Schuldgefühle, setzt eine Ursache. Die Wirkung, die aus der gesetzten Ursache entsteht, ist die dreidimensionale Realität eures Lebens.

Gleichgültig, was euch geschieht, gleichgültig, wer euch Schaden zufügt oder euch verletzt, ihr selbst setzt die Ursache dafür, durch die Inhalte eures eigenen Bewußtseins. Habt ihr eine Lernthematik, die ihr als Teil eines Kollektives nicht allein bewältigen könnt, finden sich „Freunde“, die ebenfalls eine Lernthematik haben. Eure Lernthematik und die Lernthematik eurer „Freunde“ ergänzen einander, und ihr beginnt gemeinsam ein Spiel der Erkenntnisse. Bei diesem Spiel gibt es weder Gewinner noch Verlierer. Sinn dieses „Spiels“ ist das Spiel selbst. Jeder der Beteiligten hat die gleichen Chancen und die gleichen Möglichkeiten. Sinn und Zweck des Spiels ist es, zu lernen und sich (sein) SELBST innerhalb dieses Spiels zu erkennen.
Wird das Spiel beispielsweise innerhalb einer zwischenmenschlichen Partnerschaft gespielt und lernt einer der Beteiligten schneller als der andere, so wird einer der beiden Mitspieler früher oder später mit dem Spiel aufhören. Eine weitere Alternative könnte es sein, daß einer der beiden Beteiligten die Regeln ändert oder das Spiel für einen unter diesen Voraussetzungen zu „langweilig“ wird, da vielleicht gewisse Anreize fehlen. Dann wird einer der beiden das Spielfeld verlassen und sich andere Spielpartner suchen. Unter Umständen, wenn bereits gelernt wurde, werden veränderte Spielbedingungen für das Spiel geschaffen oder aber die

Lernthematik ist nach wie vor vorhanden und das Spiel wird mit anderen Mitspielern, aber auf die gleiche Art und Weise fortgesetzt.
Es mag durchaus auch sein, daß gewisse Spielbereiche verändert werden und andere beibehalten werden.

Ohne die anderen Menschen um euch herum ist euer Spiel des dreidimensionalen Lebens jedoch unmöglich. Ihr alle seid euch gleich und dennoch ist keiner von euch wie der oder die Andere.
Jeder Mensch hat seinen eigenen Anteil am Spiel eures gemeinsamen Lebens, gleichgültig ob es sich um zwischenmenschliche, existentielle oder gesundheitliche „Pro-Embleme" handelt.
Niemand ist Schuld am Leid eines Anderen, gleichgültig welche Handlungen gesetzt wurden, da Handlung und Verweigerung Aspekte des Spiels sind. Wird Leid erzeugt, so liegt es immer und ohne Ausnahme an dem Zusammenwirken aller Beteiligten. Derjenige, der im Spiel Schmerz erfährt, ist dabei, über den Schmerz oder die „Ent-Täuschung" den Weg zur Veränderung zu gehen. Da ihr es nicht anders gelernt habt, ist der Weg über den Schmerz die scheinbar einzige Motivation, die euch dazu bewegt, Veränderungen aus euren „Pro-Emblemen" zu gestalten.

Vergeßt nicht: Das Prinzip der Schuld und dem damit verbundenen Abtragen von Schuld ist in höheren Ebenen nicht existent. Es ist einfach nicht vorhanden.
Selbst auf eurem Planeten müßte es nicht vorhanden sein, gäbe es nicht das Programm eurer physischen Bewußtseinskonditionierung. Doch selbst dieses Programm erfüllt seinen Zweck, denn schließlich und endlich erzeugte es über lange Zeiträume in euch die Motivation zur Veränderung des Bewußtseinspotentials auf eurem Planeten.
Wenn ihr die letzten Worte wahrhaftig „zur Kenntnis" genommen habt, müßtet ihr begreifen, daß die „dunkle" Seite, vor der sich viele so fürchten, nichts anderes ist als eine Vereinigung von Handlangern, die auf ihre Art dem Lichte dient.

Die Absicht dieser Handlanger ist klar ersichtlich: Sie wollen durch das Ausleben des „negativen“ Machtpotentials ihre niederen Bewußtseinsaspekte ausleben. Dennoch sind sie Teil des großen Plans und können sich in diesem Zusammenhang ihrer Mitwirkung nicht entziehen.
Die Frage, welche Seite denn nun „siegen“ wird, hat sich letztendlich niemals wirklich gestellt.

Denkt in diesem Zusammenhang nochmals an das kleine Licht, das den Raum erhellt. Auch wenn das Licht Schatten zu erzeugen vermag, durchströmt es dennoch den Raum.

Wenn ihr in euch das Licht entzündet, wie soll die Dunkelheit zu euch kommen können?

Solange ihr die Dunkelheit fürchtet, gebt ihr euch dieser in die Hand.
Wovor kann sich ein lichtes Wesen, ausgestattet mit der immensen Macht der Gedankenimagination, tatsächlich fürchten?
Nun ziehen einige von euch die Köpfe ein und denken:“ Na ja, ich wäre das ja gern, aber wie soll ich denn .........“
Ihr sollt nicht und ihr braucht nicht. **Ihr seid!**

Denkt ein klein wenig mehr an eure Körper und an das mit ihnen verbundene Bewußtsein.
Versucht einmal, ein klein wenig mehr auf eure wahren Bedürfnisse und Wünsche einzugehen. So werdet ihr für euch völlig neue Konzeptionen entdecken können und eine ausgeprägtere Form der „Be-**fried**-igung“ in euer Leben bringen können.
So mögt ihr einen Weg finden, der euch lernen läßt, ohne die Motivation durch Schmerz und Leid erleben und erfahren zu müssen.

Bevor ihr euch nun in die „ego-orient-ierte“ Befriedigung eurer Triebe begebt, solltet ihr euch zunächst noch ein wenig mit eurer Motivation, also der Antriebskraft beschäftigen, die es euch gegebenenfalls einfacher macht, euer Ziel anszustreben und zu erreichen.

## Absichten und Motivationen

Einiges in unseren Erzählungen widerspricht im Ansatz geltenden esoterischen oder „spi-rituellen“ Überzeugungen. Unsere Absicht liegt darin, euch Information über Zusammenhänge zwischen den kosmischen und den „welt-lichen“ Vorgängen zu geben. Was nun der Einzelne oder das Kollektiv mit diesen Informationen tut oder gestaltet, liegt im Ermessen jedes Einzelnen von euch. Fühlt ihr euch angegriffen, zurechtgewiesen oder kritisiert, mag dies auf einer Auslegung oder Interpretation beruhen, die wiederum auf der Basis eurer Programmierungen des rein physischen Bewußtseinsanteils beruhen.
Jeder einzelne von euch Menschen entscheidet bewußt oder unbewußt für euch (euer) SELBST. Immer dann, wenn ihr vor großen und umwälzenden Veränderungen steht, rebelliert der physische Bewußtseinsanteil, da dieser aufgrund des hohen Angstpotentials in sich lieber auf „Altbewährtes“, wenn auch gegebenenfalls Schmerzvolles, zurückgreifen möchte.
Ein „Hilfsmittel“ dieses Bewußtseinsanteils in euch projiziert dann, als Mittel des SELBST-Schutzes, gewisse Widerstände, die sich im Einzelfall durchaus „gut“ und sinnvoll „anfühlen“ können. Wenn ihr ein wenig in eurem Leben „zurückblättert“, sind euch solche Projektionen durchaus bekannt.
Diese Vorgehensweise eures physischen Bewußtseinsanteils ist durchaus „liebevoll“ gemeint, schließlich und endlich ist die „altbewährte“ und „bekannte“ Angst eben eine berechenbare Größe und in der Vorstellung des physischen Anteils in euch ist es durchaus möglich, daß das beginnende „Neue“, noch schrecklicher und schmerzvoller sein **könnte**, als eben das Altbewährte.

Kommen wir zu den Absichten und den Motivationen.
Motivation ist die Kraft oder der Bewußtseinszustand, der euch dabei hilft, die Kraft oder die Energie zu erhalten, die ihr benötigt, um euch mit gewissen Umständen oder Menschen zu konfrontieren. Das heißt letztendlich nichts anderes, als daß ihr aus eurer Motivation die Kraft schöpft, um gewisse

Veränderungen in verschiedenen Lebenssituationen herbeizuführen.
Bei der Kraft eurer Motivation seid ihr jedoch wiederum inmitten der Glaubenssätze eures physischen Bewußtseinsanteiles.
Wenn nun jemand von euch die Überzeugung in sich trägt, minderwertig zu sein und gewisse „Dinge“ ohnehin niemals „richtig“ tun zu können, so wird dieser Mensch sich schwer tun, sich aufzuraffen und alle Kraft zusammenzunehmen, um, in diesem Falle, sein Leben oder gewisse Umstände daraus zu verändern.
Der Glaubenssatz, die tiefe innere Überzeugung lautet in diesem Fall vielleicht: „Ich kann das sowieso nicht.“, „Allein schaffe ich das niemals.“, „Es gibt schon so viele, die das auch tun.“, „Dazu brauche ich erst einmal dieses oder jenes.“, „Solange ich das nicht habe, kann ich nicht..........“, oder Ähnliches.
Damit fehlt die Antriebskraft, um sich selbst mit einer Situation zu beschäftigen oder die Veränderung herbeizuführen. Es fehlt die Sinnhaftigkeit. In der Überzeugung dieses Menschen hat sich vielleicht festgesetzt, daß er oder sie es ohnehin nicht schaffen wird. Das ist im Bewußtseinsinhalt dieses Menschen einfach so und deshalb **IST** ES. Der Glaubenssatz, die innere Überzeugung wird durch die inneren Schöpferkräfte des Menschen in die absolute dreidimensionale Realität umgesetzt, und deshalb wird die innere Überzeugung zur Realität. In jedem Falle wird sich dieser Mensch nach außen, wahrscheinlich auch nach innen, so verhalten als würde er es ohnehin niemals können.
Wenn ein Mensch ohnehin weiß, daß er etwas niemals schaffen wird, warum sollte er oder sie sich anstrengen und in die zu verändernde Situation „einsteigen“, wenn ohnehin, zumindest in der Überzeugung des Menschen, völlig klar ist, daß das Gewünschte nicht erreicht werden wird?
Dieses unbewußte (Ge)Wissen des Menschen in sich, die Energie zu haben, es sehr wohl „schaffen“ zu können, und die äußere Überzeugung es „nicht hinzukriegen“, schafft im Menschen einen Widerspruch, der sich an der Oberfläche des menschlichen Bewußtseins auf Dauer als Frustration oder

Depression zeigen wird.
Was bleibt, ist der Wunsch oder das Bedürfnis des Menschen, sich (sein) SELBST durch die Realisierung des Bedürfnisses zum Ausdruck bringen zu können und somit einen weiteren Schritt in der Erkenntnis seines SELBST zu tun.
Die innere Überzeugung wird zum „Verhinderungsfaktor". Die innere Überzeugung jedoch ist letztendlich in diesem Zusammenhang zurückzuführen auf die, in den Menschen im Zuge seines „Menschwerdungsprogramms" hineinimplantierten Glaubenssätze, die das SELBST-Wertgefühl des menschlichen Wesens steuern.

Warum also sollte ein Mensch etwas tun, von dem er ohnehin genau „weiß", daß es niemals so sein wird?
Da der Mensch jedoch immer innerhalb seiner Möglichkeiten nach SELBST-Verwirklichung strebt, so wie es im kosmischen Bewußtsein verankert ist, wird er gewissen Ablenkungsmechanismen folgen, die es dem Menschen innerhalb seiner antrainierten Grenzen gestatten, SELBST-Ausdruck zu erlangen.
Also wird der Mensch in unserem Beispiel „Dinge" tun, von denen er glaubt, daß sie innerhalb seiner Möglichkeiten liegen.
Wahrhafte Befriedigung ist dadurch jedoch wieder nicht möglich, und „Unzu-**frieden**-heit" etabliert sich im menschlichen Bewußtseinsfeld, die sich auf Dauer Ausdruck sucht.
Eine Ausdrucksform dieser Unzufriedenheit ist eine Symbolik, die dem Menschen Zugang in Veränderungsmechanismen schaffen möchte, ein „**Pro**-Em**blem**".
Dieses wird jedoch wiederum mißverstanden, da der Mensch mit seinem SELBST getroffenen Arrangement sich SELBST versucht, Zufriedenheit zu suggerieren.
Wenn es dem Menschen nun gelungen ist, sich an der Oberfläche mit seinem Arrangement scheinbar „zu-**frieden**" zu geben, drängt der Mechanismus der Verhinderung danach, sich intensiver als zuvor auszudrücken. Das bedeutet, daß der Mensch gegebenenfalls durch seine Handlung, die aus dieser Situation entstanden ist, dafür verwendet, das Gefühl der Minderwertigkeit oder des SELBST-Zweifels in der äußeren

Welt so auszuleben, daß über andere Menschen die fehlende Anerkennung geholt wird.
Ein beispielsweise mit anderen Menschen arbeitender Mensch, wird durch seine Tätigkeit eventuell seine scheinbare Unzulänglichkeit versuchen auszugleichen.

Wird dieser Vorgang verwendet, um zu lernen sich SELBST zu erkennen, so handelt es sich durchaus um einen konstruktiven Vorgang, da die von den Anderen erhaltene Bewußtseinsenergie den kosmischen Gegebenheiten entsprechend verwendet wird.
Nimmt der betreffende Mensch nun die Energie der anderen Menschen um seinen **physischen** Bewußtseinsanteil zu verstärken, so wird dieser Mensch früher oder später damit beginnen, sich „verehren" zu lassen.
Somit wird das ursprüngliche Bewußtseins- oder Energiedefizit zu einem „Energieloch", das immer stärker nach Ausgleich sucht. Im Zusammenhang mit dieser gemachten Erfahrung wird der Mensch gegebenenfalls immer mehr dazu übergehen, sich Energie anderer Menschen zu holen, um sein eigenes Bewußtseinsdefizit auszugleichen. Damit entstehen unter Umständen dogmatische Verhaltensweisen, die wiederum an andere Menschen weitergeben werden.
Die Motivation eines derartigen Menschen entwickelt sich aus einem „Lernprogramm" zu einem „Ich-will-haben-Programm". Der Mensch wird also nicht mehr aus wahren inneren Beweggründen handeln, sondern aus oberflächlichen Motivationen, die den anderen Menschen gegenüber gut „verpackt" werden.
Damit entstehen gegebenenfalls Abhängigkeiten zwischen dem Menschen, der mit anderen Menschen arbeitet und im Gegenzug auch Abhängigkeit der Menschen, die von dem anderen lernen wollen oder „be-handelt" werden, da einfach Abhängigkeiten durch Austausch von Energie erzeugt werden.
Die energetischen Defizite werden nicht durch eigene Weiterentwicklung, sondern durch „Energieraub" von anderen Menschen **scheinbar** ausgeglichen. Die oberflächliche Motivation liegt im „Geben und Nehmen", die wahre Motivation

liegt jedoch im „Ich-will-haben".

Ein weiteres Spielfeld für derartige Angelegenheiten sind zwischenmenschliche Beziehungen. Innerhalb einer „Be-**zieh**-ung" entstehen oftmals auch gewisse Abhängigkeiten, wenn einer der beiden Partner den anderen, bzw. seine Eigenschaften oder Möglichkeiten braucht, um gewisse Defizite **scheinbar** in sich auszugleichen. Wird von dem anderen Menschen tatsächlich gelernt, so ergibt sich für beide Beteiligten die Möglichkeit, sich wahrhaftig miteinander zu „entwickeln". Besteht nicht der tatsächliche Anspruch nach Defizitausgleich durch Erlernen, so wird auch dieses Spiel in Abhängigkeiten enden, die wieder „Pro-Embleme" hervorrufen, um dem Menschen seine Verhaltensstrukturen vorzuführen.
Gegebenenfalls, wenn diese „Pro-Embleme" nicht den wahren Gegebenheiten gemäß gedeutet werden, führt das weitere Spiel in Frustration, Depression und „Ent-Täuschung" und damit zu Schmerz und Leid.

Bedürfnisse und Wünsche sind in euch, damit ihr eine Form des Antriebes, der Motivation in euch entwickelt, euer Leben in andere Bahnen zu lenken. Letztendlich sind es Impulse, die ihr für eure Entwicklung des SELBST nutzen und einsetzen könnt.
Ihr habt gelernt, daß eure Wünsche und Bedürfnisse „schlecht" sind, führen sie euch doch in die Begehrlichkeit eures EGOs und nicht in die Freiheit des Geistes.
Wir wiederholen uns, wenn wir euch mitteilen, daß ihr alles in eurem Leben erreicht habt und in euer Leben bringen konntet, was euch wahrhaftig wichtig war.
Überprüft einmal eure Wünsche und Bedürfnisse darauf, was davon euch so wichtig ist, daß ihr auch bereit wärt, **euren Anteil** daran zu **tun**.
Macht die Verwirklichung nicht abhängig von bestimmten Lebensumständen, sondern betrachtet, welche Handlungen euch in diesem Augenblick bereits möglich wären, um einen Schritt weiter in diese Richtung zu gehen. Vielleicht könnt ihr das, was euch vorschwebt, nicht in dem Umfange tun, wie ihr es in eurer Phantasie plant, dennoch würde das **TUN** euch

gegebenenfalls ein klein wenig mehr „be-fried-igen“ und euch ein klein wenig mehr der absoluten „Be-**glück**-ung“ des SELBST-Ausdruckes näherbringen.

Euren euch innewohnenden Fähigkeiten und Möglichkeiten, der absoluten und bewußten Realisierung von Gedankenenergie steht einzig und allein euer begrenzendes „Menschwerdungs-programm“ entgegen, das euch einfach nicht **glauben** läßt, daß ihr dazu in der Lage seid, da euch, wie ein Weiser vor Jahrtausenden mitteilte, „**euch nach eurem Glauben geschieht**“.
Der Kreis schließt sich, und das von „dunklen Wesenheiten“ initiierte „Menschwerdungsprogramm“ der Begrenzung und der „Un-wissen-heit“ greift.
Was übrig bleibt ist die Hilflosigkeit der Menschen und die Option, „dort oben“ um Hilfe bitten zu können. Jedem der bittet wird ohne Zweifel Hilfe gewährt, doch wiederum seid ihr in eurer Wahrnehmung fixiert auf eure Erwartungen und ihr vermögt das Ausmaß der euch gewährten Hilfestellung oftmals **nicht** wahrzunehmen.
Also erhaltet ihr scheinbar wiederum Bestätigung für eure „Wertlosigkeit“ und eure „Schuld“ und ihr versucht euch mehr als zuvor den scheinbaren Anforderungen „derer dort oben“ anzupassen.
Da es euch in manchen Lebenssituationen einfach überfordert, ständig zu meditieren oder in eurer Mitte zu bleiben, habt ihr das Gefühl zu versagen und seid frustriert.

So gestaltet sich ein fortwährender Kreislauf der scheinbaren Bestätigung eurer Unzulänglichkeit.
Ihr habt das Spiel eures Lebens gewandelt in das Spiel der „Minderwertigkeitsbestätigung“ und findet in den seltensten Fällen Auswege aus dem Kreislauf.
Euer Anteil an diesen „Dingen“ ist es, euren Anteil zu **TUN**.
Eure Körper verfügen über Hände, mit denen ihr „**Hand**-lungen“ setzen könnt.

Körperliche Inkar**m**ation ist die Möglichkeit der geistigen, also nichtkörperlichen Anteile eures SELBST, die dreidimensionale

Erfahrung zu machen. Dies jedoch versucht ihr immer wieder zu unterbinden, indem ihr aus eurer scheinbaren Minderwertigkeit heraus, aus dem Gefühl wieder einmal versagen zu können, eben **nichts** tut oder Ersatzhandlungen setzt, die euch einfach nicht wahrhaftig befriedigen.

Fürchtet euch nicht, Kinder des Lichtes, tut ES einfach.

## Mechanismen der SELBST-Täuschung

Damit ein menschlich inkar**m**iertes Lebewesen den Weg der SELBST-Erkenntnis auf dem Planeten Erde gehen kann, sind gewisse Mechanismen von Bedeutung, die einerseits dafür sorgen, daß dieser Mensch sich (sein) SELBST immer wieder in „Schwierigkeiten" bringt, also „Pro-Embleme" erzeugt. Einzig und allein durch die Herausforderungen des täglichen Lebens ist der Mensch als Teil eines ganzheitlichen Wesens fähig und in der Lage sich fortzubilden, sich weiterzuentwickeln. Wären diese Lernthemen nicht, so wäre die Bindung des Geistes an den menschlichen Körper relativ sinnlos, weil ohne wahrhafte Bedeutung.

Letztendlich gibt es für jedes menschliche Wesen **eine** Motivation oder Absicht, die Dinge zu tun oder eben nicht zu tun. Diese Absicht entspricht dem kosmischen Prinzip der Liebe, die nicht fragt und nicht verlangt, also **absolut** bedingungslos ist.
Jeder Mensch strebt nach dieser Form der Liebe. Ihr lernt jedoch im Zuge eures „Menschwerdungsprogrammes" eine Form der Liebe kennen, die immer verbunden ist mit Erwartungen und Absichten.
Wird ein Kind gezeugt und geboren, sind mit der Geburt des Kindes bereits Erwartungen der Eltern (Älteren) verbunden. Handelt es sich um ein „Wunschkind", sind die Wünsche der Eltern (Älteren), die mit dem Kind verbunden sind, bereits in gewissen Bahnen festgelegt. Im Zuge der „Menschseinsprogrammierung" wird dieses Kind relativ schnell lernen, daß die Wünsche der Eltern (Älteren) zu berücksichtigen sind.
Das Kind, noch intensiv verbunden mit der bedingungslosen Liebe seiner Herkunft, wird sehr schnell lernen, daß Liebe auf diesem Planeten seiner Inkar**m**ation nicht bedingungslos, sondern sehr intensiv mit Anforderungen angereichert ist, die es zu erfüllen hat. Weigert sich das Kind auf irgendeine Art oder wehrt sich gar, wird es schnell lernen müssen, daß die Anforderungen der Eltern (Älteren) „Gesetz" sind und „Gesetzesverstöße" mit Strafe geahndet werden, wobei als

„Strafe" **jeglicher** Umgang zu verstehen ist, der dem Kinde zeigt, das es „fehlerhaft" gehandelt hat.

Ein ungeplantes oder gar unerwünschtes Kind wird innerhalb seines „Menschwerdungsprogrammes" feststellen müssen, daß es gegebenenfalls die ursprünglich geplanten Lebensabläufe der Eltern (Älteren) durcheinanderbringt. Auch wenn die Eltern (Älteren) versuchen, dies dem Kind gegenüber sich nicht anmerken zu lassen, wird das Kind gegebenenfalls lernen, sich abgelehnt und schuldig zu fühlen und unter Umständen öfter „unge-recht" behandelt oder gar bestraft zu werden, als ein „Wunschkind".

Eines lernen jedoch alle Kinder: Die Liebe auf dem Planeten Erde ist **nicht** bedingungslos, sondern immer und ohne Ausnahme mit Erwartungen, Bedingungen oder Hoffnungen anderer Menschen verknüpft.
Aus der teilweise ungerechten und ungerechtfertigten Behandlung der kindlichen Wesen, die dadurch entsteht, daß die Eltern (Älteren) mehr oder weniger intensiv versuchen, dem Kind **ihre** Wertvorstellungen und Wertmaßstäbe zu implantieren, entsteht in dem Kind ein gewisses Mißtrauen. Je nach Intensität der Nichtakzeptanz der kindlichen Persönlichkeit, wird das tief im Inneren des Kindes vergrabene Mißtrauen größer und größer. Selbst wenn versucht wird, sich dem Kind gegenüber möglichst „neutral" zu verhalten, spürt und fühlt das Kind intensiv die dahintersteckende Energie und erkennt die Diskrepanz zwischen gesprochenem Wort und dem **wahren** Gedanken oder der Absicht.
Es verhält sich durchaus so, daß die Eltern (Älteren) für das Kind nur das „Beste" wollen und aufgrund dessen versuchen ihm **ihre** Werte nahezubringen. Diese Vorgehensweise unterstützt jedoch nicht die „Ent-wicklung" der Persönlichkeit des kindlichen Wesens, sondern eher die „Ein-wicklung" des SELBST des Kindes in Programme der physischen Ebene.

Das erlernte Mißtrauen einer Persönlichkeit kommt im Laufe der Jahre durch weitere erlebte „Ent-Täuschungen" zum

Vorschein, und der Mensch entwickelt Mechanismen, um seine energetischen Defizite, die eben durch das Erlernen einer Programmierung entstanden sind, auszugleichen.
Durch die fortschreitende Entfaltung der physischen Persönlichkeit werden vorhandene Bewußtseinsdefizite, die immer darauf beruhen, daß der Mensch sich in seinem eigenen SELBST-Bild nicht bedingungslos geliebt fühlt, zu gewissen Überzeugungen, die wieder einmal Verhaltensweisen projizieren.
Der Mensch versucht also Bewußtseins- oder Energiedefizite auszugleichen und sucht sich in der äußeren, der „realen" Welt, Ausdrucksformen seiner Persönlichkeit.
Ein Mensch, der sich minderwertig fühlt, wird unter Umständen durch sein „Ich-bin-ja-so-arm-Verhalten" immer wieder Menschen anziehen, die aufgrund ihrer inneren, scheinbaren Autorität dem Menschen das Gefühl vermitteln, mehr, besser oder größer erscheinen zu können.
Ein anderer Mensch wird vielleicht versuchen, über das Erreichen einer gesellschaftlichen Position sein Bewußtseinsdefizit durch das Ausleben physischer Macht auszugleichen.
Der Nächste versucht es durch Krankheit, oder existentielle „Pro-Embleme". Die Wirkung ist letztendlich immer die gleiche. Jeder Mensch erhält eine Form von Energie oder Bewußtsein.
Diese Energien werden unter euch hin- und hergeschoben. Die angenehmste Form der Energie ist jedoch immer noch diejenige, die in „Liebesbeziehungen" entsteht.
Selbst der Schuldner, der finanziell ruinierte Mensch, erhält, verlassen wie er ansonsten sein möge, eine Form der „Zuwendung" durch seinen Gläubiger. Der Kranke erhält Zuwendung durch seine Angehörigen und Pfleger, der Mächtige durch den Neid, gegebenenfalls durch die Wut und den Haß der unterdrückten Menschen.

Oftmals gehen damit verbundene Mechanismen der SELBST-Täuschung soweit, daß die scheinbaren Absichten des Menschen, oberflächlich betrachtet, durchaus „edel" sein mögen, dennoch geht es darum, Formen und Arten von Energie zu sich zu holen.

Erst der kosmische Mensch, die kosmische Wesenheit, wird lernen, außerhalb dieses Zusammenwirkens von menschlichen Verhaltensweisen zu agieren und kann in sich (seinem) SELBST in der Bewußtheit seines eigenen SELBST, alle Formen von Bewußtseinsenergie erzeugen. In diesem Zustand schreitet der Prozeß der Bewußtwerdung rasch fort, da das „zeitraubende" Spiel oftmals bereits entfallen kann, da dieses menschliche Wesen für die Vielzahl der Erkenntnisse geöffnet ist und den äußeren Spiegel weitestgehend ohne Wertungen auf sich (sein) SELBST umsetzen kann.

Das bedeutet nicht, daß dieser Mensch sich vollständig außerhalb dieser Gegebenheiten aufhält, lediglich die Art und Form des Lebens dieses Menschen verändert sich grundlegend. Der Mensch innerhalb des kosmischen Bewußtseins kann sich selbst und deshalb auch andere so zur Kenntnis nehmen, wie er SELBST ist und andere nun einmal sind.
Das Spiel der Erkenntnis, das in der Regel zwischen den Menschen stattfindet, erhält einen anderen Stellenwert und ist oftmals nicht mehr vorrangig.

Wie gefällt euch diese Alternative, Kinder des Lichtes?

## Ängste, Befürchtungen und Nöte

Ängste sind Bewußtseinszustände, innerhalb derer **Bewußtseinsprojektionen** erzeugt werden, die in ihrer Konsequenz „negative“ Auswirkungen haben **könnten**.
Angst ist deshalb ein äußerst interessantes Phänomen, da sie einerseits eine wesentliche, wenn auch rein physische Schutzfunktion erfüllt, andererseits bei einigen Menschen so intensiv an der Oberfläche des Bewußtseins aktiv ist, daß diese Menschen in einigen Fällen nahezu handlungsunfähig werden, aus ihren Befürchtungen heraus andere Menschen benötigen, um ihr Leben meistern zu können, und gewisse Defizite über ihre Angst versuchen auszugleichen.

Ängste (Enge) sind in so vielschichtigen Formen beim Menschen zu finden, daß es nahezu unmöglich scheint, auf jede der Ängste (Enge) gesondert einzugehen. Viele Ängste sind mit dem Verstandesorgan des erwachsenen menschlichen Wesens ohnehin kaum nachvollziehbar; ihre Ursache ist in kindlichen Erfahrungen und daraus projizierten Ängsten zu suchen. Eine „Behandlung“ derartiger Gegebenheiten sollte aufgrund dessen innerhalb des kindlichen Wesensanteils eines Menschen stattfinden.
Mehr darüber findet ihr in dem Kapitel „Erinnerungen an Vergangenes“.

Angst ist ein Bewußtseinszustand, in dem ein menschliches Wesen Erfahrungen aus der Vergangenheit mit möglichen Herausforderungen in Gegenwart und/oder Zukunft verknüpft und letztendlich wieder auf seine eigenen Bewußtseinsdefizite bezieht, die diesem Wesen nicht aufholbar oder ausgleichbar scheinen.
Wird ein Mensch mit einer Situation konfrontiert, die zu einem gewissen Maß körperlichen Schaden oder körperlichen Tod nach sich ziehen könnte, so wird dieser Mensch durchaus mit Angst konfrontiert sein. Andererseits ist es durchaus möglich, daß der Mensch nach Durchleben der Situation erstaunt feststellt, daß er absolut keine Angst empfunden hat.

Gegebenenfalls macht sich eine körperliche Reaktion erst nach Beendigung der Situation bemerkbar.

Wir möchten hier über Ängste (Enge) sprechen, die nach menschlichen Wertvorstellungen „irrational", also im Prinzip völlig „unbegründet" sind, obwohl der betroffene Mensch sie durchaus intensiv erlebt und erfährt.
Ängste, die sich vordergründig über Platzangst, Höhenangst, Angst vor Dunkelheit, Versagensangst, Zukunftsangst, Angst vor gewissen Tieren, Pflanzen oder Orten usw. zum Ausdruck bringen.
Letztendlich geht es bei dererlei Formen der Angst immer wieder um die Angst vor dem „Unbekannten". Da das „Unbekannte" jedoch wiederum eine eben „unbekannte" Größe ist, geht es nochmals um die Angst **hinter** der Angst. Hier kommen wir der Angelegenheit etwas näher, denn es geht um Befürchtungen, bei denen der oder die Betroffene davon ausgeht, daß „Dinge" geschehen könnten, der die Person hilflos ausgeliefert ist. Der Mensch, der mit derartigen Ängsten (Engen) gequält ist, wird im Laufe der Zeit versuchen, sich Situationen zu entziehen, in denen er hilflos ist oder hilflos erscheint. Das führt weiterhin dazu, daß im Bewußtsein dieses Menschen bereits die Angst entsteht, in eine Situation geraten zu können, die ihn mit seinen Ängsten konfrontieren könnte.

Das Gefühl der Angst ist immer und ohne Ausnahme eine Projektion des physischen Bewußtseins.
Ein in sich verängstigter Mensch wird in vielen Fällen seine wahrhaften Ängste vor sich (seinem) SELBST zu verstecken versuchen, und nach außen hin durchaus als „mutiger" Mensch gelten. In einigen Fällen verhält es sich eben so, daß ein Mensch, der sich immer wieder in Situationen begibt, die Mut erfordern, ein Mensch ist, der sich versucht immer wieder zu beweisen, daß er eben keine Angst hat. Gerade in diesen Fällen ist die Angst in die tieferen Bewußtseinsschichten abgedrängt worden. Das fortwährende Erleben von Situationen erbringt dem betroffenen Menschen immer wieder den scheinbaren Beweis, daß er eben keine Angst hat. Warum

jedoch dann immer wieder der Beweis?
Da sich jedoch die Angst als Bewußtseinszustand eine äußere Ausdrucksform suchen wird, bieten sich, je nach Lebensumständen, gewisse Formen der Angst an, die nicht so gravierend zu sein scheinen, auch wenn der betroffene Mensch durchaus darunter leidet.
Ängste (Enge) wie die zuvor beschriebenen, haben ihre Wurzel in anderen, verdeckten oder zugedeckten „alten" Angstprogrammen. Das „Pro-Emblem" der Angst weist den Betroffenen lediglich auf vorhandenes Angstpotential hin. Vom „Pro-Emblem" der Angst ist ohne Ausnahme jeder Mensch betroffen.
Wenn die Angst zum lähmenden Instrument wird, das dafür sorgt, daß der Mensch in seiner weiteren „Ent-Wicklung" absolut gehindert wird, da die Angstprojektionen nach Mechanismen weiterer Verdrängung oder Verlagerung suchen lassen, so daß die ursprünglich im Menschen vorhandene Angst in eine Form gedrängt wird, die sich beispielsweise als Platz- oder Höhenangst äußert, verliert die Angst ihren Schutzmechanismus und wird Mittel zum Zweck der Ablenkung.

Ein in sich verängstigter Mensch wird unter Umständen zum Alkoholiker, Tabletten-, Nikotin- oder Rauschgiftsüchtigen, um den Schmerz der Angst in sich nicht mehr fühlen oder spüren zu müssen. Unter Umständen werden andere Suchtmechanismen erzeugt, wie beispielsweise die Spielsucht in all ihren Varianten, die Sucht nach Fernsehen oder Ähnliches.
Die Sucht wird zum Ablenkungsmechanismus von der Angst. In dieser Zeit der absoluten Herausforderungen, denen sich kaum ein Mensch entziehen kann, seid ihr oftmals von euren Ängsten (Engen) geplagt und gepeinigt.
Dahinter steht eure Befürchtung, „ES" nicht schaffen zu können, vollkommen überfordert zu werden oder anderweitig zu versagen.
Die Menschheit in Ängsten (Engen) zu halten, wird von den Mächtigen, den Herrschern eures Planeten durchaus beabsichtigt und gewollt. Eure Angst zu überwinden wird euch eurem wahren SELBST einen wesentlichen Schritt näher-

bringen.
Damit Angst abgebaut werden kann, muß der Mensch lernen, sich mit dieser Angst selbst zu konfrontieren, anstatt sie zu vermeiden. Letztendlich geht es dabei um einen Lern- und Erfahrungsprozeß, der euch Schritt für Schritt das tun läßt, was ihr zuvor permanent versucht habt zu vermeiden.
Sucht euch Situationen, die in eurer Angst noch überschaubar erscheinen und begebt euch in die Situation bewußt hinein. Sucht euch gegebenenfalls einen Menschen, der bereit ist, euch dabei zu begleiten. Angst überwinden könnt ihr nur dann, wenn ihr in euch den **Mut** aufbringt, euch der Angst zu stellen. Dadurch vermögt ihr zu lernen, daß ihr sehr wohl in der Lage seid, auf eure eigene Art und Weise mit allen Herausforderungen eures Lebens fertigzuwerden.
Habt ein wenig Geduld mit euch (eurem) SELBST, selbst wenn es nicht beim ersten Mal so gelingen sollte, wie ihr es euch in eurer Erwartung vorgestellt habt.

Angst ist ein wesentlicher Anteil des physischen Bewußtseinsaspektes, der dem sich „ent-wickelnden“ Menschen hilfreiche Hinweise auf Bewußtseinsdefizite zu geben vermag.
Mut ist die Fähigkeit, Angst zu überwinden. Vielleicht braucht ihr all euren Mut, um die ersten Schritte zu gehen, um mit euren Ängsten (Engen) fertig zu werden.
„**De**-Mut“ ist in der tatsächlichen Bedeutung die Eigenschaft, die einen Menschen dazu bringt, seinen Mut sich dem eigenen Leben zu stellen, einer scheinbar „höheren“ Macht zu unterwerfen. Seid also nicht „rück-mutig“, denn **keine** wahrhaft höhere Macht würde einer Wesenheit abverlangen sich unterzuordnen, sondern würde jede Wesenheit als Teil eines großen kosmischen Ganzen, mit einem eigenen Aufgabenbereich ansehen.

## Erinnerungen an Vergangenes

Zeit bewegt sich aus eurer Perspektive in linearen Bahnen. Das bedeutet nichts anderes, als daß sich ein Augenblick an den anderen reiht. In dieser Betrachtungsweise liegt die Vergangenheit hinter euch. Die Zukunft ist, von eurer Warte aus gesehen, noch vollständig ungeschrieben. Der einzige Augenblick, der für euch von wahrhafter Bedeutung ist, ist der Augenblick des „JETZT". Der einzige Moment in eurem Leben, der tatsächlich Kontrolle oder Veränderung erlaubt, ist der kurze Augenblick des „JETZT".

Vergangenheit ist die Zeitphase, die vor dem aktiven „JETZT" lag, die Zukunft wird sich gestalten aus der Gesamtheit der „JETZT-Momente", die dem aktiven, dem akuten „JETZT" folgen wird.

Die Vergangenheit beginnt in dem Moment, in dem das „JETZT" vorbei ist. Die Vergangenheit entzieht sich eurer Gestaltungskraft. Die vergangenen „JETZT-Momente" habt ihr gestaltet, als der „JETZT-Moment" in der Jetzt-Zeit lag.

Für jeden von euch gibt es Verbindungen in eure Vergangenheit. Eure Erinnerungen an vergangene „JETZT-Momente" sind in euren Erinnerungsspeichern aktiv. Euer physisches Bewußtsein speichert alle Informationen aus dem augenblicklichen Leben, euer geistiger Persönlichkeitsanteil hat all eure vergangenen Inkar**m**ationen in seinem Erinnerungs- oder Bewußtseinsspeicher parat.

Eine Wesenheit in nichtkörperlicher Existenzform ist an lineare Zeitabläufe nicht gebunden. So ist es durchaus möglich und üblich, daß sich eine Wesenheit, die sich innerhalb eines Inkar**m**ationszyklus bewegt, nach einer Inkar**m**ation in der „JETZT-Zeit" durchaus auch wieder in die „Vergangenheit" inkar**m**iert, wenn sie zu dem Schluß kommt, daß zu ihrer Vervollkommnung noch Aspekte fehlen, die nur in der vergangenen Zeitepoche zu finden sind.

Zeit ist, wie alles andere innerhalb der kosmischen Grenzen, ein Bewußtseinsphänomen. Ist jedoch auf einer Existenzebene physischer oder materiell existenter Raum vorhanden, so ist auch Zeit in linearer Form anwesend.

Im Leben eines jeden Menschen gibt es Ereignisse und Begebenheiten, die zutiefst verletzend, frustrierend, furchterregend, entwürdigend oder schlicht und ergreifend in anderer Weise Hilflosigkeit oder „Ohn-Macht" erzeugend waren.
Meist fanden derartige Erlebnisse bereits in der Kindheit, also im Zuge des „Menschwerdungsprogrammes" statt. In der Ratio des „erwachsenen" Menschen sind derartige Ereignisse in der Erinnerung oftmals verdrängt oder werden aufgrund der des Erwachsenen anhaftenden Rationalität als kindlich oder gar lächerlich eingestuft.
Dennoch werden im Laufe des Lebens aus diesen zum Teil von einem erwachsenen und rational strukturierten Menschen als „lächerlich" eingestuften Begebenheiten und Erlebnisse eines Kindes oder die durchaus als traumatisch zu bezeichnenden Erlebnisse des Menschen, Teile des Bewußtseinsinhaltes und strukturieren daraus Glaubenssätze.

Es geschieht jedoch auch im unbewußten Anteil der Bewußtseinsschichten noch etwas.
Gestalten sich aus gewissen Glaubensüberzeugungen dreidimensional oder physisch vorhandene Körperblockaden, also Krankheiten, gleichgültig in welcher Form, so erlernt das physische Bewußtsein im Zuge des Zeitverlaufes gewisse Gestaltungsabläufe. So gibt es für verschiedene Krankheitssymptome auch Auslösungsmechanismen.
Körperblockaden, die sich beispielsweise durch Kopf- oder Rückenschmerzen zum Ausdruck bringen, haben oftmals Aggression oder Frustration, gegebenenfalls auch schon die Erwartung darauf, zur Ursache.
Wiederum agiert zunächst der physische Bewußtseinsaspekt in der Erwartung von Frustration oder ähnlich gelagerten Thematiken. Die Folge ist beginnender Schmerz, der sich in der Folge weiter entwickelt. Wiederum nach gewissen Zeitabläufen ist im physischen Bewußtseinsaspekt die Erinnerung an die gespeicherten Abläufe als „Programm" oder Glaubenssatz vorhanden.

Löst ein Mensch nun die Thematik, so daß im Prinzip kein tatsächlicher Grund mehr für das Erscheinen des Symptoms vorhanden ist, greift dennoch beispielsweise die altbekannte Schmerzthematik des Menschen, weil sie im physischen Bewußtseinsanteil als Programm festgelegt wurde.
Erst der bewußte Umgang mit beispielsweise einer Schmerzerkrankung läßt das physische Bewußtsein erlernen, das alte „Schmerzprogramm" vollständig aufzulösen.

Ebenso verhält es sich bei einer Vielzahl von Körperblockaden oder, wie ihr sie bezeichnet, Erkrankungen.

Da Krankheit von einigen Menschen als Mittel verwendet wird, um ihr „Zuneigungsdefizit" auszugleichen oder Krankheit als „Verhinderungsmechanismus" dienen kann, um sich verschiedenen Lebenssituationen zu entziehen, hat sie oftmals „nur" die Funktion, Minderwertigkeiten, Schuldgefühle oder andere scheinbare Unzulänglichkeiten zu überdecken.
Krankheit kann jedoch in anderen Zusammenhängen durchaus auch eine symbolhafte Mitteilung der „höheren" Bewußtseinsebene sein, also eine ganz „normale" „Pro-Emblem-atik".

Seid euch bewußt, daß Krankheit immer die Folge gewisser physischer Bewußtseinsprogramme ist, und Heilung meist nur dann tatsächlich stattfinden kann, wenn auch das dahinterstehende physische Programm oder der Glaubenssatz verändert wird.

Der erkrankte Mensch sieht dies verständlicherweise oftmals anders, da er sich die Krankheit keineswegs einbildet; sie ist **tatsächlich** vorhanden.
Allerdings wird in diesem Zusammenhang die dem Menschen innewohnende Schöpferkraft aufgrund angelegter Glaubensüberzeugungen dazu veranlaßt, destruktive Realität zu erschaffen. Die Hilflosigkeit eines Menschen, seine „Ohnmacht", „Frust-**ratio**-n" aus vergangenen Ereignissen des Lebens eines Menschen, veranlassen den physischen Bewußtseinsaspekt in einigen Fällen dazu, ein „SELBST-

Zerstörungsprogramm“ zu starten oder bewegt den physischen Bewußtseinsaspekt dazu unterdrückte Aggression, gegen sich SELBST zu richten, da erlernt wurde, daß diese anderweitig nicht ausgelebt werden „darf“.

## Ein Wort zwischendurch

***Es besteht durchaus die Möglichkeit, daß ihr aufgrund unserer Beschreibungen zu der Überzeugung gelangt, wir würden eure Schwierigkeiten in der Auseinandersetzung mit euren Lebensumständen nicht ernst nehmen. Es verhält sich durchaus so, daß ihr immer wieder Phasen großen Leides und großen Schmerzes erlebt und erfahrt. Ihr erlebt und durchlebt diesen Schmerz und das Leid durchaus real. Es handelt sich dabei keineswegs um „Einbildungen".***
***Ihr sucht nach Möglichkeiten, um diese Erlebnis- und Erfahrungsbereiche hinter euch lassen zu können und ohne Leid zu lernen. Diese Möglichkeit besteht durchaus, setzt aber andere Sichtweisen als die euch bisher bekannten voraus.***

***So versuchen wir, euch beispielsweise durch diese unsere Erläuterungen, eine Basis für neue Sichtweisen und veränderte Weltbilder zu vermitteln.***
***„Mit-Leid" bringt euch nicht weiter auf eurem Wege der SELBST-Erkenntnis.***
***Diesen Weg wird jede Wesenheit so gehen, wie es ihr aufgrund all der damit verbundenen Bewußtseinszustände und -programme möglich und realisierbar erscheint.***

***Versucht alles, was euch geschieht, alles, was euch bewegt und betrifft und alles, was in euch Angst oder Schmerz erzeugt, als einen Teil eures eigenen Bewußtseins und der damit verbundenen „Programmierungen" anzusehen.***
***Dies mag in einigen Situationen schwierig sein, dennoch werdet ihr auf diese Art mehr über euch (euer) SELBST erkennen, als jemals zuvor.***

***Auch wenn ihr euch von Zeit zu Zeit „all-ein", in eurer Definition dieses Wortes, fühlen mögt, seid versichert, ihr***

*wart es niemals.*

*Eure Erwartungen, die ihr in euch tragt über das Gefühl des „EINS-seins“, eure Erwartungen in Bezug auf die Lösung des Gefühls der „EINS-amkeit“ in euch, lassen euch die Erkenntnis nicht auf Anhieb erlangen. Die in euer physisches Bewußtsein hineinprojizierten Vorstellungen eurer Lebensabläufe und der damit verbundenen Situationen und Gegebenheiten, lassen euch die wahrhaftigen Zusammenhänge nicht oder nur sehr schwer erkennen.*

*Geht Schritt für Schritt in eure Bewußtseinsveränderungen hinein, jeder von euch so, wie es euch möglich ist. Ohne Druck, ohne Furcht.*

*Ihr seid das Licht dieser Erde, und wo Licht ist, kann die Dunkelheit nicht sein.*
*Zündet euer Licht in euren Herzen an, und die Dunkelheit wird unwiderruflich weichen.*

*Das ist euer Weg und das ist euer Ziel.*

*Ihr seid geliebt, Kinder des Lichtes. So, wie ihr es euch in eurer jetzigen Erscheinungsform nicht einmal ansatzweise vorstellen könnt.*

## Spannungsfelder

Die „Anwesenheit“ von Bewußtseinsenergie setzt immer und ohne Ausnahme polare Gegebenheiten voraus. Da im gesamten Kosmos nicht ein winziges Örtchen existiert, an dem die Bewußtseinsenergie des EINEN Wesens nicht vorhanden ist, befinden sich auch überall Polaritäten.

Der gesamte Kosmos kann nur deshalb existieren, da das EINE Wesen sich aus seiner EINHEIT in die Zweiheit, die Polarität begeben hat. Damit entsteht eine Art Spannungsfeld zwischen zwei entgegengesetzten Polen. Polarität, also das Vorhandensein zweier gegensätzlicher Energiestrukturen ist die Voraussetzung für die Existenz des Kosmos.

Dieses Spannungsfeld, das durch die beiden gegengerichteten Pole entsteht, bildet die „geistige“ Ursache für die materielle Ausdrucksform des Kosmos, sowohl in der Dreidimensionalität als auch in weiteren Schwingungsebenen oder Dimensionen.
Das Wesen eines polaren Bewußtseinsfeldes besteht in dem Bedürfnis, sich durch SELBST-Verwirklichung, also durch die Vorgänge **innerhalb** des Spannungsfeldes, Gegebenheiten und Ereignisse zu projizieren, die dem Ausgleich dieses polaren Bewußtseinszustandes dienlich sind, zum Ausdruck zu bringen.
Anders formuliert, bietet nur ein polares Spannungsfeld die Möglichkeit für körperliche oder materielle Existenz, wobei sich dies auch auf andere Dimensionen oder Realitäten bezieht.
Innerhalb des größten aller Spannungsfelder, also dem Kosmos, existiert eine unvorstellbare Anzahl weiterer Spannungsfelder. Jedes davon existiert in dem Bedürfnis, sich auszugleichen, der absoluten Vereinigung zuzustreben.

Bewußtseinsenergie, Prana, Chi, Nullpunktenergie, wie immer ihr es nennen wollt, ist im Prinzip der euch bekannten elektromagnetischen Energieform ähnlich.
Zwischen zwei gegensätzlichen Polen entsteht eine Art Spannung oder unterschiedlicher Energiepegel.

So wie eine Quelle dem Berg entspringt und das Bedürfnis hat, sich mit dem Meeresspiegel auszugleichen, nimmt sie den Weg auf, um zum Meer zu gelangen. Im Prinzip wird sie das unter den augenblicklichen Voraussetzungen nicht schaffen, denn dazu müßte sie soviel Wasser mit sich tragen, daß sie die Meere solange auffüllt, bis diese sich auf ihr Höhenniveau begeben haben.
Also wird die Quelle fließen und sprudeln, immer in der absoluten Freude, ihr Werk eines Tages vollbracht zu haben. Tatsächlich verhält es sich so, daß die geologischen Verhältnisse sich eines Tages so verändern werden, daß sie entweder ihr Ziel erreicht, oder ihr Tun erkennt und nach anderen Auswegen sucht. In solch einem Fall wird die Quelle gegebenenfalls ihr Streben einstellen und sich andere Ausdrucksformen suchen, von denen sie glaubt, daß sie sie ihrem Ziel näherbringen werden.

Ähnlich wie die Quelle verhalten sich auch die Spannungsfelder der Bewußtseinsenergie.
Als der Kosmos aus einem Spannungsfeld entstanden war, mußte er angefüllt werden mit vielerlei Spannungsfeldern, die in ihrem Bedürfnis sich SELBST auszugleichen und somit zum Ausdruck zu bringen oder sich SELBST zu erfahren, dem EINEN Wesen auf dem Wege SEINER Bewußtwerdung dienen wollten und sollten.
Aus den unterschiedlichen Spannungsfeldern wurden die Dimensionen, die unterschiedlichen Realitätsebenen, die Universen, die planetaren Systeme, die Planeten und mit all diesen Seinsebenen verbunden, die Wesenheiten in all ihren Ausdrucks- und Existenzformen.

Jede dieser, auf Spannungsfeldern beruhenden Bewußtseinsprojektionen oder Existenzen versucht sich wieder in ihrem Energiepegel auszugleichen und somit (ihr) SELBST zu erleben und zu erfahren.

**Jedes Bewußtseinsspannungsfeld ist *lebendiger* Ausdruck der EINEN Wesenheit und damit LEBEN !**

Ein Spannungsfeld, bestehend aus zwei Polaritäten unterschiedlicher Energieniveaus, katalysiert oder transformiert die überall vorhandene Bewußtseinsenergie des EINEN Wesens.

Macht euch bitte bewußt, daß es leeren Raum **nicht** gibt. Alles Vorhandene, also alles für euch Sichtbare und Nichtsichtbare ist eine Projektion der EINEN Energie. Diese überall, ohne Lücken zu lassen, vorhandene Bewußtseinsenergie, Information, Schwingung oder wie immer ihr es nennen wollt, enthält in ihrem Informationsgehalt ALL-ES, was das EINE Wesen an Bewußtsein oder an Informationsgehalt in sich trägt. Dieses Energiepotential ist in sich selbst auf „Null" gesetzt, das bedeutet, daß jegliche Information zwar beinhaltet, jedoch nicht **aktiviert** ist.
Zur Aktivierung von Anteilen dieses Informations-, Energie- oder Bewußtseinsgehaltes sind „Katalysatoren" oder „Generatoren" erforderlich, die durch ihr ihnen eigenes Spannungsfeld das „Ur-Bewußtsein" in eine bestimmte Erscheinungsform transformieren.

Was haben nun diese Spannungsfelder mit euch menschlichen Wesen zu tun?
Jede Lebensform, also auch der Kosmos, das Universum, ein Sonnensystem, ein Planet, ein Wesen, eine Pflanze, ein Tier, ein Mineral ist in seiner ursprünglichen Form ein Bewußtseinsspannungsfeld, das sich durch eine bestimmte Ausdrucksform oder ein bestimmtes Aussehen zum Ausdruck bringt, und ist, gleichgültig welche Existenzform es nun gewählt hat, reines **Leben**!

Jeder von euch ist selbst, in seiner ursprünglichen Form ein Bewußtseinsspannungsfeld, das sich in unzählige weitere Spannungsfelder aufteilt.
So werden wir in unserer weiteren Erzählung unterscheiden zwischen sich (ihres) SELBSTES bewußten Spannungsfeldern, also beispielsweise Lebewesen, dazu zählen auch die Planeten, und sich (ihres) SELBSTES nicht bewußter Span-

nungsfelder, wie materielle Gegenstände.
Sich (ihres) SELBST **bewußte** Spannungsfelder, also Lebewesen, entscheiden für sich selbst und gestalten ihre Existenz.
Sich (ihres) SELBST **nicht** **bewußte** Spannungsfelder werden durch andere Lebensformen erschaffen und gestaltet.

Zum besseren Verständnis dieser Vorgänge mag euch das Kapitel „Das Wesen der Generation“ dienen.

Da es für euch im Prinzip nicht entscheidend ist, diese Zusammenhänge auf der kosmischen oder universellen Ebene zu begreifen, sondern es wesentlich bedeutsamer ist, euch (euer) SELBST unter einem veränderten Licht zu sehen, werden wir die Zusammenhänge zwischen den Spannungsfeldern zum besseren Verständnis auf **eurer** Existenzebene erläutern. Wer unter euch dennoch an kosmischen Vorgängen interessiert ist, wird, nachdem er verstanden hat, auch kosmische Zusammenhänge begreifen können.

Ein Spannungsfeld besteht also aus zwei gegeneinander gerichteten Polaritäten. In den folgenden Abbildungen werdet ihr immer wieder „+“ oder „-“ als Definitionen der Polaritäten finden (Abb.5). Diese Definitionen stellen Variable dar, die ihr nach eurem Verständnis jederzeit mit euren persönlichen gegensätzlichen Gegebenheiten „füllen“ könnt.

**Einfaches polares Spannungsfeld**

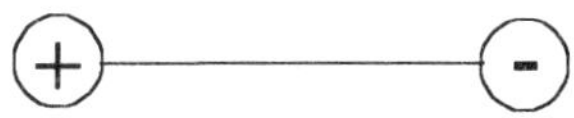


Abb. 5

Ihr „besteht“ im Prinzip, wie alles andere im Kosmos auch, aus drei „Grundaspekten“, also beispielsweise Seele, Geist und Körper oder, anders bezeichnet, aus dem hohen SELBST, dem SELBST und dem niederen SELBST. Es gibt noch eine Vielzahl weiterer Definitionen für das gleiche Prinzip. Welche dieser Definitionen ihr bevorzugt, ist gleichgültig. Wir werden für unsere weiteren Beschreibungen Seele, Geist und Körper verwenden.
Ihr „habt“ keine Seele, ihr **seid** Seele.

Ihr „habt“ keinen Geist, ihr **seid** Geist.
Ihr „habt“ keinen Körper, ihr **seid** Körper.

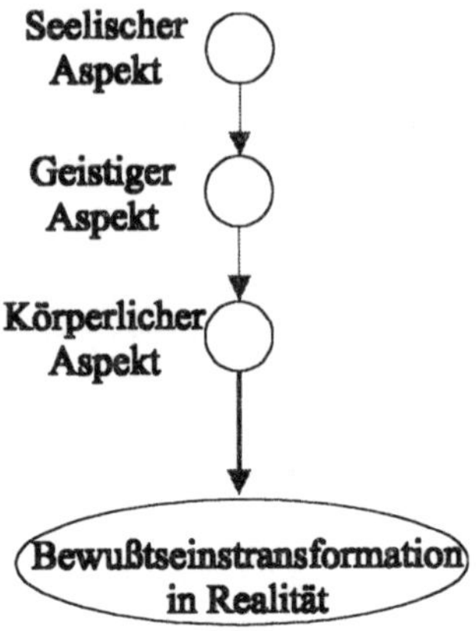

Abb.6

Jeder dieser Anteile eurer Gesamtpersönlichkeit verfügt über einen eigenen Bewußtseinsaspekt oder, wenn ihr so wollt, über eine eigene Persönlichkeit.
Immer wenn ihr eure drei Bewußtseinsaspekte in Einklang bringt oder sie „gleichschalten“ könnt, vollzieht ihr beinahe ohne Zeitverzögerung einen Schöpfungsprozeß. Dies hat einen einfachen Grund: Immer wenn seelischer, geistiger und körperlicher Bewußtseinsanteil in Einklang sind entsteht **kein** Spannungsfeld, das erst einmal nach Ausgleich streben müßte, sondern es entsteht eine Art „Katalysations- oder Transformationsvorgang“, bei dem die überall vorhandene Bewußtseinsenergie des EINEN Wesens in materielle Ausdrucksform oder, wenn ihr so wollt, in Realität gewandelt wird (Abb.6).

Den seelischen Persönlichkeitsaspekt möchten wir als den „höchsten“, also als den wissendsten oder den sich (seines) SELBST-bewußtesten Anteil bezeichnen. Die Seele des Menschen ist der höchste Persönlichkeitsaspekt dieser Dreiheit und existiert nichtkörperlich. Dieser Aspekt steht für den Impuls, der in einer inkar**m**ierten Wesenheit beispielsweise einen Wunsch oder ein Bedürfnis hervorruft, das nicht rein materielle Gegebenheiten betrifft. Diese Bedürfnisse beziehen sich auf den SELBST-Ausdruck eines inkar**m**ierten Wesens, also beispielsweise auf künstlerische oder ähnliche Ausdrucksformen.

Die geistige Ebene ist ein Persönlichkeitsanteil, der dadurch entsteht, daß die Seele von sich einen Bewußtseinsanteil abspaltet und somit eine Teilpersönlichkeit von sich (ihrem) SELBST „erzeugt", der sich auf gewisse Inkar**m**ationszyklen einläßt und sie durchläuft. Dennoch bleibt die Seele als Gesamtpersönlichkeit bestehen, ist jedoch in großer Anteilnahme mit dem geistigen und in der Folge auch mit dem physischen Persönlichkeitsanteil verbunden. Der geistige Aspekt ist sich seiner Existenz und seines SELBST sehr bewußt und dient letztendlich als „Mittler" zwischen dem körperlichen und dem seelischen Bewußtseinsanteil. Der geistige Persönlichkeitsaspekt verfügt über große Imaginations- oder Schöpferkraft.

Die körperliche Ebene dient der seelischen Ebene durch die Möglichkeit der **körperlichen** Erfahrung, also durch die materielle Umsetzung von „geistigen" Konzeptionen. Auch die physische Ebene verfügt über einen Bewußtseinsaspekt, der jedoch, wie bereits mehrfach erwähnt, zunächst ein Programmierungsverfahren durchlaufen muß, um so dem geistigen Anteil die Erfahrungsmöglichkeit zu bieten. Die physische Ebene ist die Ebene des **TUN**s oder der **HANDLUNG**. Nur dort lassen sich die in der Phantasie der Seele entworfenen Vorstellungen und Träume in die Realität umsetzen.

Bevor ihr nun am „Geisteszustand" eurer Seele zweifelt, die euch in derartige Nöte und Schwierigkeiten gebracht hat, sei euch gesagt, daß die Seele, die ihr SELBST seid, ein Spiel der SELBST-"Er-kennt-nis" spielt. Was euch in eurem dreidimensionalen Raum-Zeitgefüge dieses Spiel oftmals als hart und „böse" erscheinen läßt, sind wiederum eure physischen Programmierungen von Angst und Unwissenheit, die ihr, soviel zu eurem Trost, dabei seid zu verändern.

Läßt der Bewußtseinszustand einer Wesenheit auf dem Wege der SELBST-"Er-kennt-nis" eine völlige Gleichschaltung der seelischen, geistigen und körperlichen Aspekte **nicht** zu, entsteht ein Spannungsfeld aus Bewußtseinsenergie.

Die Diskrepanz in der Gleichschaltung kann auf geistiger Ebene (Abb.7) oder auf körperlicher Ebene (Abb.7a) entstehen. Gelangt beispielsweise ein seelischer Impuls zu dem geistigen Aspekt, und dieser ist der Überzeugung, daß dieser Aspekt

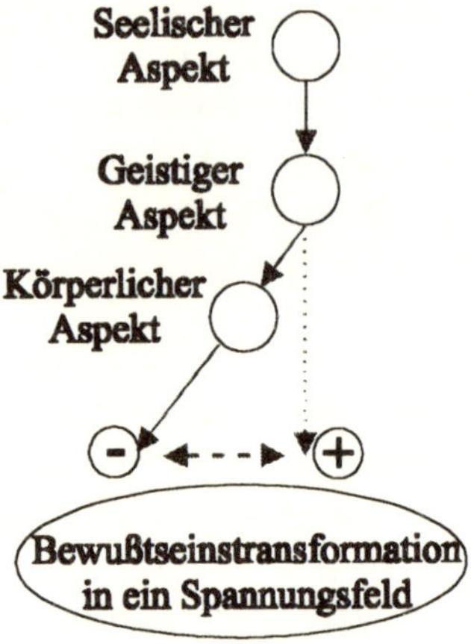


Abb.7

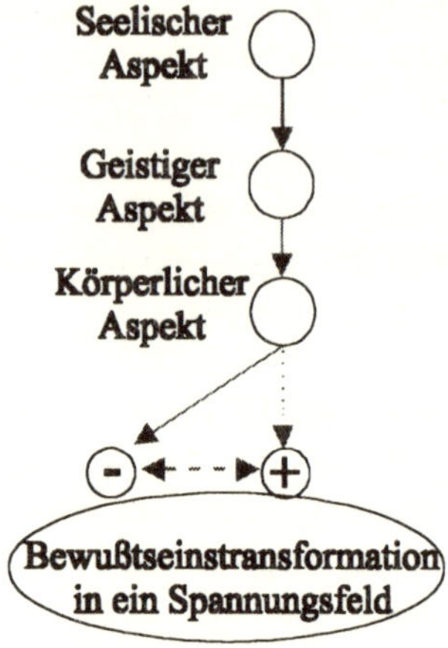


Abb.7a

eine veränderte Konzeption benötigt, verändert dieser bereits die Form der Gleichschaltung. Im weiteren Verlauf ist es durchaus möglich, daß der körperliche Bewußtseinsanteil, aus Angst oder aus der Überzeugung heraus, daß eine derartige Umsetzung nicht möglich erscheint, nochmals den Verlauf abändert. Somit ergibt sich ein Spannungsfeld aus Bewußtseinsenergie, das die eine polare Gegebenheit als eine Art „Sollzustand", also einen Zustand definiert, der möglich wäre, und aus der anderen polaren Gegebenheit, die einen „Ist-Zustand", also einen Zustand definiert, der tatsächlich umgesetzt wird.

Da der Mensch sich auf dem Wege der SELBST-Erkenntnis befindet und dieser in jedem Fall auch erreicht wird, muß, bevor weitere Schritte in diese Richtung unternommen werden, zunächst einmal „gelernt" werden. Dazu bietet das Spannungsfeld die Möglichkeit.

Jedes erzeugte Bewußtseinsfeld wird in irgendeiner Form in physischer Realität Ausdruck erlangen. Somit ergeben sich für den Menschen in dieser Situation Möglichkeiten des Lernens, die sich aus der Materialisierung oder, anders formuliert, der Transformation von reinem Bewußtsein in Realität ergeben.

Auch der umgekehrte Weg ist möglich, daß sich also körperlicher und geistiger Aspekt „einig“ sind und aufgrund dessen im seelischen Bereich ein Spannungsfeld generieren. Somit ist der seelische Anteil angehalten, einen neuen Impuls zu generieren. Auch auf dieses Art wird der Seelenaspekt in die Gesamtabläufe eingebunden und erlernt Zusammenhänge aus anderer Sicht zu betrachten.

Spannungsfelder sind immer und ohne Ausnahme die Ursache für gewisse Blockaden im Fluß der Lebensenergie. Sie bringen sich immer in Form von Symboliken, sogenannten „**Pro**-Em**blemen**“ zum Ausdruck, aus denen die konfrontierte Wesenheit die Möglichkeit hat, zu lernen und zu erkennen.
Das Bedürfnis der Spannungsfelder aus Bewußtseinsenergie ist es, ihre polaren Gegensätze auszugleichen, sich also miteinander zu „ver-**ein**-en“. Dazu muß die daraus entstandene Symbolik verstanden und bearbeitet werden. Sind beide Pole miteinander vereint, löst sich die Thematik logischerweise vollständig auf. Solange die Symbolik nicht aufgelöst ist, besteht das Spannungsfeld, wenn auch gegebenenfalls in abgeänderter oder abgeschwächter Form weiterhin.

Angst, Minderwertigkeit, Frustration, Zorn, Neid und viele weitere „negative“ Bewußtseinszustände helfen euch dabei, große und intensive Spannungsfelder in euren Bewußtseinsanteilen zu erzeugen. Dies ist weder schlecht noch gut, es ist die Funktionsweise der Lebensenergie, die euch umgibt, und aus der ihr besteht.
Das Begreifen dieser Zusammenhänge wird es euch gegebenenfalls einfacher machen, mit einigen Herausforderungen eures Lebens umzugehen oder fertigzuwerden.
Beginnt ihr zu verstehen, Kinder des Lichtes?

## Das Wesen der Generation

Macht euch bewußt, daß das EINE Wesen sich auf den Weg der eigenen Bewußtwerdung begeben hat. Bei diesem Vorgang ist ein Bewußtseins- oder Spannungsfeld entstanden, das als Kosmos bezeichnet wird. Dieses kosmische Bewußtseinsfeld ist die Basis für alle Vorgänge innerhalb des Kosmos. Jede im Kosmos existierende Lebensform oder jede andere im Kosmos existente Ausdrucksform dieses Bewußtseinsspannungsfeldes **ist aus diesem Informationsfeld entstanden und ist Teil von ihm**.
So wie die Fische im Wasser schwimmen, so „schwimmt" ihr und alles andere, das ebenso wie ihr existent ist, in dem Bewußtseinsfeld der EINEN Wesenheit. So wie den Fischen dieser Vorgang nicht bekannt ist, die ebenfalls zu einem großen Teil aus Wasser bestehen, so war euch bisher dieser Vorgang nicht bewußt.

**Energie = Information = Bewußtsein = Schwingung = Licht**

Diese „mathematische" Formel bildet die Grundlage für das Verständnis der kosmischen Gegebenheiten. Jeder dieser definierten Aspekte ist, auch wenn er eine andere Bezeichnung führt, dem anderen absolut gleich. Energie und Information sind zwei Begriffe für ein- und dasselbe, Schwingung und Bewußtsein sind zwei Definitionen für das gleiche Phänomen, und so weiter.
ALL-ES entsteht und besteht aus dem kosmischen Bewußtsein oder aus der Energie des EINEN Wesens. Aus diesem Grund steht, theoretisch, jeder Wesenheit, also auch euch, jede Information zur Verfügung, die auch dem EINEN Wesen zur Verfügung steht. Theoretisch deshalb, weil der Umgang mit gewissen Informationen oder mit gewissen Bewußtseinszuständen SELBST-Erkenntnis, SELBST-Erfahrung und vor allem SELBST-Liebe voraussetzt.
Nur auf diese Art ist es möglich, daß in jedem Sandkorn das gesamte kosmische Wissen enthalten ist.

Das Bewußtsein des EINEN Wesens enthält alle Informationen, die dem EINEN Wesen selbst bekannt sind. Bewußtsein und Information **sind** ein- und dasselbe. In der überall vorhandenen Bewußtseinsenergie, aus dem ALL-ES besteht, ist in deren „Normalzustand" jedoch keine der vorhandenen Informationsanteile aktiviert. Die Energie des EINEN Wesens ist also vollständig neutral oder auf „Null" gesetzt.
Dieses „göttliche" und eigentlich als „Ur-Suppe" zu bezeichnende Element, in dem alles vorhandene „schwimmt" und aus dem ALL-ES vorhandene existiert, wird durch das Bewußtsein von beispielsweise anderen Wesenheiten aktiviert, also in eine bestimmt Ausdrucksform gebracht.
Das Bewußtsein des EINEN Wesens läßt sich, bei entsprechender Kenntnis der „Dinge", in jede nur erdenkliche Form oder in jeglichen nur erdenkbaren Zustand umformen oder transformieren.
Das „Ur-Bewußtsein" wird über bestimmte Vorgänge in Form oder Ausdruck **generiert**.
Eine Wesenheit, beispielsweise ein Mensch, **generiert** durch sein eigenes Bewußtsein, auf dem Weg zur SELBST-Erkenntnis, die der SELBST-Erkenntnis des EINEN Wesens dient, aus „neutralem" Ur-Bewußtsein in Form gebrachtes Ur-Bewußtsein.
Dieser Vorgang ist als normal zu betrachten und gestaltet sich in dieser Form bei **jeder** Wesenheit, ob dieser der Ablauf nun bekannt ist oder nicht.
In materielle Ausdrucksform gewandeltes Ur-Bewußtsein kann als Materie bezeichnet werden. Materie ist in Form gebrachtes Ur-Bewußtsein, das über keinen eigenen Willen, also kein eigenes SELBST-Bewußtsein verfügt. Materie ist also als in Form gebrachtes Ur-Bewußtsein anzusehen, das dazu existiert, Wesenheiten eine in materielle Ausdrucksform gebrachte Welt zu gestalten, auf und in der SELBST-Erfahrung und SELBST-Erkenntnis ermöglicht wird.

Materie ist sich nur insoweit SELBST-bewußt, als daß sie in eine Form gebracht wurde und diese Form solange beizubehalten hat, bis andere „Katalysationsimpulse" sie in

ihrer Form verändern. Dabei kann es sich um konstruktive oder um destruktive Bewußtseinsimpulse handeln. Ein konstruktiver Impuls wird die Materiestruktur insoweit verändern, als daß sie in Zukunft mehr oder intensiver dem Vorgang der SELBST-Erfahrung der Wesenheiten dient, und der destruktive Impuls wird die Materiestruktur ganz oder teilweise zerstören, jedoch hat dieser zerstörerische Impuls den gleichen Hintergrund wie der konstruktive.
Außerhalb der Werteskalen **eurer** Welt dient der destruktive Impuls, also die Zerstörung einer Materiestruktur dazu, sie anders, den neuen Gegebenheiten angepaßt, wiederherzustellen. Damit wird aus dem vormals destruktiven Impuls wiederum ein konstruktiver.
Zum besseren Verständnis der „konstruktiven Destruktivität“ mag das Kapitel „Die Trinität des Denkens und Fühlens“ beitragen.

Das Ur-Bewußtsein wird durch Gedankenimpulse, die eine Wesenheit, beispielsweise ein Mensch, aussendet, gestaltet.
Bei diesem Vorgang wird zunächst ein Wunsch oder ein Bedürfnis erzeugt.
Ein Wunsch oder ein Bedürfnis kann nur dann entstehen, wenn eine Wesenheit, beispielsweise ein Mensch, zu der Erkenntnis kommt, über etwas nicht verfügen zu können, jedoch davon ausgeht, daß das, was sie sich wünscht, letztendlich für ihren weiteren Weg von Bedeutung sein könnte.
Aufgrund des Impulses, also dem „Ansporn“ aus dem seelischen Aspekt, wird eine geistige/gedankliche Konzeption für die Umsetzung entworfen, die als Plan der Wesenheit selbst als sinnvoll erscheinen mag. Dies ist der Anteil des geistigen Persönlichkeitsanteiles des Menschen.
Der körperliche Anteil hat nun die Aufgabenstellung, die Handlung oder Tat herbeizuführen, ist aber unter Umständen durch gewisse Programmierungen im physischen Bewußtseinsanteil dazu scheinbar und im Augenblick nicht fähig.
Durch diese „Energiediskrepanz“ wird ein Bewußtseinsfeld erzeugt, das der Wesenheit die Möglichkeit gibt, sich soweit im körperlichen/physischen Bereich weiterzuentwickeln, daß das

Bedürfnis oder der Wunsch realisierbar werden. Dazu dienen die bereits beschriebenen „Pro-Embleme".
Es gibt in diesem Zusammenhang unzählige weitere Varianten, die an dieser Stelle jedoch nicht zu erwähnen sind, da lediglich der Vorgang allgemein beschrieben werden soll.

Wie gestaltet sich dieser Vorgang nun in der Praxis?
Nun, konstruieren wir ein Beispiel: Ein Tischler hat das Bedürfnis, ein Möbelstück zu gestalten. Dazu benötigt er Holz. Holz steht euch in Form von Bäumen zur Verfügung. Bäume wiederum sind, als Teil des planetaren Kollektives als Hilfsmittel sowohl für das Lebewesen Planet entstanden, da sie über gewisse lebenserhaltende und weitere sonstige Fähigkeiten für den Planeten und der auf ihm existierenden Lebewesen verfügen, als auch für die menschlichen Wesen, die sich das Material „Baum" nutzbar machen können.
Der Baum selbst ist ein sich SELBST-bewußtes Lebewesen, das sich dafür entschieden hat, seinen Lebenszyklus dazu zu verwenden, als „dienendes" Instrument dem Kollektiv zur Verfügung zu stehen.
Im Bewußtsein des Tischlers hat sich nun der Impuls festgesetzt, ein Möbelstück zu gestalten.
In der Vorstellung des Tischlers hat das Möbelstück eine gewisse Funktion. Da er das Möbelstück so gestalten möchte, daß es die Funktionalität seiner Vorstellung erfüllt, wird er sich an bereits existierenden Möbelstücken orientieren und sein Werkstück soweit abändern, daß es seiner Vorstellung und seiner künstlerischen Gestaltung entspricht. Er wird dazu einen Plan entwerfen, aus Holz die notwendigen Teilstücke fertigen und diese zusammensetzen.
Da in dem physischen Bewußtseinsanteil des Tischlers der Glaubenssatz vorhanden ist, daß er dazu Holz benötigt, wird er das Stück auch aus Holz fertigen. Da ebenfalls der Glaubenssatz vorhanden ist, daß das Möbelstück in seiner Funktionalität den bereits vorhandenen Möbeln ähnlich sein muß, um die gleiche Funktionalität zu erfüllen, wird er das Design an die anderen Stücke angleichen.

Ihr habt nun absolut recht, dies ist der „normale“ Vorgang. Daran ist nichts auszusetzen und nichts „Unnormales“ zu finden.
Dennoch würde der Tischler über die Fähigkeit verfügen ein Möbelstück zu entwerfen, das in Form und Aussehen sich völlig von bisher existierenden unterscheidet. Im Prinzip wäre der Tischler sogar in der Lage, das beschriebene Möbelstück aus dem absoluten „Nichts“ einfach zu materialisieren.
Da jedoch der Glaubenssatz besteht, daß einem „normalen“ Menschen Derartiges nicht möglich ist, geht der Tischler den Umweg über die „normalen“ Vorgänge.

Versteht, daß euch **ALLES** möglich ist, wenn ihr es **GLAUBEN** könntet.

Das Ur-Bewußtsein wird in seine Ausdrucksform **generiert**.
„**Generation**“ ist ein absolut interessantes Wort, letztendlich schon deshalb, weil es die beschriebenen Vorgänge beinhaltet. Dieser Begriff enthält das „Gen“ oder die „Gene“ und es enthält das Wort „Ratio“, das ihr als Definition für die Fähigkeiten eures Verstandes, also eines Anteiles des rein physischen Bewußtseins beschreibt.
Ein „Gen-erator“ ist ein technisches Instrument eurer Zivilisation, das einen Energiezustand in einen anderen wandelt. Eine „Generation“ ist in eurem Sprachgebrauch zum einen eine neu heranwachsende Anzahl von jungen Menschen und zum anderen die Beschreibung eines Umwandlungsvorganges.
Wandelt ihr den Begriff „Gen-Manipulation“ in „Generierungs-Manipulation“ um, erhaltet ihr eine völlig neue Ansicht dieses Vorganges.
Wart ihr krank, so „re-generiert“ ihr euch, was in der wahrhaftigen Bedeutung dieses Wortes nichts anderes heißt, als daß ihr euch in einen Zustand „zurück-generiert“ habt, der vor eurer Erkrankung bestand.

Alles, was jemals existiert hat, existiert oder existieren wird, ist eine Bewußtseinsprojektion, eine Bewußtseinsgenerierung.

Jedes in diesen Vorgang involvierte Bewußtsein, also beispielsweise eine Wesenheit wie der Mensch, hat die Möglichkeit in die existenten Bewußtseinsprojektionen gestaltend einzugreifen, ja mehr noch, jedes Wesen tut dies fortwährend, jedoch meist unbewußt.

Der Bewußtseinsinhalt eines Menschen gestaltet seine oder ihre Realität und alle damit verbundenen Situationen und Erlebnisse. Der Bewußtseinsinhalt eines Menschen aktiviert das Ur-Bewußtsein in der Form, wie es für den Menschen im Augenblick im Zuge seiner oder ihrer Bewußtwerdung am „dienlichsten" ist. Entweder durch die unmittelbare Umsetzung von Gedankenkraft in Realität, so wie ihr es oftmals in Situationen erlebt, die von euch selbst nicht als sehr bedeutsam eingestuft werden, oder in Form von „Pro-Emblemen", die euch wiederum Erkenntnis über euch (euer) SELBST vermitteln.

Das Ur-Bewußtsein, die kosmische Energie, das Prana oder Chi, werden aus der reinen Energieform in materielle Ausdrucksform umgewandelt oder generiert. Die „Generatoren", die dies veranlassen, seid ihr selbst, jeder ein-zelne Mensch für sich und ihr gemeinsam als Kollektivbewußtsein.
Wenn die von euch erlebte Realität euch nicht gefällt, verfügt ihr, jeder Einzelne von euch, über die Macht, Veränderungen herbeizuführen.
Ihr könnt jedoch nicht die anderen Menschen wandeln, ihr könnt nur euch selbst verändern.
Damit ihr aus der Begrenztheit eurer Fähigkeiten und Möglichkeiten in die Unbegrenztheit eurer Fähigkeiten und Möglichkeiten gelangt, kommt ihr nicht umhin, eure Glaubenssätze und Programmierungen zu verändern und im Augenblick durch „bessere", den wahren Gegebenheiten entsprechende, zu ersetzen.
Im Prinzip ein Lernprozeß, da ihr dies in der Regel, wiederum aufgrund der in euch verankerten Programme, nicht schlagartig werdet ändern können. Der bewußte Umgang mit den von uns aufgezeigten Möglichkeiten wird euch jedoch Schritt für Schritt

eine Veränderung eures persönlichen Bewußtseinsfeldes und damit auch die Veränderung der persönlichen Bewußtseinsfelder der anderen Menschen herbeizuführen helfen.
Der Schlüssel für ALL-ES liegt im Tun, in der Umsetzung, Kinder des Lichtes und der Liebe.

## Die Entstehung des Planeten Erde

Damit eine Plattform oder Basis geschaffen werden konnte für die Möglichkeit der SELBST-Erfahrung einer Vielzahl von Seelenaspekten, die dreidimensional-körperliche Erfahrungen machen wollten, wurde der gedankliche Impuls zur Schaffung der Voraussetzung ausgesandt.
Im Zuge der Realisierung dieses Gedankenimpulses entstand in den Weiten des ALL-ES der Planet Erde mit seiner Sonne und begleitende planetare Systeme.
Nachdem sich Leben gebildet hatte und die ersten halb-humanoiden Lebensformen entstanden waren, wurde die Erde von anderen Wesenheiten, die ihr als Außerirdische bezeichnet, besucht.
Diese Außerirdischen waren auf der Suche nach Bodenschätzen, da die Ressourcen ihres eigenen Planeten weitestgehend ausgeschöpft waren.
Für diese Wesenheiten ein durchaus riskantes Unterfangen, denn trotz ihrer technischen Möglichkeiten war nicht gewährleistet, daß sich dieses Projekt durchführen ließ. Durch viele Unwägbarkeiten bei der Durchführung des Projektes mußten viele ihr Leben lassen, so daß Knappheit an Arbeitskräften bestand. Nach vielen fehlgeschlagenen Versuchen, die Halbhumanoiden des Planeten Erde so zu „dressieren", daß sie befähigt wurden, die Arbeiten zu verrichten, wurde mittels Genmanipulation versucht, die halbhumanoide Lebensform des Planeten Erde so zu verändern, daß sie in die Lage versetzt wurde, Arbeiten zu verrichten, ohne die Fähigkeit der eigenen Willenskraft zu haben.
„Arbeitsroboter", die sich selbst reproduzieren sollten, waren das Ziel. Dieses Projekt war in den eigenen Reihen sehr umstritten. Dennoch konnte sich der Leiter des Gesamtprojektes den Gegnern der Genmanipulation gegenüber mit teils massivem Gewalteinsatz durchsetzen.

Also entstanden die ersten menschlichen Lebensformen, die als „Arbeitstiere" die Knochenarbeit in den Gold- und

Diamantenminen und -feldern verrichteten. Durch interne Machtkämpfe und andere Unwägbarkeiten scheiterte nach gewisser Zeit das Projekt, und die „Außerirdischen", die sich dem Planeten Erde inzwischen sehr verbunden fühlten und aufgrund technischer Gegebenheiten nicht mehr auf ihre Heimatwelt zurückkehren konnten, splitterten sich in die unterschiedlichsten Machtgruppierungen auf. Zum Teil wurden vernichtende Kriege zwischen den Splittergruppen geführt.
Die „künstlich" geschaffenen Menschen betrachteten die Außerirdischen als ihre Erschaffer und Götter.
Einige der „Götter" suchten sich „irdische" Frauen als Gefährtinnen und Gespielinnen aus. Ein Teil des daraus entstandenen „Nachwuchses" wurde zu Halbgöttern erklärt und erhielt die Aufgabe, die unbewußte und „dumpfe" Masse der Menschen zu führen und in gewisse Bahnen zu lenken.
Im Laufe einiger Jahrtausende vermischten sich die außerirdische Kultur und die erschaffene menschliche Kultur und bildeten mehr und mehr eine „Einheit".
Das vormals immense Wissen der Außerirdischen geriet zunehmend in Vergessenheit, verschiedene überlieferte Initiationsrituale wurden jedoch weiterhin in den inzwischen entstandenen unterschiedlichen Kulturen der Erde weitergeführt.
Der einstmalige Landeplatz der „Götter" liegt im heutigen Arabien. Nach der Aufsplitterung der externen Kultur suchte sich eine Gruppe einen Lebensraum im heutigen Südamerika, eine weitere lebte auf einem, in späterer Zeit durch eine Erdplattenverschiebung verschwundenen Kleinkontinent im Atlantischen Ozean, und die letzte gründete sich großräumig im Bereich des heutigen Himalayagebietes.

Im Verlauf der Zeit wurden die menschlichen Wesen sich ihres SELBSTES immer bewußter. Der implantierte „Arbeitstierinstinkt" wich zunehmend der Bewußtheit der Menschheit.
Eine kleine Gruppierung der Außerirdischen behielt jedoch über die Jahrtausende das wahre Machtpotential in Händen. Da diese vormals außerirdischen Wesenheiten sich in ihrer Bewußtseinsform weiterentwickelten, schufen sie sich Mechanismen, die es ihnen ermöglichten, ihre Persönlichkeit in

andere Körper zu transferieren.
Diese Wesenheiten dominieren und beherrschen auch heute noch euren Planeten. Es sind die „Leibhaftigen", also die Wesenheiten, deren physische Existenz auf der egomanen Furcht vor der Erkenntnis des eigenen SELBST beruht, so daß sie in sich den festen Willen tragen, sich nicht in die Geborgenheit des Lichtes begeben zu wollen. Deren „Gott" ist der Profit, die Gier und die „negative" Machtausübung, also das Beherrschen anderer Wesenheiten zum Zwecke ihres persönlichen Vorteils. Ihr nennt diese Wesenheiten Illuminaten.
Zu dieser Thematik gibt es ein eigenes Kapitel in dieser Erzählung.
Sie sind es, die euch an euren Glaubenssätzen der Begrenztheit festhalten lassen, dient doch eure Unwissenheit ihren Zwecken.

Versucht, wir bitten euch, kein neues Feindbild in euch zu erzeugen. Der Grund, warum wir euch dies erzählen, ist einzig und allein derjenige, daß ihr aus dieser Erzählung wiederum die **kosmischen** Zusammenhänge erkennen könnt.
Der einstmalige Impuls der Seelenaspekte führte zur Erschaffung des Planeten Erde. Der Besuch der „Außerirdischen" diente der Erschaffung menschlicher Körper, durch die die Seelenaspekte, die ihr selbst seid, in die Lage versetzt wurden, ihre rein gedankliche Konzeption in die Erfahrung und das Erleben in dieser dreidimensionalen Seinsform umsetzen zu können.
Die heutige Beherrschung und Machtstrukturierung auf eurem Planeten dient den Seelenaspekten und somit euch, die Motivation zu erlangen, euch aus eurer Begrenzung zu befreien und zu lösen.
Wenn dies aus euch (eurem) SELBST heraus geschieht, ist der ursprünglichen Absicht Genüge getan. Durch die Verknüpfung von Begebenheiten, Geschehnissen und daraus entstehenden Situationen, wird der ursprüngliche Plan erfüllt. Die Frage ob dieser Plan erfüllt wird, hat sich wahrhaftig niemals gestellt. Einzig und allein der Ablauf von Zeit und die Gestaltung von Raum waren und sind Variable.

Der Weg ist das Ziel, denn Anfang und Ende liegen durch den ursprünglich gestaltenden Gedankenimpuls eurer Seelenanteile bereits fest. Einzig und allein der Ablauf wird durch euch (euer) SELBST gestaltet.

Begreift ihr die Zusammenhänge, Kinder des Lichtes?

# Die Trinität des Denkens und Fühlens

Das Denken und Fühlen eines Menschen basiert auf dualen oder polaren Strukturen. Das beste Beispiel bietet dazu die Unterscheidung von „gut“ und „böse“.
Dabei handelt es sich um eine rein zweidimensionale Denkstruktur, da lediglich zwei Aspekte zur Verfügung stehen, aus denen sich wiederum unterschiedliche Kombinations- und Verbindungsmöglichkeiten ergeben. Selbst wenn ihr euch durch diese Betrachtungsweise angegriffen oder verletzt fühlen solltet, versucht, so bitten wir euch, euch erst **nach** diesem Kapitel ein Urteil zu bilden, bevor ihr euch bereits im Vorfeld dieser Sichtweise „verweigert“.
In der rein zweidimensionalen Denkstruktur werden alle Situationen unter dem Aspekt betrachtet und interpretiert, ob sie nun eben „förderlich“ , also „gut“, oder „behindernd“, also „schlecht“ sind.
Die Basis für die Interpretation oder Auslegung einer Situation bildet für jeden Menschen individuell unterschiedlich das „erlernte“ Wissen über das menschliche Leben, aus dem sich die Glaubenssätze und -überzeugungen bilden.

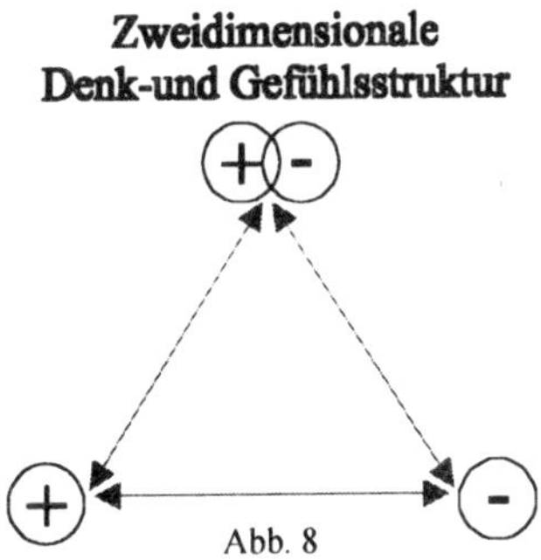

Abb. 8

Sehr banal formuliert, ist ein Mensch oder eine Situation „gut“, wenn gewisse Voraussetzungen oder Erwartungen erfüllt werden.
Eine Situation oder ein Mensch ist dann „schlecht“, wenn die gestellten Hoffnungen oder Erwartungen nicht erfüllt werden.
Die Mitte aus beidem ist, wenn ein Mensch oder eine Situation „akzeptabel“ ist, also weder dem einen noch dem anderen Extrem entspricht (Abb.8).
Die Einschätzung von Mensch und Situation ist durch die Wahrheitsempfindung bei jedem Menschen individuell völlig unterschiedlich möglich.

Die zweidimensionale Denk- und Gefühlsstruktur ermöglicht es dem Menschen durchaus, auch einen Zustand der Ausgeglichenheit zu erlangen, der es ermöglicht, beide polaren Extreme miteinander zu verbinden und die „positiven" und „negativen" Persönlichkeitsaspekte von Situation und Mensch wahrzunehmen und zu akzeptieren. Dennoch wird meist in den unbewußten Schichten der Persönlichkeit eines menschlichen Wesens, in dem einen oder anderen Zusammenhang, die Zuwendung oder Bewertung in der einen oder anderen Form der polaren Gegebenheit stattfinden.

Erst die Trinität, also die Erweiterung der Dualität oder Polarität um einen weiteren Aspekt, läßt eine absolute „Wert-freiheit" erfahren.
In der Trinität ist die Wesenheit in der Lage, Situationen und Menschen unter dem Aspekt der kosmischen Eingebundenheit wahrzunehmen. Die Trinität versetzt in die Lage, die wahrhaftigen Zusammenhänge zu erkennen. Erst die Trinität, die Einschätzung einer Begebenheit unter kosmischen Zusammenhängen läßt absolute Wertfreiheit entstehen.
Für ein menschliches Wesen, das im Zuge seiner spirituellen „Ent-Wicklung" die ersten Male mit der aus dem Herzen heraus entstehenden. Trinität konfrontiert wird, stellt sich oftmals die Frage, ob es nun völlig emotionslos geworden ist, da in gewissen Situationen, die noch vor kurzer Zeit starke emotionale Reaktionen hervorgerufen haben, diese nahezu plötzlich ausbleiben.

**Dreidimensionale Denk-und Gefühlsstruktur**

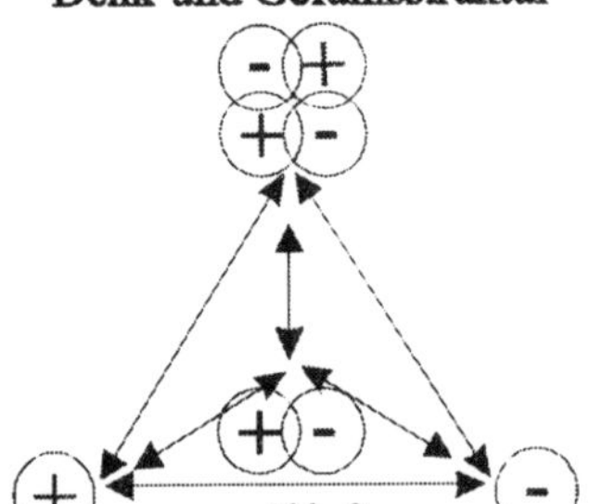

Abb. 9

Die Trinität erlaubt die gedankliche und emotionale Option einer Wesenheit, daß Destruktivität durchaus „gut" sein kann und „Konstruktivität" in gewissen Zusammenhängen auch „schlecht" sein kann (Abb.9).
Erst die Trinität läßt einen Menschen die wahrhafte SELBST-Liebe erfahren, da sie die Basis für die bedingungslose Liebe

darstellt.
Aus der Trinität heraus wird der Mensch neue Verhaltensweisen erleben und erfahren. Das Erkennen kosmischer Zusammenhänge, auch innerhalb des Bereiches des menschlichen Lebensspiels, läßt den „kosmischen" Menschen in einigen Situationen gefühlskalt oder emotionslos **erscheinen**. Dies rührt daher, daß der „kosmische" Mensch, gerade im Bereich der zwischenmenschlichen Spielfelder und Tummelplätze, die Zusammenhänge einer möglichen „Spieloption" erkennen kann und aufgrund seines Wissens es dem „kosmischen" Menschen ermöglicht ist, an dem Spiel aufgrund seiner absolut freien Entscheidungsfähigkeit, nicht oder nicht mehr teilzunehmen.
Damit schafft der trinitäre, der „kosmische" Mensch bei den anderen Menschen wiederum die Voraussetzung für Bewertungen und Beurteilungen, die ihn zunächst einmal als „negativ" im weitesten Sinne erscheinen lassen. Der polarisierte Mensch, der sich in einen trinitären Menschen wandelt, wird gegebenenfalls zunächst einmal eine Phase der scheinbaren Einsamkeit oder Vereinsamung erleben, in deren Zusammenhang jedoch die kosmische Anbindung und die damit verbundene entstehende SELBST-Liebe im Laufe der Zeit Ausgleich schafft.

Der trinitäre Mensch wird weiterhin eine völlig veränderte Form des SELBST-Vertrauens und des SELBST-Wertes für sich und sein TUN entwickeln.

Trinität entfaltet sich nicht in den Köpfen. Trinität entwickelt sich in den Herzen der Menschen. Die Trinität ersetzt eine Vielzahl erdgebundener oder physischer Glaubenssätze, die durch innere kosmische Überzeugungen ersetzt werden.
Ist die trinitäre Gedanken- und Gefühlsstruktur im Menschen entstanden, oder ist sie im Entstehen begriffen, entwickelt der Mensch ein völlig neues Zusammenwirken von physischem und höherem SELBST, so daß die physische und auf irdischen Glaubensstrukturen basierende RATIO des Menschen fähig und in der Lage ist, höhere Impulse als Wissen zu <u>**akzeptieren**</u>,

und diese nicht mehr wie gewohnt abgelehnt werden, da der „höhere Impuls“ ja „nur“ auf dem **Gefühl** beruht, „etwas“ zu wissen oder zu können.
Somit entwickelt der Mensch eine völlig neue Qualität der Logik, in der auch das „höhere Wissen“ des Menschen Platz findet.

Im Laufe der nächsten Jahre werden viele von euch sich aus der Polarität in die Trinität eures Bewußtseins „ent-wickeln“.
Dies wird unter anderem zu grundlegenden Veränderungen innerhalb der Machtgefüge eures Planeten führen. Immer mehr Menschen werden ihr kosmisches Bewußtsein öffnen und somit wahrhaftige Veränderungen auch innerhalb der Massenbewußtseinsstrukturen herbeiführen.
Jeder wird es auf seine individuelle Art tun, Schritt für Schritt, so wie es euch möglich sein wird. Dieser Vorgang ist durch nichts und niemand zu unterbinden, da er aus dem kollektiven Bewußtseinsfeld heraus entstanden ist und dortheraus auch weitergeführt wird. Selbst Experimente einiger Nationen, die darauf basieren, daß die wahrhaft Mächtigen eures Planeten, beispielsweise mittels „Bewußtseinsgeneratoren“ nach Mechanismen suchen, um diese Vorgänge unterbinden zu können, bleiben letztendlich fruchtlos, da sie gegen ein wissendes, kollektives Bewußtseinsfeld „ankämpfen“ müssen, das derartige Vorgänge nicht gestattet.
Habt Geduld mit euch (eurem) SELBST. Alles geschieht zu dem Zeitpunkt, der für alle Beteiligten der „richtige“ ist.

Fürchtet euch nicht vor den Veränderungen, Kinder des Lichtes. Ihr werdet sie lieben ...........

## Die Geometrie des SEINS

Die Geometrie bietet die Möglichkeit, Zusammenhänge in gewisser Form „sichtbar" und somit für die menschliche Wahrnehmung verständlicher zu machen.
Die Geometrie stellt Symboliken zur Verfügung, die sich aus ein-, zwei- oder dreidimensionalen Strukturen zusammenfügen. Als eindimensionale Form läßt sich beispielsweise ein Punkt bezeichnen, der weder über die räumliche Tiefe noch über eine flächenförmige Ausdehnung verfügt. Kommen eindimensionale Struktur und der Aspekt der Bewegung zusammen, kann durch entsprechende Beschleunigung der Punkt in eine Art der Bewegung versetzt werden. Je nach Geschwindigkeit der Bewegung entsteht für die - beispielsweise menschliche - Wahrnehmung eine zwei-, gegebenenfalls auch dreidimensionale Struktur. Je nach zugeführter Bewegungsenergie und daraus entstehender Struktur können Zeichen von Abfolgen oder, wie ihr es bezeichnen würdet, Zahlen zugeordnet werden. Soviel jedoch nur am Rande zur Entstehung der Geometrie.

Geometrie bietet die Möglichkeit, Zusammenhänge sichtbar und einfacher verständlich zu machen.
Ihr „besteht" im Prinzip, wie alles andere auch, aus drei Aspekten. Diese drei Aspekte bilden die Grundlage für den vierten Aspekt, den fünften und so weiter. Die Basis von allem ist die „0" oder das NICHTS. Nur wo NICHTS ist, kann auch etwas entstehen, selbst wenn das absolute NICHTS nicht vorhanden sein kann, da ALL-ES mit dem Bewußtsein des EINEN Wesens angefüllt ist.
In der Darstellung einer zweidimensionalen Form, die eure Bewußtseinsschichten dokumentiert, bietet sich das Dreieck an, das eine polare Gegebenheit mit zwei gegenge-richteten Polen, also der kon-struktiven und destruktiven Seite, sowie einem, diese beiden Seiten vereinenden Pol darstellt: So ergibt sich das nach „oben" gerichtete Dreieck als Symbolik der Energie oder des Bewußtseins des geistigen Aspektes.
Ebenso zeigt das nach „unten" gerichtete Dreieck dieselbe Symbolhaftigkeit für den phy-sischen Bewußtseinsanteil. Da in

**Darstellung der verbundenen geistigen und physischen Aspekte**

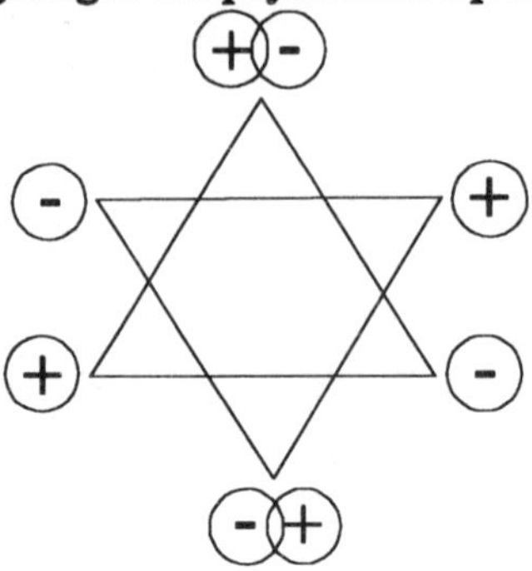

Abb. 10

menschlicher Existenzform beide Anteile unmittelbar miteinander verbunden sind und im Prinzip gleiche Wertzuordnung haben, ergibt sich die Form des Sechssterns oder des Hexagramms (Abb.10).

In der Darstellung des verbundenen geistigen und physischen Aspektes läßt sich einiges feststellen. Zunächst einmal liegen sich polare Gegensätze wiederum gegenüber. Daraus ergeben sich, wie bereits beschrieben, Spannungsfelder zwischen geistiger und physischer Ebene, die nach Ausgleich streben. Des weiteren gibt es zwei Bereiche, nämlich die „Kombinationspunkte“ des „oberen“ und „unteren“ Bereiches, die also „+“ und „-“ miteinander verbindend darstellen (Abb.11).

**Darstellung der Spannungsfelder zwischen geistigem und physischem Aspekt**

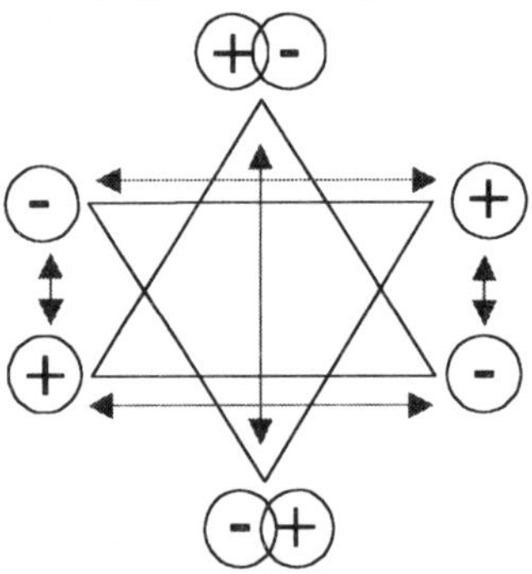

Abb. 11

Wird der oberste Punkt als das „reine“ höhere SELBST definiert, der unterste Punkt für das „reine“ physische SELBST, so bleibt im mittleren Bereich eine Vermischung von beiden „reinen“ Bereichen stehen. Diesen Bereich möchten wir als das SELBST bezeichnen.

Das SELBST, also die Ebene, auf der die polaren Seiten von geistigem und physischem SELBST vermischt sind, ist letztendlich der Tummelplatz für sich ständig widersprechende Zustände des Bewußtseins des Menschen.

Während im „reinen“ geistigen SELBST, also im Zentralpunkt des geistigen Bereiches die Freiheit und Ungebundenheit repräsentiert sind, in dem ALLE Informationen aus bisher

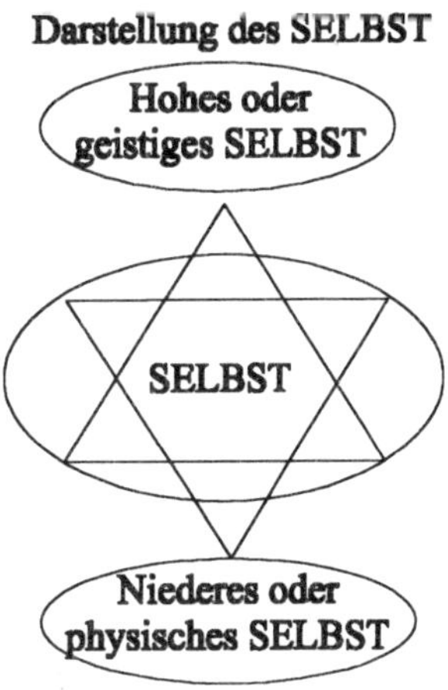

Abb. 12

gemachten Inkarmationen verankert sind, ist der „reine" physische Bereich der Sitz des EGOs und aller damit verbundenen Strukturen (Abb.12).

Ein menschliches Wesen beispielsweise, das auf einer nicht durch negative Machtstrukturen geprägten Welt, sondern in einer Zivilisation leben würde, die versucht, Spiritualität, also Geistigkeit und Körperlichkeit in ihrer vollen Bewußt-heit zu leben, würde wahrscheinlich durch die vorhandenen Glaubenssätze wesentlich einfacher die Verbindung beider Aspekte herbei-führen können, als dies bei euch der Fall ist.
Durch die auf eurer Welt gültigen Glaubensüberzeugungen entscheidet sich der Mensch „frei-willig" dazu, einen Bewußtseinszustand in seinem Leben zu erfahren, der sich in wesentlichen Bereichen überwiegend im „unteren", also physischen Bewußtseinsbereich aufhält (Abb.13).

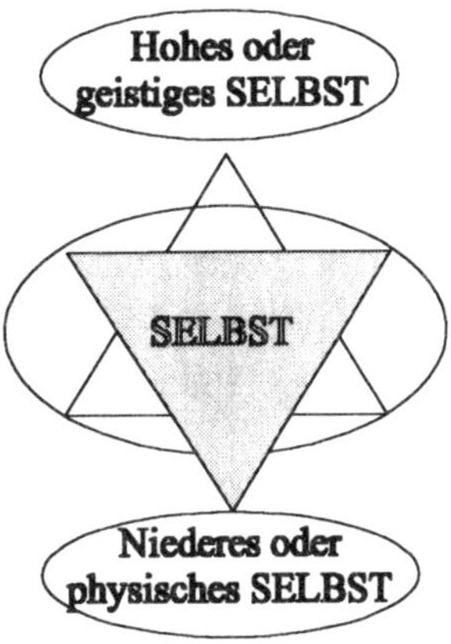

Abb. 13

In eurer Welt ist in eurer Vorstellung der geistige Bereich existent und ihr versucht in der Meditation auch auf ihn zuzugreifen, im „realen" Leben ist dies jedoch eine eher unbekannte und unreale „Größe".
Der Lebenszweck der Massen scheint darin zu bestehen, sich entweder in die Gesellschaftsstruktur einzupassen oder sich ihr vollständig zu entziehen. Profitdenken, Angst, Gier, Habsucht, Neid, Haß und Egoismus bestimmen euer Weltbild.
Die Suche nach wahrhaften und realisierbaren Alternativen scheint äußerst schwierig zu sein. Die „Dinge", die euch

wahrhaft wichtig erscheinen, könnt ihr scheinbar nicht durchführen, da es scheinbar an den benötigten Mitteln fehlt, und um euch die notwendigen Mittel zu beschaffen, fehlt es euch an der Motivation.
Der Kreis schließt sich, und was euch bleibt sind „Ersatzhandlungen", die euch einerseits wieder nicht tatsächlich befriedigen, andererseits der einzige Weg zu sein scheinen.

Im Laufe der Zeit steigt der „Frustfaktor", Depression breitet sich aus, die wiederum Aggression zur Folge hat, aber das hatten wir ja schon.

**Geometrische Darstellung des kosmischen Bewußtseins**

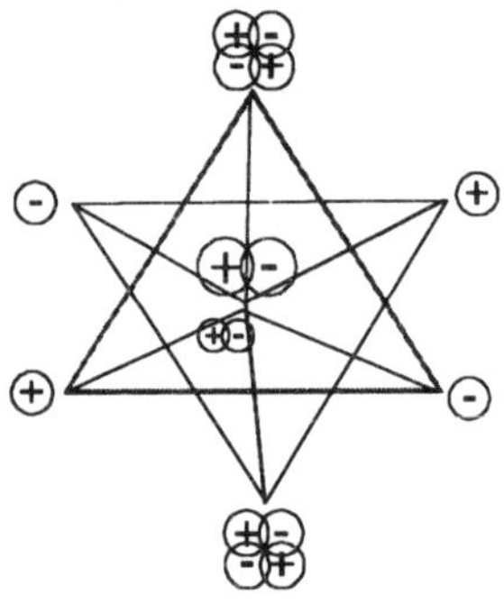

Abb. 14

Euer Weg zur spirituellen Entfaltung führt weder über die Glorifizierung der Spiritualität noch über die Fixierung auf den physischen Bereich. Die Verbindung der geistigen und physischen Seite ist die gangbare Alternative: Hohe und niedere Aspekte eures SELBST miteinander zu verbinden, damit der physische Wesensanteil die Fähigkeiten der geistigen Seite nutzen kann und der geistige Wesensanteil von euch die Körperlichkeit erfährt.
Wieder wird eine Dreiheit erschaffen, die als Basis für das kosmische Bewußtsein des Menschen betrachtet werden kann.

Das kosmische Bewußtsein stellt sich dar in Form des räumlichen Doppeltetraeders, also der geometrischen Struktur, die zwei dreiseitige Pyramidenformen mittig sich überschneiden läßt (Abb.14). So wird die Symbolik der vier Aspekte, die von der dreidimensionalen Denk- und Gefühlsstruktur, also der Trinität im Gegensatz zur Polarität, vorausgesetzt werden.

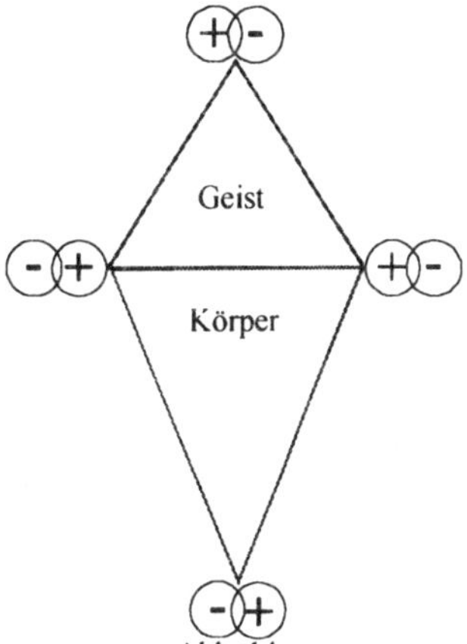

Abb. 14 a

Es gibt bei euch eine Symbolik der Trennung von Geist und Körper deren geometrische Ausdrucksform beinahe jedem Menschen auf eurem Planeten geläufig ist. Dabei wird das „geistige“ Dreieck nach oben gerichtet und das „körperliche“ Dreieck zeigt mit seiner Spitze nach unten. Beide Dreiecke liegen mit ihren Grundlinien aufeinander. Das nach unten gerichtete, das „körperliche“ Dreieck wird als Symbolhaftigkeit der Anbindung, als Zeichen absoluter Ausrichtung an materiellen Strukturen der Macht, der Gier und sonstiger **<u>rein</u>** körperlicher Begehren besonders hervorgehoben und somit nach „unten verlängert“ dargestellt. (Abb. 14 a).

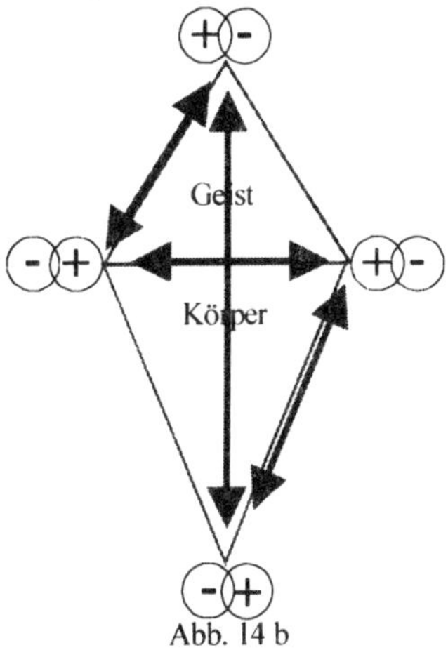

Abb. 14 b

Körperlicher Aspekt und geistiger Aspekt sind in dieser Symbolik vollständig voneinander getrennt und der Aspekt der Körperlichkeit nimmt einen größeren Anteil ein als der geistige. Geistige und körperliche Polaritäten vermischen sich nahezu vollständig miteinander, was es der einzelnen Wesenheit äußerst schwierig macht, zwischen dem einen und dem anderen Aspekt zu unterscheiden. Die Wesenheit, die durch diese geometrische Symbolik dargestellt ist, wird in ihrem aktiven Bewußtsein den materiellen Gegebenheiten zugewandt und davon überzeugt sein, die geistigen Bereiche **<u>außerhalb</u>** von sich SELBST suchen zu müssen. Kommt euch dieser Zustand ansatzweise bekannt vor?

Werden nun noch die energetischen Spannungsfelder sichtbar gemacht, ergibt sich nochmals ein Zusammenhang (Abb. 14 b).

Die vorhandenen Spannungsfelder der Bewußtseinsenergie sind vollständig disharmonisch und unterstützen in jeglicher Form die Gegebenheiten der vollständigen Trennung und der Polarität. Laßt ihr die beiden seitlichen Pfeildarstellungen weg, ergibt sich die geometrische Struktur, die euch aufgrund verschiedener Überlieferungen durchaus bekannt ist. Könnt ihr euch daran erinnern, durch welches Symbol der Mensch, der euch in euren religiösen Überlieferungen als der „Nazaräer" bekannt ist, den „Tod" fand? Ein Wissender und Weiser wurde dadurch „getötet", indem er an das Kreuz genagelt wurde. Wenn ihr ein wenig in euch hineinfühlen wollt, mag euch diese Symbolhaftigkeit durchaus bewußt werden.

Ihr wolltet Information. Ihr wolltet Wissen. Nun mag es euch schwerfallen, wahrhaftig glauben zu können, wie intensiv ihr in eure „reale Scheinwelt" eingebunden seid, und wie umfassend die Verknüpfungen der Täuschung und der Lüge sind. Doch seid nicht furchtsam und geht euren Weg der SELBST-Erkenntnis in dem Bewußtsein, daß die Zeit gekommen ist, Lüge und Täuschung durch Wahrheit und Wahrhaftigkeit zu ersetzen.

Ihr seid dabei, Kinder des Lichtes, die Trinität in euch zu erwecken.

## Wie Manifestation funktioniert

In eurer Vorstellung ist die Manifestation, also die Umwandlung eines Energiezustandes in einen anderen, beispielsweise der Umwandlung feinstofflicher Energie in grobstoffliche Materie, ein Vorgang, bei dem ein Mensch seine Augen schließt, sich „kon-zentriert“ und „schwupps“ steht der gewünschte Gegenstand vor ihm oder ihr.
Innerhalb eines relativ festen Raum-Zeitgefüges verhalten sich diese Umstände meist ein klein wenig anders.
Obwohl es durchaus Menschen gibt, die fähig und in der Lage sind, einen derartigen Manifestationsvorgang in Sekundenbruchteilen durchzuführen, ist dies nicht der Regelzustand.
Jede Wesenheit, also auch **jeder** Mensch, ist ständig damit beschäftigt, feinstoffliche Energie, oder anders formuliert, Bewußtsein, in „materielle Realität“ umzuwandeln. Im menschlichen „Normalzustand“ benötigt dieser Vorgang einen gewissen Zeitablauf, da nach der Erzeugung des geistigen Impulses, die mit der Veränderung der Situation verbundenen Menschen und/oder Gegebenheiten ebenfalls einem gewissen Veränderungsvorgang unterworfen sind.

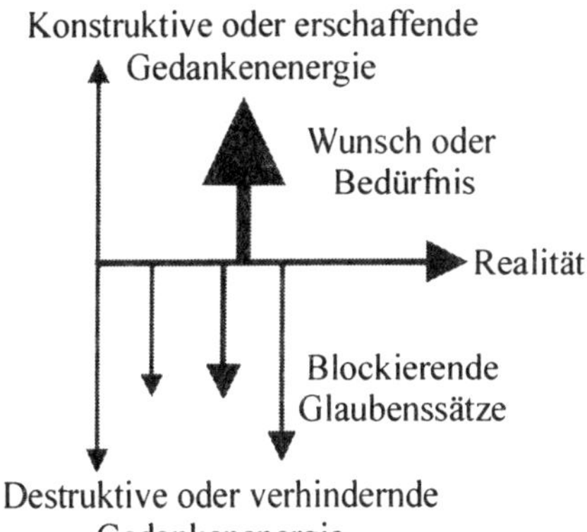


Abb.15

Setzt ihr also einen geistigen Impuls, wird dieser als Grundlage für einsetzende Veränderungen verwendet. Zu diesem geistigen Impuls zählt nicht nur der an der Oberfläche definierte Wunsch oder das Bedürfnis, es werden alle mit dieser Gegebenheit verbundenen Bedürfnisse und Ängste oder verhindernden Glaubensstrukturen und Überzeugungen mit eingebunden (Abb.15).
Im Prinzip wieder nichts anderes als eine Rechenaufgabe.

Schöpferische Überzeugungen, also ein Wunsch oder ein Bedürfnis und verhindernde Überzeugungen, also beispielsweise Ängste oder andere „negative“ Überzeugungen, werden „in einen Topf“ geworfen, und daraus strukturiert sich in eurer Realität die Begebenheit.
So ergibt sich, stark vereinfacht dargestellt und wie in der Grafik beschrieben, aus der Summe von erschaffenden Gedanken- und Gefühlsstrukturen und aus verhindernden Glaubenssätzen eine Art Gesamtbewußtsein, das sich auf den Wunsch oder das Bedürfnis bezieht und das Ergebnis des Schöpfungsvorganges gestaltet.
Ist das „Wunschpotential“ größer als das „Blockierungspotential, ergibt sich ein Spannungsfeld von Bewußtsein das, im Zuge gewisser Zeitabläufe den Menschen seinem Wunsch oder seinem Bedürfnis zuführt. Hat das „Blockadepotential“ größere Energiekapazität, ergibt sich daraus ein Spannungsfeld aus Bewußtsein, das dem Menschen „Pro-Embleme“ aufzeigt, die es ihm ermöglichen „Blockadepotential“, also physische Glaubensstrukturen, aufzulösen.
Welche der beiden aufgezeigten Realisierungsformen nun auch gerade im Zusammenhang mit einer Situation aktiv ist, die lichte, die konstruktive, die „positive“, die erschaffende Seite, also der kosmische Anteil des Bewußtseins, der nach „Ent-Wicklung“, nach SELBST-Erkenntnis strebt, ist immer der dominierende.
Selbst wenn ihr einen Wunsch definiert oder ein Bedürfnis in euch spürt, das Bewußtsein des EINEN Wesens, aus dem ihr und alles um euch herum „besteht“, wird euch der Realisierung näher bringen.

Glaubensüberzeugungen oder, anders formuliert, physische Programmierungen stehen euch bei eurem Weg der Realitätserschaffung immer wieder im Weg. Die Basis dieser „negativen“ Überzeugungen bilden die gesellschaftlichen, kulturellen und insbesondere die religiösen Dogmen eurer Zivilisation.
Der Mensch ist klein, der Mensch ist unfähig, der Mensch ist dumm, der Mensch ist schlecht, der Mensch ist schuldig, der

Mensch ist in seiner Grundstruktur minderwertig und vieles mehr, sind die Programme, die euch hindern, euch durch eure und mit euren euch innewohnenden Fähigkeiten und Möglichkeiten SELBST zu verwirklichen.

Allein die Gefühle, die in einigen von euch, die sich absolut nicht vorstellen können, daß ein Mensch ein überaus mächtiges und im Prinzip sehr lichtes Wesen ist, im Zusammenhang mit diesen, unseren Beschreibungen entstehen, beschreiben genau den Zustand, von dem wir sprechen.
Ihr habt gelernt „de-mütig“ zu sein, ihr habt gelernt, „bescheiden“ zu sein, ihr habt gelernt, daß SELBST-Vertrauen, also das Vertrauen in sich und in das eigene SELBST, euch nicht zusteht.
Hinter dieser Denkstruktur steht die tief in euch implantierte Angst vor einem „Gott“, der euch gegebenenfalls für euer Fehlverhalten **bestrafen** wird.
Ihr würdet so gern glauben, daß ihr „mehr“ seid, als „nur“ kleine Menschlein, doch wer kann sich schon sicher sein, daß ihr im Zusammenhang mit unserer Erzählung nicht den größten kosmischen Lügnern aufsitzt. Und dann habt ihr letztendlich den „Salat“.
Ihr fürchtet euch vor einer „Macht“, von der euch gesagt und gezeigt wurde, daß sie sich in einem Bereich aufhält, nämlich in der geistigen Ebene, die für euch kaum und schwer zugänglich zu sein scheint. Was sich nun in diesen Ebenen abspielt, glaubt ihr nicht wissen zu können, da ihr scheinbar keinen oder kaum Zugang besitzt.
Also glaubt ihr euch mit „denen da oben“ gut stellen zu müssen, in der Überzeugung, daß, wenn „die da oben“ euch wohlgesonnen sind, ihr es in euren Körpern und dem damit verbundenen Leben etwas besser haben könntet. Wenn ihr euch grobe Fehler leistet, werdet ihr die Strafe für euer Fehlverhalten schon bekommen und davor wiederum fürchtet ihr euch, denn einem „unsichtbaren“ und mächtigen Feind glaubt ihr euch nicht entziehen zu können.
Andererseits sprecht ihr wiederum von der unendlichen und bedingungslosen Liebe „derer dort oben“, und der Kreis eurer

Angst schließt sich wieder. Bedingungslosigkeit und Strafe passen in logischer Konsequenz nicht zusammen, doch Logik im Zusammenhang mit den geistigen Ebenen könnt ihr euch einfach nicht vorstellen.
Schließlich und endlich hat für euch die Logik und das Gefühl keinerlei Verbindung. Also zeichnet ihr von all den Zusammenhängen ein Bild, das in sich völlig widersprüchlich ist, von euch jedoch nicht einmal im Ansatz in Frage gestellt wird. Schließlich und endlich, so euer Gedanke, weiß man ja nie .......

Ihr habt mehr Macht und vielmehr Fähigkeiten und Möglichkeiten als ihr euch im Ansatz überhaupt vorstellen könnt. Anstatt euren eigenen Weg zu gehen, wartet ihr noch ein wenig, bis ihr glaubt, euch etwas sicherer sein zu können. Vielleicht, so eure Gedanken, ergeben sich noch Situationen, aus denen ihr erkennen könnt, was nun die Wahrheit ist. Und ihr wartet. Eure Frustration wartet nicht - sie konfrontiert euch. Doch dieser Zustand ist euch bekannt und ihr wartet noch ein wenig. Aus der Frustration entsteht die Depression und den Rest kennt ihr ja schon.

## Was ist bedingungslose Liebe?

In eurer Definition ist Liebe ein emotionaler Zustand, in dem entweder ein Mensch einem anderen Menschen, gegebenenfalls auch anderen Lebensformen oder gar Gegenständen zugewandt ist. In diesem Zustand besteht der Anspruch oder zumindest die Hoffnung „zurückgeliebt" zu werden, im Zusammenhang mit Gegenständen oder auch mit Menschen geht es gegebenenfalls auch um Besitzanspruch.
Wenn das Gefühl der Liebe entsteht, also Verliebtheit sich einstellt, bestimmt dieses Gefühl den Bewußtseinsinhalt des Menschen, also dessen Denken, Fühlen und Handeln.
Bedürfnisse in Bezug auf den anderen Menschen werden erweckt oder werden, wenn bereits im Vorfeld Defizite bestanden, auf den anderen Menschen projiziert. Findet dauerhaft keine Gegenliebe statt, wird der „liebende" Mensch unter Umständen das Interesse verlieren und nach anderen Möglichkeiten suchen, seiner Liebe Ausdruck verleihen zu können.
Im Zuge der Zeit wachsen die beiden Menschen zusammen oder, was ebenfalls oftmals der Fall ist, sie stellen im Laufe der Zeit fest, daß sie doch nicht so gut „zusammenpassen". In diesem Falle sind die beiden Partner „**ent**-täuscht", was jedoch nur unter der Voraussetzung möglich ist, daß sie sich vorher „**ge**-täuscht" hatten.
Ein Paar, das längere Zeit zusammen ist, kann dies deshalb tun, weil beide Partner für sich übereinkommen, daß die „positiven" Eigenschaften des anderen wertvoller sind, als die „negativen".
Ein Paar, das sich nach einer gewissen Zeit wieder voneinander trennt, war aufgrund bestimmter Voraussetzungen nicht fähig, die „negativen" Eigenschaften des Partners zu tolerieren oder zu akzeptieren.
Beide Varianten sind durchaus „in Ordnung", denn schließlich muß jeder Mensch aus seinen eigenen Vorstellungen heraus sein Leben gestalten.

Dennoch geht es auch darum, daß eine menschliche

Partnerschaft oder Beziehung nur dann „funktioniert", wenn beide Partner ihre Fehler und Schwächen gegenseitig akzeptieren können. Dem voraus geht wiederum die Einschätzung und Bewertung eines Menschen mit all seinen Charaktereigenschaften. Überwiegen die „positiven" Eigenschaften oder Umstände der Partnerschaft, so wird die zwischenmenschliche Verbindung als „ganz in Ordnung" klassifiziert.
Letztendlich geht es um Geben und Nehmen. Jeder Partner „gibt", indem er oder sie soweit als möglich versucht, die Bedürfnisse und Erwartungen des anderen zu erfüllen, und jeder Partner nimmt, indem er sich Bedürfnisse und Erwartungen erfüllen läßt.
„Scheitert" die Verbindung zweier Menschen, geschieht dies auf der Basis dauerhaft nichterfüllter Wünsche, Hoffnungen und Bedürfnisse.
Unter derartigen Voraussetzungen kann die einstmalige „Liebe" auch in Haß umschlagen, und die beiden vormals „Verliebten" bekriegen sich bis aufs Blut.

Das „**Pro**-Em**blem**" bei eurer Form der Partnerschaft oder Beziehung ist, daß sie wiederum mit Erwartungen und Wünschen verbunden ist.
Viele von euch kennen den Schmerz der „Ent-Täuschung" und der Frustration, daß es wieder einmal nicht „geklappt" hat. Ihr fühlt euch als Versager oder habt es ja vorher schon gewußt, daß es niemand lange bei euch aushält.
Gegebenenfalls lebt ihr längst in einer „toten" Verbindung, die nur aufrecht erhalten wird, da es eurem Bedürfnis nach Bequemlichkeit entspricht, gewisse existentielle Gegebenheiten Erfüllung finden oder ihr eben die Frustration der „Ent-Täuschung umgehen wollt.
Gleichgültig in welchen Lebensumständen ihr lebt oder gelebt habt, macht euch bewußt, daß die zweidimensionale Form der zwischenmenschlichen Verbindung, von euch als „Be-zieh-ung" bezeichnet, in der Regel auf der Basis von Bewußtseinsdefiziten und dem Bedürfnis nach deren Ausgleich aufgebaut wird.

Solange eure Wünsche und Bedürfnisse einigermaßen, je nach euren Ansprüchen befriedigt werden, seid ihr bereit, die Verbindung fortzuführen. Ist dies nicht oder nicht mehr der Fall, sucht ihr euch andere Menschen oder verweigert euch, indem ihr für euch allein bleibt.

Immer wenn Regeln, Manipulationsstrukturen, unbefriedigte Bedürfnisse, Wünsche oder Hoffnungen „im Spiel" sind, ist Bedingungslosigkeit nicht wahrhaftig möglich.
Bedingungslosigkeit setzt voraus, das es eben **KEINE** Bedingungen gibt. Das Stellen einer Bedingung muß nicht unbedingt dadurch erfolgen, daß ihr lautstark argumentiert und sagt: „Ich erwarte von Dir, daß Du .....!", es ist völlig ausreichend, daß ihr tief in euch die Hoffnung tragt, daß der Mensch, der von euch „geliebt" wird euch aus seiner „Liebe" heraus eines Tages dieses oder jenes für euch tun oder lassen wird oder sich in irgendeiner anderen Form verändert.

Bedingungslosigkeit setzt schlicht und ergreifend voraus, daß es diese Hoffnungen, Erwartungen und Wünsche in unbefriedigter Form, die nach Befriedigung streben, **einfach nicht gibt**.

Die „Er-zieh-ung" eurer Kinder ist ein weiteres Beispiel.
Ihr versucht, auf der Basis **eurer Vorstellungen** von dem, was für eure Kinder das „Beste" ist, diese durch verschiedene Maßnahmen in eine bestimmte Richtung zu lenken. Ob nun **eure Vorstellung für eure Kinder** das Beste ist, sei dahingestellt. Immer dann, wenn eure Vorstellungen, wie eure Kinder sich verhalten sollten, und wenn deren Leistungen in Schule und/oder Beruf nicht euren Erwartungen entsprechen, zeigt ihr ihnen durch eure Handlungen oder Worte, was ihr davon haltet.
Damit bringt ihr sie in eine Zwickmühle, denn ihr seid diejenigen, von denen sie ihr Bedürfnis an Zuwendung und Zuneigung erfüllt bekommen, und aufgrund dessen tragen sie den Wunsch in sich, euren Vorstellungen zu entsprechen, damit dieser Zustand sich nicht verändert.

Auch wenn ihr eure Vorstellungen nicht klar aussprecht, ihr übermittelt sie, teils unbewußt, durch eure Mimik und Gestik und insbesondere durch die Form von Bewußtseinsenergie, die ihr erzeugt und die von anderen Menschen durchaus wahrgenommen werden kann und wird.

Auf diese Art und Weise übermittelt ihr auch eurem Partner oder eurer Partnerin eure Bedürfnisse. Da euer Gegenüber sich niemals sicher sein kann, was ihr nun wirklich von ihm oder ihr erwartet, versucht das Gegenüber aufgrund seiner eigenen Interpretationen eure nonverbal übermittelten Informationen aufzugreifen und umzusetzen. Je nach Persönlichkeitsstruktur des Menschen spürt er oder sie das Bedürfnis des Anderen, ist sich nicht sicher und hat gegebenenfalls die Empfindung etwas „falsch“ zu machen, euch zu verletzen oder in anderer Form unzulänglich zu sein.
Unter Umständen fühlt sich einer der beiden oder gar beide durch diese Form der kommunikativen Nichtkommunikation völlig überfordert und entwickelt Schutz- oder Abwehrmechanismen, was zu weiteren Mißverständnissen führen kann und meist auch führt.
In jedem Falle ist dieser Lebensbereich für euch ungeheuer kompliziert, und dabei haben wir nur einen kurzen Auszug dieser Thematik dargestellt. Jeder von euch kennt die Höhen und Tiefen eurer Beziehungsdramen.

Was ist nun der Ausweg aus dieser „Misere“? Schließlich und endlich könnt ihr doch nicht einfach aufhören, Wünsche und Bedürfnisse zu haben!
Ein Wunsch nichts anderes ist als das Eingeständnis vor sich (seinem eigenen) SELBST, über etwas nicht verfügen zu können. Der Wunsch ist die Folge eines Bedürfnisses, also eines Zustandes, der auf ein Defizit im Bewußtseins- oder Informationsfeld eines Menschen zurückzuführen ist.
Da ihr in diesem Wechselspiel von eigenem Bedürfnis und der Bedürfnisbefriedigung durch einen anderen Menschen früher oder später erkennen werdet, daß dies auf Dauer nicht die Lösung dieser Thematik darstellen kann, werdet ihr nicht

umhinkommen, im Zuge der Zeit zu lernen, euch diese Bewußtseins- oder Informationsdefizite, die Bedürfnisse nun einmal darstellen, (durch euer) SELBST auszugleichen.

Ein sich (seines) SELBST bewußter Mensch, der kosmische Mensch, hat ein relativ neutrales Verhältnis zu seinen Wünschen und Bedürfnissen. Der kosmische Mensch ist sich klar darüber, daß er über Bewußtseinsdefizite verfügt; schließlich hat er sich inkar**m**iert, um diese zu be- und verarbeiten.
Der kosmische Mensch ist sich bewußt, daß Bedürfnisse und Wünsche nach der Form von Befriedigung drängen, die dem Menschen in sich den Frieden bringt.
Der kosmische Mensch muß sich oder Teile seines SELBST nicht verleugnen, da er in sich klar ist.
Der Mensch, der innerhalb des kosmischen Bewußtseins ausgerichtet ist, also der kosmische Mensch, weiß, daß seine Bewußtseinsdefizite **niemals** durch andere Menschen wahrhaften Ausgleich erfahren können, sondern daß die Projektion eigener Defizite auf andere Menschen immer und ohne Ausnahme dauerhaft zu Abhängigkeiten und Konflikten führt, da eine derartige Vorgehensweise die Basis für energetische Spannungsfelder bildet, die sich ihren Ausdruck wiederum in „Pro-Emblemen“ suchen.
Der kosmische Mensch wirkt für andere oftmals emotionslos, da er Situationen oder Menschen nicht bewertet und beurteilt, sondern aus seiner inneren Mitte heraus Situationen und Menschen, die ihm begegnen, zu sich (seinem) SELBST in Relation setzt und aus der Begegnung heraus nach der Botschaft für sich (sein) SELBST sucht.

Bedingungslose Liebe läßt den Menschen oder die Wesenheit so sein, wie sie nun einmal ist. Damit kann der Mensch selbst sich ebenfalls so sein lassen wie er nun eben einmal ist.
Das EINE Wesen hat alle Wesenheiten im Kosmos, so auch euch, in SEINER bedingungslosen Liebe in absoluter Individualität entstehen lassen. Jeder von euch erlebt und erfährt das Leben in körperlicher und nichtkörperlicher Form

auf einzigartige Weise. Dies ist die Voraussetzung dafür, daß ihr, als Wesensanteil des EINEN Wesens, in eurer Existenz dem EINEN Wesen auf dem Weg seiner SELBST-Erkenntnis dienen und behilflich sein könnt.
Glaubt ihr allen Ernstes, daß das EINE Wesen euch mit der absoluten Individualität segnet nur um euch im Anschluß wieder in ein Schema, in eine Norm der Verhaltensweisen und Regeln zu stecken, um sich darüber köstlich amüsieren zu können, daß es euch nicht wirklich gelingt?

Kannst DU dies auch, Kind des Lichtes, DICH selbst so sein zu lassen, wie DU jetzt gerade bist?

Dies sollte einfach eine Darstellung eines Teils des Bewußtseinsinhaltes eines kosmischen Menschen sein. Versucht, wir bitten euch, daraus nicht Vorgaben und Vorschriften für euch und euer Verhalten abzuleiten. Wir geben euch Information aus unserer Sichtweise. Den schwierigeren Teil habt ihr übernommen, denn ihr seid körperlich auf eurem Planeten inkarmiert und werdet, so wie es euch möglich sein wird, die Veränderungen in euren Bewußtseinsstrukturen und damit auch in den Bewußtseinsstrukturen eures Kollektives vornehmen.

# Geistige und weltliche Hierarchien

Wer kann ein wie auch immer geartetes Interesse an Machtstrukturen haben, die gewisse Hierarchien, also in einer Machtstruktur befindliche Rangordnungen, zur Folge haben?
Ist es die geistige Welt, die eher der bedingungslosen Liebe zustrebt, oder ist es die irdische/physische Ebene, auf der sich überwiegend „negative" Machtstrukturen etabliert haben?

Eine Machtstruktur im irdischen oder physischen Sinn hat immer zur Folge, daß es eine Anzahl von „Mächtigen", also Wesenheiten, die Macht ausüben, gibt und andere die sich der Machtstruktur unterordnen oder sich in sie einfügen.
Um Macht ausüben zu können, muß die Masse letztendlich in der Form geprägt werden, daß sie entweder die Machtstruktur nicht erkennen kann, oder manipuliert werden, damit sie die wahren Machtverhältnisse nicht erkennt, oder unterdrückt werden, damit sie untergeordnet bleibt.
Genau das ist es, was ihr in Kombination der drei erwähnten Alternativen fortwährend erlebt und erfahrt.
Mehr noch, diese Prägung hat sich in euch so festgesetzt, daß ihr davon ausgeht, daß es in anderen Existenzbereichen zwar anders sein müßte, eine Phantasie habt ihr diesbezüglich jedoch bisher noch nicht oder nur teilweise für euch entworfen.

In eurer Vorstellung sind die „höheren", die feinstofflichen Welten in ähnlicher Manier gestaltet, wie ihr es in eurer grobstofflichen Welt ständig erfahrt.
In euer Weltbild paßt es einfach nicht, daß ihr, jeder einzelne von euch, über ein immenses Machtpotential verfügt. In eurer Vorstellung ist Macht etwas „Negatives" und ihr wollt euer Machtpotential nicht **gegen** andere einsetzen. Macht ist jedoch etwas durchaus Konstruktives, wenn eine Wesenheit diese für sich, für ihre SELBST-Entwicklung einsetzt.
Eine Wesenheit, die über die Macht ihrer SELBST-Erkenntnis und damit zwangsweise über die Option der SELBST-Akzeptanz und in deren Folge über die SELBST-Liebe, also die Liebe zum SELBST, ihre Macht des freien Willens und der

freien „Ent-Scheidung" verfügt, wird sich in der Regel dem Licht zuwenden, aus dem sie stammt.
Eure Macht entsteht dadurch, daß ihr euch (euer) SELBST erkennt. Dadurch begreift ihr nicht nur euch (euer) SELBST, ihr werdet auch in die Lage versetzt, eure euch innewohnenden Fähigkeiten in vollem Umfange zu entfalten und zu entwickeln.

Eine Wesenheit, die sich auf ihr kosmisches Bewußtsein zubewegt, eine Wesenheit, die begriffen hat, daß ALL-ES aus der EINEN und EINZIGEN Quelle stammt, kann in logischer Konsequenz keine Machtstrukturen und damit verbundene Hierarchien akzeptieren, da sie deren Sinnlosigkeit in vollem Umfange erkannt hat.

Eine geistige Hierarchie, wenn etwas Derartiges überhaupt möglich ist, würde sich bestenfalls wiederum aus dem Kenntnisstand des einzelnen Wesens und aus dessen Erfahrungswerten ergeben.
Ein kosmisches Wesen jedoch würde ebenfalls erkennen, daß es aus jeder Begegnung mit einem unerfahreneren Wesen wiederum selbst lernen könnte. So würde sich ein Austausch an Wissen ergeben, der beide, das erfahrene und das weniger erfahrenere Wesen auf die gleiche Stufe stellen würde. Wo also bleibt die hierarchische Struktur?

Welche Wesenheit wäre in eurer Vorstellung als „höher" zu bewerten?
Das „alte" Lichtwesen, das seit Äonen existiert und gegebenenfalls auf die Erfahrung körperlicher Existenz bisher verzichtet hat, oder das Äonen „alte" Lichtwesen, das über den reichhaltigen Erfahrungsschatz der dreidimensionalen Körperlichkeit verfügt, sich im Moment daran lediglich nicht erinnern kann?
Wer ist eurer Meinung nach „wichtiger", „weiser" oder „erfahrener"?

Was ist nun mit euren SELBST-Bild, dem Bild von euch selbst?
Ihr **glaubt**,die kleinen Menschlein zu sein, ihr **glaubt**, klein und

unwissend zu sein und ihr **glaubt**, weniger wert zu sein als andere „höhere" Wesenheiten.

„***Euch geschehe nach eurem Glauben.***", die Worte eines Wissenden, der große Teile seiner Erinnerung behalten konnte, um auf eurem Planeten vor Jahrtausenden ein Zeichen zu setzen, das in dieser Zeit zur Entfaltung kommt.
Euch geschieht nach eurem Glauben. Nicht, weil ihr „von oben" für eure „Verfehlungen" bestraft oder verachtet werdet, sondern weil es **das** kosmische Prinzip ist.

Betrachtet euer Leben. Betrachtet eure Wünsche und Bedürfnisse, von denen viele unter euch glauben, sie nicht „haben" zu dürfen. Betrachtet das Leben, das ihr führt und fragt euch, was davon euch beglückt und was nicht.
In euch liegt die Macht, ALLES in eurem Leben zu verändern. Lernt eure Glaubensstrukturen zu verändern, und euer Leben und die damit verbundenen Umstände werden sich sehr kurzfristig wandeln.
Hört auf zu theoretisieren und beginnt es zu TUN.
Nur durch das TUN könnt ihr eure Glaubensstrukturen verändern, da sich durch das TUN Theorie und Praxis verbinden. Dadurch verändern sich eure inneren, in euch implantierten begrenzenden Glaubenssätze.

Vertraut uns nicht und glaubt uns nicht. Fühlt in eure Herzen hinein. Dort und nur dort könnt ihr eure eigene Wahrheit verspüren, Kinder des Lichtes.

## Die Erhöhung des Energiepegels

Nun, ihr sprecht von einer Anhebung der Schwingung auf eurer Welt, die unter anderem durch ein Phänomen hervorgerufen wird, das ihr als Licht- oder Photonenring beschreibt.
Im Prinzip ist dies durchaus zutreffend, gestaltet sich jedoch etwas anders als sich in eurer Vorstellung festgesetzt hat.

Um den Vorgang der Schwingungserhöhung zu begreifen, ist das Verständnis der Energiestruktur des Ur-Bewußtseins, also der Bewußtseinsenergie des EINEN Wesens, das ALL-ES ist, die Voraussetzung.
Der gesamte Kosmos untergliedert sich in unterschiedliche Schwingungsebenen oder Dimensionen, die sich nochmals mehrfach in sogenannte Schwingungsoktaven untergliedern. Vergeßt bitte nicht, daß der Begriff Kosmos eine für euch unvorstellbare Größe darstellt. So wie eine bereits unvorstellbar große Anzahl von Sonnen- und Planetensystemen eure Galaxie bildet, beinhaltet das Universum eine sehr große Anzahl von Galaxien. Der Kosmos selbst besteht in seiner Ganzheit aus einer wiederum nahezu unendlichen Anzahl von Universen. Würde der gesamte Kosmos ein festes Raum-Zeitkontinuum darstellen, so wäre dieses, rein räumlich betrachtet, nochmals in unterschiedliche Bereiche der Schwingung oder, anders formuliert, in Bereiche der unterschiedlichen „Dichte" oder „Masse" der Materie unterteilt.
Jede Dimensionsebene hat eigene Materiestrukturen. Körperlosigkeit ist also nur in rein geistigen Ebenen möglich. Diese Ebenen befinden sich in unmittelbarer „Umgebung" der EINHEIT, also des EINEN Wesens. Je höher die Schwingungsebene, desto „feinstofflicher", also weniger dicht, sind die Strukturen der Materie. Dennoch ist Materie, wenn auch immer weniger „dicht" strukturiert, in beinahe allen Dimensionsbereichen vorhanden.
Das Bewußtsein des EINEN Wesens „schwingt" in einer bestimmten Frequenz.
Gemessen an eurem physikalischen Verständnis wäre die Formel in etwa so zu definieren:

Je „höher" die Frequenz der Materiestruktur, gemessen in eurer physikalischen Größe „Hertz", desto niedriger die Schwingungsebene. Diese auf den ersten Blick scheinbare Diskrepanz hat zu tun mit dem Gleichgewicht oder dem energetischen Ausgleich polarer Energiestrukturen, die die Grundlage für materielle Seinsform darstellen.
Je höher die Frequenz , desto „niedriger" oder „grobstofflicher" die Schwingungsebene. Je niedriger die Frequenz, desto „höher" oder „feinstofflicher" die Dimension.
Das ursprüngliche EINE Bewußtsein in der Ebene SEINER absoluten EINHEIT, **schwingt nicht**, das bedeutet, es unterliegt keiner Schwingung, obgleich es alle Möglichkeiten der Schwingung in sich trägt. Laßt euch von diesen Beschreibungen nicht verwirren. Sie dienen lediglich im Ansatz dem Verständnis folgender Gegebenheiten:
Je höher die Schwingungsebene oder Dimension, in der sich eine Wesenheit aufhält, desto näher ist sie in ihrer Frequenz der Schwingung der EINEN Wesenheit, nämlich der **NICHT**-Schwingung.
Die **NICHT**-Schwingung stellt die **absolute Schöpferpräsenz** mit dem größten Schöpfungsfaktor dar. In dieser Ebene wird die reine Ur-Bewußtseinsenergie in materielle Struktur ohne jeglichen Zweifel und ohne Zeitverzögerung durchgeführt. Der Gedanke wandelt sich sofort in die Realität und erschafft Materiestruktur in den unterschiedlichen Dimensionen.
Je näher die Frequenz einer materiellen Struktur, und dazu zählt auch die Körperlichkeit der sich in der Ebene befindlichen Wesenheit, an der NICHT-Schwingung liegt, desto höher ist der „Erschaffungsfaktor" der Wesenheit.

Die menschliche Schwingungsebene unterliegt einer **hohen** Frequenz, ist also von dem Bewußtsein der **absoluten** Schöpferpräsenz relativ „weit" entfernt. Obgleich das Schöpfungspotential in vollem Umfange enthalten ist, wird es überdeckt durch Bewußtseinszustände, die Begrenzung und Abgetrenntheit symbolisieren.
**Dieser Zustand der Begrenztheit und Abgetrenntheit ist in dem morphogenetischen oder morphogenen Bewußt-**

**seinsfeld des Kollektivs verankert und lediglich ein Bewußtseinsphänomen!**

Dieser Schwingungs- oder Erfahrungsbereich jedoch bietet jeder involvierten Wesenheit ein immens hohes Erkenntnis- und Erfahrungspotential.
Obwohl im Bewußtsein der Menschen die Information verankert ist, aus der EINHEIT und dem damit verbundenen absoluten Schöpferzustand abgetrennt zu sein, ist sie das nicht wirklich. Jeder Mensch trägt in sich das volle Schöpfungspotential und übt es auch in seiner oder ihrer Unbewußtheit aus.

Eine Veränderung des Schwingungsbereiches aus einer niederen Ebene in eine höhere Ebene bringt somit eine Intensivierung des Schöpfungspotentials mit sich. Selbst wenn

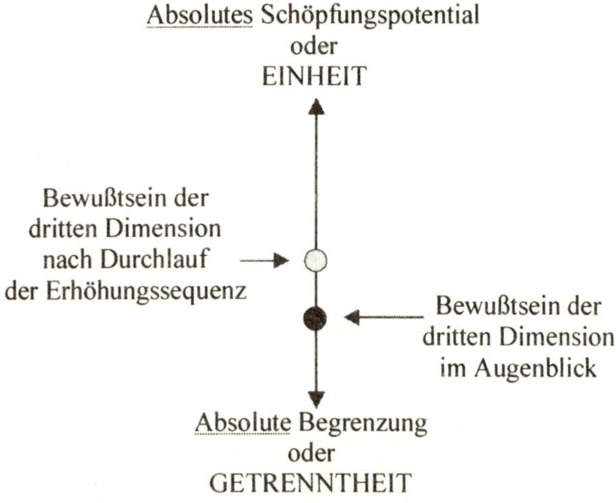


Abb. 16

ihr Schwierigkeiten habt, unseren Erläuterungen in diesem Zusammenhang zu folgen, könnt ihr diese Anhebung des Energiepotentials durchaus auch in eurer Realität feststellen.
Viele von euch bemerken in ihrem täglichen Leben, daß geistige Impulse sich wesentlich schneller in der Realität zeigen als dies früher der Fall war. Einige eurer Gedanken scheinen sich nahezu sofort oder innerhalb kürzester Zeit umzusetzen.

Erhöht sich das Bewußtseins- oder Informationsfeld eures Planeten und damit auch aller auf Ihm befindlichen Wesenheiten, so ist dies insofern ein transformativer Prozeß, da jede Seinsform näher an das wahre SELBST, also an das Bewußtsein des EINEN Wesens, einen weiteren Schritt angenähert wird (Abb.16 erklärt den Vorgang schematisch jedoch nicht dem wahrhaftigen Stand entsprechend).
So gelangt ihr aus der „(Wer)-**BIN ICH?**" näher zu der „**ICH BIN!**" -Präsenz eurer Existenz.
Jede, in irgendeiner Form begrenzende Bewußtseins- oder Glaubensstruktur kann in logischer Konsequenz diesem Vorgang **nicht** dienlich sein.
Jeder von euch hat sich durch eine Vielzahl von Inkar**m**ationen „gequält", in der Absicht, sich (sein) SELBST unter gewissen Umständen zu erleben und zu erfahren. **Dieser** Abschnitt eurer Zyklen neigt sich nun dem Ende zu.
Die Frage, welche „Seite" nun das Rennen machen wird, hat sich wahrhaftig niemals gestellt, da im Gesamtfeld des kosmischen Bewußtseins der Impuls vorhanden ist, diesen, auf euch bezogenen Zustand von Begrenzung aufzuheben.
Jeder von euch trägt durch den Vorgang der Bewußtwerdung zur spirituellen „Ent-Wicklung" bei. Versucht jedoch, wir bitten euch, nicht aus eurem Verstand, der Ratio heraus euren Entfaltungsvorgang scheinbar zu beschleunigen, indem ihr vor euch (eurem) SELBST so tut, als wärt ihr „soweit". Diese Initiation geschieht aus euch, aus euren Herzen heraus, so wie es jedem von euch aus sich (seinem) SELBST heraus möglich ist.
Das Bedürfnis, der Wunsch, etwas schneller zu erreichen, entspringt wiederum eurem Bewußtsein des Mangels und der Angst des Versagens und hat somit innerhalb dieses Vorganges nichts verloren.

## Was ist die Wahrnehmung?

Der Begriff „Wahr-Nehmung“ ist sehr eng mit dem Begriff „Wahr-heit“ verknüpft.
In eurer Gesellschaft scheint die Wahrheit ein **absoluter** Begriff zu sein. Seht ihr jedoch ein wenig mehr dahinter, stellt ihr fest, daß die Wahrheit wiederum geprägt ist von individuellen, meist kulturell oder religiös geprägten Normen.
Die Wahrheit ist also fließend und verbunden mit gewissen Auslegungsmöglichkeiten, wenn euch auch immer wieder die **absolute** „Wahrheit“ als Wertmaßstab an die Hand gegeben wird.

Führen zwei Länder gegeneinander Krieg, so gibt es meist einen Angreifer und einen Verteidiger. In dem damit verbundenen Propagandamechanismus wird der Aggressor immer wieder auf die fortwährenden Provokationen des angegriffenen Landes oder Ähnliches hinweisen, das zu dem Akt der Aggression geführt hat.
Das sich verteidigende Land wird sich als unterdrückt, zu unrecht beschuldigt und vielem mehr darstellen. Jedes der beiden Länder mag nun aus seiner eigenen Sichtweise „recht“ haben, also im „**Besitz**“ der Wahrheit sein.
Nebenbei bemerkt wird durch diese Vorgangsweise versucht, die Menschheit dazu zu bewegen, sich der einen oder anderen Seite „moralisch“ zuzuwenden, also einen Teil des Bewußtseins auf diese Vorgänge zu lenken. Es geht also auch wieder darum, Bewußtsein oder Energie zu erhalten oder in diesen Konflikt zu projizieren.

Der Begriff „Wahr-Nehmung“ setzt sich nun zusammen aus dem Wort „wahr“ von „Wahrheit“ und dem Begriff „Nehm-ung“, von „nehmen“.
Wahrnehmung ist also das, was jeder einzelne von euch für wahr nimmt, also für wahr hält. Um eure Umwelt „wahr-zu-nehmen“ seid ihr ausgestattet mit gewissen „Wahr-nehmungs-organen“, beispielsweise euren fünf körperlichen Sinnen und einigen weiteren auf der geistigen Ebene.

Ihr **nehmt** jedoch nicht nur die physische Ebene **wahr**, sondern erspürt oder erfühlt, oftmals unbewußt, das Bewußtseinsfeld, respektive Anteile der Bewußtseinsinhalte von anderen Menschen oder auch Situationen.

Die Bereiche eurer „Wahr-nehmung" sind wiederum geprägt durch eure Glaubenssätze. Aufgrund eures eigenen Bewußtseinsinhaltes bewertet und beurteilt ihr Menschen und Situationen. Da euer Bewußtseinsinhalt, zumindest auf der physischen Ebene überwiegend geprägt ist und wesentlichen Anteil an eurem Bewertungsmechanismus hat, ist auch der Bereich eurer Wahrnehmung von dem tatsächlich möglichen auf das hineinprogrammierte Maß begrenzt.
Ihr könnt nur „wahr-nehmen" was in eurem Bewußtsein als **Möglichkeit** der Wahrheit akzeptiert wird.
Seid ihr in euch durch tiefe Ängste geprägt und entwickelt im Zuge eurer SELBST-Erkenntnis einen Zugang zu eurer „höheren" Wahrnehmung, so ist euer Bewußtsein auf die Angststrukturen fixiert und wird die Anteile der Wahrheit annehmen, zu denen ein Bezug, ein Resonanzfeld besteht.
Sind eure „lichten" Bewußtseinsaspekte nicht mit Angststrukturen überdeckt, so werdet ihr eure „Ent-wicklung" zu höherer „Wahr-nehmung" in der Form erleben, daß ihr die **angstfreien** Aspekte der „höheren" Bereiche erlebt und erfahrt.

Gleichgültig, wie ihr es erlebt und erfahrt, es ist euer Weg der SELBST-Erfahrung und der SELBST-Erkenntnis, der jeden von euch auf seinem oder ihrem individuellen Wege zu sich (seinem) SELBST bringen wird.

## Wie entstehen innere Überzeugungen?

Eure inneren Überzeugen, eure verinnerlichten Glaubenssätze, insoweit wiederholen wir uns bereits mehrfach, bilden die Basis eurer erlebten dreidimensional-körperlichen Realität.
Was ist nun ein „Glaubenssatz“ oder eine „verinnerlichte Überzeugung“?

Ein Mensch, der in sich den Wunsch verspürt, beispielsweise Holz zu gestalten, und dies bisher noch niemals getan hat, muß sich dabei erst einmal bewußt werden, in welcher Art Holz gestaltet werden soll, in welchen Ausdruck es umgewandelt werden soll. Aus Holz können Möbel gefertigt werden, Skulpturen, Accessoires und vieles weitere mehr.
Hat der Mensch sich nun unter all den Möglichkeiten „entschieden“, wird er sich nun darüber informieren, welche Möglichkeiten der Be- und Verarbeitung es gibt, welche Hilfsmittel und Werkzeuge zur Verfügung stehen.
Dabei ist der Mensch, auf das in diesem Zusammenhang vorhandene Informationspotential angewiesen. Dieses Informationspotential kann beispielsweise über die Verkäufer eines Werkzeugladens „abgerufen“ werden, durch Bücher anderer Menschen über diese Thematik und vieles mehr.
Wann das Informationsbedürfnis gestillt ist, entscheidet der Mensch selbst.
Alle Informationen, die er bisher über dieses Thema erhalten hat, sind aus den Erfahrungsbereichen der Menschen geprägt, über die sich unser Beispielsmensch informiert hat.
Ist dieser Mensch an „schlecht“ informierte Informanten geraten, die durch ihr Auftreten und ihre Überzeugungskraft ein solches ein Maß von Kompetenz oder Autorität vermittelten, daß der Mensch ihnen **Glauben** schenkte, werden alle seine weiteren Bemühungen aus **deren** Überzeugungen stammen.

Was nun noch bleibt, ist das Erlernen der handwerklichen Tätigkeit, beispielsweise der Umgang mit den Werkzeugen und Hilfsmitteln und so weiter.
Hier vermag sich der Mensch auf seine eigene Kreativität

verlassen und selbst durch Erfahrungen lernen oder sich wiederum diese rein physische Umsetzung von anderen anlernen oder „antrainieren“ lassen. Im Falle des eigenständigen Erlernens ist der Mensch unseres Beispiels absolut auf sein eigenes Kreativitäts- und Phantasiepotential angewiesen, das in diesem Falle jedoch bereits durch die mehr oder weniger „gute“ Information anderer Menschen geprägt ist. Alle weiteren Handlungen werden auf der Basis der Vorinformation beruhen, solange bis der Mensch aus seinen eigenen Erfahrungen heraus, aus „Fehlern“, Frustrationen oder anderem erkennt, daß weitere Informationen fehlen. Im weiteren Verlaufe der handwerklichen Tätigkeit wird der Mensch sich durch ständige Weiterinformation „ent-wickeln“, zumindest in der Anfangsphase immer basierend auf dem an ihn oder sie übermittelten Wissensstand anderer Menschen. Selbst wenn keine Information anderer Menschen stattgefunden hat, weil der Mensch sich entschließt, aus eigenem Antrieb heraus all dies zu erlernen, unterlag der Mensch in der Vergangenheit dem beschriebenen Prinzip, und all seine Kenntnisse basieren auf von anderen an ihn übermittelten Informationen.

Alles was dieser Mensch im Zusammenhang mit seiner holzverarbeitenden Tätigkeit denken, fühlen oder durchführen wird, ist in seinem ursprünglich möglichen Potential begrenzt und beschränkt auf das Maß an Information, das dem Menschen, aufgrund welcher Vorgänge auch immer, zur Verfügung stand.

Was hat dieses Beispiel nun mit euch zu tun?
Es beschreibt ansatzweise im Kleinen die Zusammenhänge des großen Ganzen. Es ist das Prinzip eures „Menschwerdungsprogrammes“, also des Informationsinhaltes in jedem von euch, der euch in eurem möglichen Ausdruck oder eurer wahrhaftigen Erkenntnis des eigenen SELBST beschränkt und begrenzt.
Eure Glaubensüberzeugungen werden durch diese Vorgänge bestimmt. In einigen Fällen laufen derartige Prägungen sehr subtil und damit auf den ersten Blick nicht sichtbar ab.

Seid euch bewußt, daß eine derartige Vorgehens- oder Lernweise nicht „schlecht“ ist. Sie ist auch nicht „gut“. Sie ist, wie sie ist. Nicht mehr und nicht weniger.

Das, was ihr im Laufe eures Lebens durch Andere erlernt und mit eurer eigenen Konstruktivität oder eurer Destruktivität erweitert habt, bildet unter anderem auch die Grundlage eures SELBST-Bildes, also der Betrachtung, Einschätzung und Bewertung von euch selbst. Es bestimmt die Sichtweise und Einschätzung eurer eigenen Charaktereigenschaften und anderer Menschen oder Situationen.
Eure Bewertung und eure Urteilskraft stützen sich auf euer Selbst- und Weltbild.
Also die gesamte Grundstruktur eures menschlichen Lebens basiert darauf, was ihr von Eltern, Lehrern, Meistern und vielen anderen Menschen über euch (euer) SELBST **gelernt** habt.

Jeder Mensch hat eine eigene (implantierte) Sichtweise von sich selbst und der Welt.
Jeder Mensch, also DU, schätzt DEINE „positiven“ und „negativen“ Fähigkeiten, DEINE „positiven“ und „negativen“ Charaktereigenschaften, DEINEN „positiven“ und „negativen“ Umgang mit Situationen, DEINE „positiven“ und „negativen“ Sichtweisen, DEINE „positiven“ und „negativen“ „Ur-teile“, also all das „Positive“ und „Negative“, was DEIN Leben ausmacht, auf eine bestimmte, DEINE eigene Art und Weise ein.
Das bedeutet nicht, daß andere Menschen DICH ebenso einschätzen und bewerten. Die Sichtweise von DIR selbst **zu** DIR selbst und die Sichtweise anderer zu DIR selbst unterscheidet sich oftmals ganz gewaltig.
Um DIR dieses Prinzip verständlicher zu machen, möchten wir wieder ein Beispiel anführen.
Die Stimme eines Menschen ist etwas völlig individuell Geprägtes. Wenn DU DEINE Stimme zum ersten Male von einer Magnetbandaufzeichnung oder anderen technischen Geräten hörst, ist dies zunächst einmal ein sehr komisches Gefühl. Sie hört sich wesentlich anders an, als DU sie kennst,

weil DU DEINE Stimme DEIN ganzes Leben lang auf eine andere Art und Weise „gehört“ hast.
Für einen anderen Menschen, der DEINE Stimme von einer Aufzeichnung her hört, stellt sie keinerlei Unterschied dar. DU erhältst durch das Aufzeichnungsgerät eine andere „Sichtweise“ zu einem Teil von DIR. Ebenso verhält es sich mit all Deinen anderen Gegebenheiten.

## DEIN Bild, DEINE Betrachtungsweise von DIR selbst unterscheidet sich völlig von derjenigen der anderen Menschen.

Die Art und Weise, wie DU DEINE „Pro-Embleme“ betrachtest, die Art und Weise, wie DU all die Situationen DEINES eigenen Leben beurteilst, wie DU mit gewissen Gegebenheiten DEINES Lebens umzugehen pflegst, unterscheidet sich vollständig von dem, wie andere Menschen DICH, all DEINE Sorgen und Nöte und all das andere DEINER Lebensumstände beurteilen, sehen und kennen.
DU zeigst den anderen ein anderes Bild von DIR, als DU es in DIR trägst.
Fühlst DU DICH minderwertig, wirst DU DICH so **verhalten**, als wärst DU es. DEIN Verhalten diesbezüglich basiert auf dem, was DU über die Wertigkeit von DIR und über DICH selbst erlernt hast.
Fühlst DU DICH abgelehnt, wirst DU DICH so verhalten, als wärst DU es. DEIN Verhalten diesbezüglich basiert auf dem, was DU über die Ablehnung von DRI selbst erlernt hast.
Fühlst DU DICH „häßlich“, wirst DU DICH so verhalten, als wärst DU es. DEIN Verhalten diesbezüglich basiert auf dem, was DU über die „Häßlichkeit“ von DIR und über DICH selbst erlernt hast.
Fühlst DU DICH schwach, wirst DU DICH so verhalten, als wärst DU es. DEIN Verhalten diesbezüglich basiert auf dem, was DU über die Schwachheit und das Schwachsein von DIR selbst erlernt hast.
DU akzeptierst entweder DEINE scheinbare Unzulänglichkeit oder DU handelst ihr zum Trotz.

Doch gleichgültig, für welche der polaren Gegebenheiten DU DICH „ent-scheidest", für die Akzeptanz oder den Trotz, DU bist durch sie geprägt, denn entweder hast DU DICH der Vorstellung angepaßt und verhältst DICH entsprechend, oder DU versuchst, durch DEINE menschlichen Verhaltensweisen derartige Situationen zu vermeiden.

So oder so, DU bist in DEINER Möglichkeit durch die Akzeptanz der einen Seite oder der Verweigerung der anderen Seite in DEINEN Möglichkeiten begrenzt.

Diese Vorgehens- und Verhaltensweise erzeugt wiederum Spannungsfelder des Bewußtseins und erschafft „Pro-Embleme", die DIR helfen, diesen Zustand zu verändern, wenn es DIR gelingt, die damit verbundene oder dahintersteckende Symbolik zu begreifen!

Prägungen entstehen des weiteren durch Suggestion. Wird einem Menschen über eine gewisse Zeit immer wieder der gleiche Zusammenhang übermittelt, so bildet sich im Laufe der Zeit eine Überzeugung. Dieses Prinzip, verbunden mit einer gewissen Autorität, wird gerne von euren „Mächtigen" angewandt, um euch, euer Denken und Fühlen in gewisse Bahnen zu lenken. Sinnvoll ist es in diesem Zusammenhang, in den Menschen Furcht und Angst zu erzeugen, damit eine Basis und Rechtfertigung vor der Menschheit als Masse entsteht, und die Masse sich nicht widersetzt.

Von Furcht und Angst geprägte Spiritualität beispielsweise, läßt den Menschen in gewissen Bahnen denken und fühlen. In dem Augenblick, in dem der Mensch daraus eine Glaubensstruktur entwickelt hat, gestaltet sich Realität.

Begreift ihr das Prinzip?

Angst ist zwar ein Anteil der polaren Struktur, jedoch kein kosmisches Prinzip. Wo Angst ist, fehlt die Liebe, denn dort wo die bedingungslose, die wahre Liebe ist, kann keine Angst sein.

## Spiegelfunktionen

Die äußere, die „reale“ physische Welt zeigt euch anhand von Symboliken oder symbolhaften Ereignissen, sogenannten „Pro-Emblemen“, eure innere Welt oder, anders formuliert, eure Bewußtseinsinhalte. Somit wirkt die physische, die materielle Realität als äußerer Spiegel eurer inneren Überzeugungen.
Eine Situation läßt alle im morphogenetischen Bewußtseinsfeld verankerten Interpretationen, also Auslegungen, zu. Jeder Mensch ist jedoch von allen Möglichkeiten der Interpretation auf diejenige fixiert, die seinem Selbstbild, also seiner eigenen Sicht der eigenen Persönlichkeit, entspricht.

Ein anderer Mensch würde die **gleiche** Gegebenheit völlig anders interpretieren, nämlich **seinem** individuell geprägten Selbstbild gemäß.

Eine Wesenheit muß auf dem Wege der SELBST-Erkenntnis eine Art Mechanismus zur Verfügung haben, damit sie immer wieder die Möglichkeit zur Überprüfung ihres eigenen Kenntnisstandes hat.
Eine körperlose Wesenheit wird die Inhalte ihrer Denk- und Gefühlsstrukturen immer wieder durchdenken und überprüfen und sich zu irgendeinem Zeitpunkt in die ***Phantasie des* Erlebens** begeben, da dieser Existenzform die wahrhaftige Möglichkeit des Erlebens einfach fehlt, da sie ja körperlos ist.
Das Erleben und Erfahren **innerhalb** einer körperlichen Existenz jedoch ist begrenzt durch die Überdeckung des ursprünglich wissenden Bewußtseins durch Prägungen und Glaubenssätze.

Die Wesenheit braucht also einen **Spiegel** ihres Bewußtseinsinhaltes, damit Erkenntnisse durch das Erleben innerhalb des körperlichen Bereiches möglich werden. Nur der Vergleich von innerer und äußerer Welt gewähren der körperlich inkarmierten Wesenheit das Einnehmen neuer Sichtweisen und Einschätzungen. Wiederum ergibt sich eine Dreiecksstruktur innerhalb derer das SELBST der Wesenheit durch Vergleich erkennt, lernt und damit bewußter wird (Abb.17).

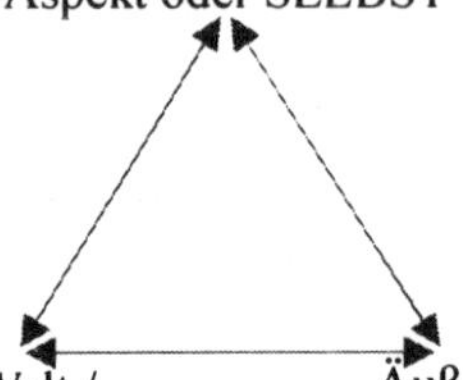

Abb. 17

In dem Spiel der Erkenntnis eures SELBST, seid ihr auf das Zusammenwirken eures Lebens mit dem Leben anderer Menschen über Situationen und „Pro-Embleme“ angewiesen.
Ohne die anderen Menschen um euch herum wäre die Deutung eures äußeren Spiegeleffektes nahezu unmöglich. Deren „Reaktionen“ auf euch im Wechselspiel von Situation und Mensch geben euch den notwendigen Aufschluß über eure Bewußtseinsinhalte.

Innerhalb der Symbolik des „äußeren Spiegels“ liegt auch eure eigene „Re-aktion“ auf die Gegebenheiten anderer Menschen. Verbunden ist diese „Re-aktion“ wiederum mit der Fixierung eurer Wahrnehmung auf gewisse Verhaltensweisen oder Aktionen der Menschen, die ihr interpretiert und bewertet.
Verfügt beispielsweise ein Mensch über eine Verhaltensweise oder eine Charaktereigenschaft, die ihr in eurem eigenen Wertesystem ablehnt, so erzeugt dies unter Umständen eine emotionale Reaktion.
Der Mensch „regt euch auf“, der Mensch „bringt euch zur Verzweiflung“, der Mensch „erweckt Beschützerinstinkte“ und vieles mehr.
Diese „Re-aktion“ entsteht deshalb in euch, da es in euch eine Art Resonanz- oder Spannungsfeld aus Bewußtsein gibt, die dieses ermöglicht. Umgesetzt bedeutet dies wiederum, daß ihr

nur deshalb auf den anderen Menschen „re-agiert", da ihr in euch eine gleiche oder zumindest eine ähnlich gelagerte Bewußtseinsstrukur tragt. In der Regel verhaltet ihr euch so, daß ihr dem anderen Menschen in irgendeiner Form Hilfe angedeihen lassen wollt und damit versucht, über den anderen Menschen eure **eigene** Bewußtseinsstruktur aufzulösen oder ihr lehnt den Menschen in mehr oder weniger intensiver Form ab und widersetzt euch der Auflösung der Struktur.
Jede der beiden angesprochenen Varianten bildet die Basis für die Erzeugung eines neuen Bewußtseinsspannungsfeldes und einer damit verbundenen symbolischen Realität, die es euch ermöglicht, über das Erkennen und Erlernen das Bewußtsein eures SELBST zu erweitern.

Was auch immer ihr tut und wie auch immer ihr es tut, es ist **euer Weg** der Bewußtwerdung.

**Das, was euch an anderen Menschen anzieht oder abstößt, ist das, was ihr in euch tragt.**

Also versucht, andere nicht zu be- und verurteilen, sondern betrachtet die intensive Begegnung mit einem anderen Menschen als einen symbolhaften Akt, der für euch eine Botschaft bringt, deren Symbolhaftigkeit ihr jedoch erst entschlüsseln müßt.
Selbst wenn ein Mensch und die damit verbundene Situation leid- und schmerzvoll für euch ist, versucht dahinter zu blicken und **euren eigenen Anteil daran** zu erkennen. Der andere Mensch **kann** dies für sich selbst auch tun, doch liegt es nicht in eurer Verantwortlichkeit, auf die Lernfähigkeit eines anderen Menschen zu achten.
Versucht nicht, dem anderen seinen Anteil an der Situation zu erklären. Ihr betrachtet den Anteil des anderen aus eurer Sichtweise und somit auf eine völlig andere Art. Dennoch mag es Gegebenheiten und/oder Situationen geben, die es euch ermöglichen, eure Betrachtungsweise der Situation zum Ausdruck zu bringen. Ob euer Gegenüber die Zusammenhänge ebenso sehen kann wie ihr selbst, sei in diesem Zusam-

menhang dahingestellt.
Verändert eure eigenen Anteile an der Gegebenheit, und die Situation wird sich verändern. Versucht ihr wiederum zu erreichen, daß auch der andere sich verändert, verlagert ihr euer eigenes Bewußtsein in die Bereiche des anderen Menschen, was wieder Konflikte erschaffen wird.

**Euer Anteil an einer Situation ist der für euch wesentliche, nicht der Anteil des anderen**, Kinder des Lichtes.

## Verantwortlichkeiten

Ihr geht immer wieder davon aus, daß ihr durch euer Tun andere Menschen glücklicher oder zufriedener machen solltet, oder in anderer Form glaubt, dem Wohlbefinden anderer Menschen dienlich sein zu müssen.
Im Prinzip ein durchaus edles Vorhaben. Da ihr jedoch die Interessen anderer Menschen **vor** eure eigenen stellt, erzeugt ihr im Zusammenhang mit dieser Vorgangsweise im Zuge der Zeit ein gewisses Maß an „Frustrationsenergie" in euch, da ihr, bewußt oder unbewußt eine „Gegenleistung" für euer Tun erwartet.
Die „Gegenleistung" für euer Tun liegt in der Hoffnung, daß der andere Mensch euch Zuneigung in Form von Dankbarkeit entgegenbringt, ihr Zuneigung, Akzeptanz, Dankbarkeit oder ähnliches erhaltet, weil ihr ja etwas „für den anderen" getan habt.

Wir erläutern euch diesen Zustand, kritisieren euch aber nicht. Soviel zu der Betroffenheit derjenigen unter euch, die unsere Worte in diesem Zusammenhang ablehnen, da anderen zu helfen ein Teil ihres Lebensinhaltes geworden ist, den wir nicht beabsichtigen euch wegzunehmen.

Ein typisches Beispiel für den Einfluß von Verantwortlichkeiten ist das Eltern/Kind Verhältnis.
Da ein Neugeborenes nicht in der Lage ist, sich selbst zu versorgen, ist es auf die Versorgung durch die Eltern (Älteren) angewiesen. Die Eltern (Älteren) nehmen im Bewußtsein des Kindes den Stellenwert von nahezu „göttlichen" Wesen ein, da diese Wesenheiten dem Kind in der Regel, zumindest im physischen Bereich all das geben, was der kleine Mensch zum Überleben braucht.
Der Glaubenssatz der scheinbaren Göttlichkeit der Älteren, aus der kindlichen Sichtweise des kleinen Wesens, wird in seinem Bewußtsein fest verankert. Selbst andere Erfahrungen, die der heranwachsende Mensch mit seinen Älteren (Eltern) macht, können diese Glaubensstruktur nur überdecken, nicht aber

gänzlich löschen.
Somit wird in jedem menschlichen Wesen bereits der Grundstein für Abhängigkeitsstrukturen gelegt, die sich im späteren Leben immer wieder äußern werden. Ein heranwachsender oder erwachsener Mensch wird sich „Spielplätze" im zwischenmenschlichen Bereich suchen, die es ihm ermöglichen, sich wiederum in Abhängigkeiten zu begeben oder sich ihnen scheinbar zu widersetzen, indem das Bedürfnis nach Freiheit (Befreiung) mehr oder weniger intensiv ausgelebt wird.
Die Abhängigkeit eines Menschen kann sich äußern durch das unmittelbare Abhängigkeitsverhältnis in Partnerschaften und im Arbeitsbereich, durch materielle Verschuldung, Abhängigkeiten zu Heilern, spirituellen Meistern und Lehrern, durch Abhängigkeiten von Suchtmitteln aller Art und vielem mehr.
Anteile eurer gesamten Existenz werden durch das Erlernen von Abhängigkeiten im Kindheitsalter geprägt.

So entwickelt ihr Verhaltensweisen, die euch in eurem energetischen Spannungsfeld zwischen erlernten Formen der Abhängigkeiten und deren Auflösung in der einen oder der anderen Art bestätigen.

Beginnt ihr nun in irgendeiner Weise, Verantwortung für einen anderen Menschen zu übernehmen, indem ihr beispielsweise versucht, ihm zu helfen seine „Pro-Embleme" zu lösen, und euch dies tatsächlich im Ansatz sogar gelingt, bringt ihr den anderen Menschen in eine Form der Abhängigkeit. Diese Abhängigkeitsstruktur entsteht dadurch, daß der Andere aus der eigenen Hilflosigkeit, aus der heraus er nicht fähig war, die Thematik selbst zu behandeln und zu lösen, durch eure Hilfestellung letztendlich eine energetische Verbindung erschafft. Durch eure Hilfe ist es dem oder der Betroffenen gegebenenfalls gelungen, sich Erleichterung zu verschaffen und er oder sie wird, läßt die Erleichterung wiederum nach, wieder nach eurer Hilfe verlangen.
Dadurch entsteht ein Kreislauf, der keinem der Beteiligten wahrhaft hilfreich ist, da der oder die Helfende durch die

Hilfestellung davon abgelenkt wird, die Symbolik der Begegnung zu erkennen.
Die Ablenkung erfolgt in der Form, daß der Helfende sich unmittelbar in das energetische Symbolikgefüge des Hilfesuchenden begibt, energetische Verschiebungen herbeiführt und somit gegebenenfalls in gewissen Bewußtseinsbereichen zum Betroffenen wird.
Der oder die Hilfesuchende begibt sich in einen Existenzzustand, der die scheinbare Überlegenheit des Helfers benötigt, um seine „Pro-Emblematiken“ lösen zu können.
Energetisch betrachtet gibt es in diesem Gefüge von Helfer und Hilfesuchendem ein hierarchisches Machtgefüge aus Über- und Unterlegenem, in dem der Helfer der scheinbar Gebende, also der „Überlegene“ ist.
Tatsächlich erhält der Gebende einen Rückfluß in Form von Dankbarkeit, Erleichterung des Hilfesuchenden und damit verbundener Zuwendung und Zuneigung und gegebenenfalls materieller Energieformen.
Durch diese „Energiediskrepanz“ ergibt sich wieder die Grundlage für ein energetisches Spannungsfeld, das sich in Form einer Symbolik, einer „Pro-Emblematik“ zum Ausdruck bringt, in die sowohl der Hilfesuchende als auch der Helfende eingebunden sind.

Da jeder von euch jedoch selbst involviert ist in eine Vielzahl von „Pro-Emblemen“, schafft diese Form der Vorgehensweise Ablenkungsmechanismen und verhindert den gradlinigen Weg der SELBST-Erkenntnis.

**Verantwortung jedoch könnt ihr nur für euch (euer) SELBST übernehmen.**

Diese Beschreibungen sollen euch helfen, Zusammenhänge zu erkennen. Wenn ihr eure eigenen Handlungsmechanismen erkennt, schafft ihr die Voraussetzung, Veränderungen in eurem Bewußtseinsfeld einzuleiten, die sich im Verlauf der Zeit auch in der dreidimensionalen Realität zeigen werden. Auf diese Art tragt ihr zur Veränderung eurer Welt bei. Jetzt oder in dem Augenblick, in dem ihr aus euch (eurem) SELBST heraus dazu bereit seid.

Wie bei jeder anderen Angelegenheit ist auch im Bereich der Verantwortlichkeiten die dahinterstehende Motivation oder Absicht, also der Bewußtseinszustand, der die „Antriebsenergie“ für eine Handlung liefert, die Voraussetzung für die darauf folgenden Geschehnisse.
Das „zwanghafte“ Bedürfnis, anderen Menschen unbedingt helfen zu wollen, entspringt einem Bewußtseinsdefizit, das wiederum eine „Pro-Emblematik“ erzeugt, die es dem betroffenen Menschen ermöglicht, im Verlauf der Zeit dieses Spannungsfeld durch intensives Erleben und Erfahren aufzulösen.
Geschieht dies über den Bereich des scheinbaren „Helfenwollens“, das dem verdeckten Antrieb der Befriedung eigener Defizite dient, ist die Wahrscheinlichkeit groß, daß der Helfende immer wieder an Grenzen stößt, Abweisung oder Ablehnung erfährt, hierarchische Machtstrukturen um sich errichtet oder in anderer Form leidvolle Ereignisse durchläuft. Diese Ereignisse jedoch dienen wiederum der SELBST-Erkenntnis und sind letztendlich, eurem Wertesystem angepaßt, als „positiv“ anzusehen, beinhalten jedoch unmittelbar Erfahrungswerte der Angst, des Schmerzes und des Leidens.
Entstammt eure Motivation, zur Bewußtseinsveränderung beizutragen und diese im großen oder kleinen nach außen zu tragen, nachdem ihr eure Schritte in die Richtung des kosmischen Bewußtseins gelenkt habt, so werdet ihr nicht mehr interessiert daran sein, die noch in euch bestehenden Defizite oder Lernschritte eures Lebens über „negative“ oder begrenzende Verhaltensweisen auszuleben, sondern werdet aus euch (eurem) SELBST heraus handeln.

Lebt euer Leben so, wie es euch jetzt gerade möglich erscheint, Kinder des Lichtes.

## Lieben und geliebt werden

Eine Wesenheit, die sich entschlossen hat, sich in körperlicher Ausdrucksform zu inkarmieren, begibt sich aus dem Zustand der bedingungslosen Existenz in einen, von geistiger Sicht aus betrachtet, sehr beengten (beängstigenden), begrenzten und (scheinbar) getrennten Zustand der Existenzform.

Aus dem Zustande der **absoluten** Geborgenheit, des **absoluten** Angenommen-Seins, des **absoluten** Sein-dürfens, des **absoluten** Geliebt-seins, begibt sich das Wesen in einen Zustand des völlig Getrennt-Fühlens, des völlig Beengt- und Begrenzt-Seins, des ganz oder teilweise Abgelehnt- oder nicht Erwünscht-Seins und des Schmerzes.

**Versucht zu eurem besseren Verständnis, euch diesen völlig veränderten emotionalen Zustand eures geistigen Aspektes einmal intensiv vorzustellen.**

Eine beinahe unbegrenzte feinstoffliche Seinsform begibt sich in die Enge (Ängste) der grobstofflichen Körperlichkeit.

Diese Veränderung der emotionalen Gegebenheiten hinterläßt im Bewußtsein des Menschen einen tief verwurzelten emotionalen Schock. Die Art und Weise, wie der Vorgang des Gebärens gehandhabt wird, unterstützt noch die traumatische Erfahrung des „ankommenden" Menschenwesens.
Eure Apparatemedizin trägt dem wahrhaften Ereignis der Geburt nicht einmal ansatzweise Rechnung. Die Art und Weise, wie ihr die Ankunft einer hohen Wesenheit in körperlicher Ausdrucksform begrüßt, trägt dem wahrhaftigen Vorgang keine Rechnung. Ein weiterer Mensch ist geboren worden - mehr nicht. Die Eltern und Angehörigen freuen sich sicherlich darüber, dennoch wäre es im Prinzip ein Anlaß für ein Fest, auf dem das neue Menschenkind gebührend empfangen werden sollte. Die hochschwingende Wesenheit, die energetische Anteile ihres SELBST in die grobstoffliche Ebene „hinunter-

transformiert“ und sich so in körperlicher Form inkar**m**iert, wird sozusagen in die Grobstofflichkeit „geschmissen“, und muß letztendlich sehen wie sie „klarkommt“.

Die auf die Geburt folgenden Ereignisse und Gegebenheiten, die mit dem Erlernen des „Menschwerdungsprogrammes“ verbunden sind, haben wir bereits mehrfach beschrieben.
Obgleich die Wesenheit sich an ihre feinstoffliche Existenz zu erinnern vermag, ist ihre Wahrnehmung und das Erinnerungsvermögen überwiegend auf die physische Existenz beschränkt und fixiert. Während in der Anfangsphase, also der frühen Kindheit des Menschenwesens, die Verbindung zum geistigen Aspekt noch sehr groß ist, werden im weiteren Verlauf des Erwachsenwerdens die Fixierungen auf die rein physischen Existenzbereiche mehr und mehr erweitert. Die meisten Kinder verlieren die Wahrnehmung ihrer Verbindung nach „oben“ nahezu vollständig, da die „wichtigen“ Dinge ihres Lebens mehr und mehr in den Vordergrund drängen, respektive gedrängt werden.
Daß die **Fixierung** der Wahrnehmung eines menschlichen Wesens von ihrem geistigen oder feinstofflichen Aspekt abgezogen wird, bedeutet keineswegs, daß sie verloren geht. Durch die Erziehung und die gesellschaftlichen, religiösen und kulturellen Vorgaben wird die Wahrnehmung lediglich auf die „irdischen“ Bereiche verlagert und die entsprechenden Wertmaßstäbe transferiert.

Was jedoch bleibt, ist die Verbindung zwischen geistiger und physischer Seinsebene.
Der geistige Bereich versucht während der gesamten Phase des körperlichen Lebens Verbindung zur physischen Ebene aufzubauen, um unmittelbare Kommunikation zu ermöglichen.
Die Fixierung auf rein körperliche oder irdische Belange und die damit verbundene Glorifizierung der Werteskala rationaler Vorstellungen und Werte läßt euren geistigen Anteilen lediglich die Möglichkeit, durch Träume, geistige Impulse, Emotionen oder Bilder mit euch zu kommunizieren.
Die „**Ratio**-nalisierung“ eurer Existenz veranlaßt euch dazu,

beispielsweise zu sagen: „Es ist **nur** ein Gefühl".

Die beschriebenen Vorgänge eurer Menschwerdung und die Erinnerung an eure Emotionen aus den „höheren Ebenen" lassen euch einen Großteil eures Lebens nach **der** Liebe suchen. Da ihr innerhalb der körperlichen Existenz lebt und damit auf die Wahrnehmung dieser Bereiche fixiert seid, übertragt ihr diesen tief in euch verankerten Wunsch auf die äußerliche Ebene und sucht dort nach **der** Liebe. Oftmals ist euer Bedürfnis geliebt zu werden so groß, daß ihr bereit seid, **alles** zu tun, um dieses Gefühl erleben zu können. Einige von euch sind sogar bereit sich (ihr) SELBST aufzugeben, nur um dieses Gefühl für eine Zeit erleben und genießen zu können.
Das euch innewohnende Bedürfnis geliebt zu werden sucht sich in der äußeren Welt Ausdrucksformen, die auf dem angelernten SELBST-Bild und SELBST-Wertgefühl des Menschen basieren.
Euer Bedürfnis, geliebt zu werden, ist so groß, daß ihr, sollte es euch nicht dauerhaft oder vielleicht sogar niemals gelingen, diesen Zustand erleben und erfahren zu können, ihr euch Ersatzformen für diesen Zustand sucht, die zwar tatsächlich **nicht** das wahre Bedürfnis befriedigen, jedoch den Zustand einer Scheinbefriedigung projizieren. Ein Zustand, bei dem ihr das Gefühl habt, daß das emotionale Defizit in euch, das Gefühl nicht „genug" geliebt zu werden oder nicht „liebenswert" zu sein, durch Ersatzformen Befriedigung erfährt.
So läßt sich das „Verliebtsein" als einen Zustand definieren, indem die Hoffnung besteht, daß der Zustand des bedingungslosen Geliebtwerdens erreicht werden könnte. In der Praxis eurer zwischenmenschlichen Beziehungen entstehen jedoch Strukturen der SELBST-Verleugnung, der Macht und der „Ent-Täuschung". Je nach eurer Persönlichkeitsstruktur arrangiert ihr euch entweder auf gewisse Zeit mit diesem Zustand und gebt euch damit zunächst einmal scheinbar zufrieden bis die Obergrenze eurer Frustration erreicht ist, oder sucht euch nach einer gewissen Zeit wiederum andere Partner, mit denen es zunächst möglich erscheint.

**Vergeßt jedoch bitte nicht, daß diese Begebenheiten und die daraus entstehenden Situationen dem kosmischen Prinzip der SELBST-Entwicklung und der SELBST-Erfahrung dienen und durchaus veränderbar sind.**

Aus den beschriebenen Vorgängen heraus entwickelt ihr nun etwas, das ihr als „Verhaltensweisen" definiert. Das Ziel dieser Verhaltensweisen ist es, den anderen Menschen ein Bild von euch zu vermitteln, durch das ihr in die Lage versetzt werdet, von anderen Menschen akzeptiert, angenommen, gemocht oder gar geliebt zu werden. Ihr projiziert ein Bild von euch, das die anderen motivieren soll, euch anzunehmen und euch zu mögen.
**Je größer das Gefühl in euch, nicht ausreichend liebenswert zu sein, desto größer wird die Bandbreite eurer Wandlungsmöglichkeiten des von euch erstellten und nach außen projizierten Bildes eurer Persönlichkeit sein!**
Damit „täuscht" ihr die Anderen, die gegebenenfalls im Laufe der Zeit von euch „ent-täuscht" werden, und die Anderen „ent-täuschen" euch ebenfalls, da es den anderen Menschen ebenso ergeht wie euch selbst.
So entwickelt ihr in eurem Bedürfnis, liebenswert zu sein und geliebt zu werden eben die Verhaltensstrukturen, die dazu führen sollen, sympathisch, freundlich, offen, gebildet, körperlich attraktiv, besonders nett, verläßlich, „cool", überlegen oder wie auch immer auf die anderen Menschen zu wirken. Immer dann, wenn ihr euch fragt, wie ihr wohl auf den oder die andere wirkt oder wirken könntet, befindet ihr euch eben genau in diesem Zustand.

Der andere Weg, dieses Defizit in sich auszufüllen, ist der genau gegenteilige. Menschen, die im Laufe ihres Lebens immer wieder die Erfahrung gemacht haben, abgelehnt oder eben nicht angenommen worden zu sein, projizieren gegebenenfalls von sich im Außen ein Bild ihrer Persönlichkeit, das andere Menschen provoziert, herausfordert, unterdrückt, verletzt oder in Abhängigkeiten bringt.
Derartige Erlebnisse oder Erfahrungen lassen diese Menschen,

ironisch, zynisch, grausam, verletzend oder verletzlich, andere benutzend, egoistisch, dogmatisch, beherrschend, unterdrückend, manipulativ oder ähnliches sein. Menschen mit derartigen Prägungen versuchen oftmals den Wunsch nach tatsächlicher Liebe auf die Art zu erzwingen, daß sie sich in gesellschaftliche Positionen begeben, die ihnen Macht und Einfluß bieten. Die Ersatzformen von Liebe stellen für diese Menschen die Bewußtseinsformen des Neides, der Ablehnung, des Widerstandes, des Hasses, des Zorns oder ähnlicher Begebenheiten her, die diesen Menschen entgegengebracht werden.

Gleichgültig welchen dieser Wege, welche Kombinationsmöglichkeiten dieser Umstände ihr für euch (euer) SELBST kreiert habt, der Schlüssel zu euch (eurem) SELBST und der damit verbundenen Möglichkeiten, die emotionale Wahrheit **echter** Gefühle erleben und erfahren zu können, liegt auf Dauer gesehen darin, die Mechanismen der SELBST-Täuschung aufzugeben.

Habt ihr nun einen Lebensabschnitt erreicht, in dem das Gefühl des Geliebtwerdens erreichbar scheint, habt ihr euch also „verliebt", entsteht oftmals in diesem Zusammenhang in euch das Bedürfnis, diesen Zustand festzuhalten. Somit fixiert ihr euch wiederum auf einen Teilbereich eures Lebens, in dem ihr zwar gefunden habt, wonach ihr lange gesucht habt, versucht jedoch diesen Zustand festzuhalten und vergebt auch gegebenenfalls die Möglichkeit, aus diesem Zustand heraus gemeinsam miteinander zu wachsen oder, sollte die Verbindung aus anderen Gründen dennoch nicht von Dauer sein, zumindest das Wissen in euren weiteren Lebensweg mitzunehmen, daß es zumindest für kurze Zeit möglich war, Liebe zu erfahren.
Statt dessen hadert ihr mit dem Menschen oder mit dem Schicksal, anstatt euch der Freude hinzugeben, daß es möglich war, und ihr es in eurem weiteren Leben wieder erreichen könntet, wenn es für euch von wahrhafter Bedeutung wäre.
Ihr fühlt euch jedoch verletzt, verraten und verkauft und schwört euch, niemals wieder „jemandem so auf den Leim" zu gehen.

In euch tragt ihr die Vorstellung, daß die menschliche Liebe dauerhaft zu sein hat, vergeßt jedoch, daß ihr Menschen auf dem Wege zur Erkenntnis eures wahren SELBST seid.
Das wahre Leben findet jedoch nur im **Augenblick**, im **JETZT** statt. Die Vergangenheit liegt **hinter** euch und die Zukunft liegt **vor** euch. Nur das JETZT, der Augenblick ist der Moment den ihr gestaltend oder verweilend, in Freude oder in Leid, in Liebe oder in Angst, in Geborgenheit oder in Frustration verbringen könnt. Der Augenblick, das JETZT ist der einzige Moment in eurem Leben, der euch tatsächlich für eure Handlungen zur Verfügung steht und jede „Ent-scheidung", die ihr im JETZT trefft oder nicht trefft, wird sich in irgendeiner Form gestaltend für eure Zukunft auswirken.
Ihr seht das Leben als eine unentwirrbare Verknüpfung von vergangenen Geschehnissen, die in euch bestimmte Reaktionen und Erfahrungen ausgelöst haben, der Zukunft, von der ihr nicht wißt, was sie bringen wird, und der Gegenwart als den Punkt, an dem alles zusammenläuft, und der euch aus diesem Gemisch heraus oftmals überfordert.
Euer Leben jedoch besteht aus der Aneinanderreihung einer unglaublichen Vielzahl von Momenten oder Augenblicken, die in ihrer Gesamtheit euren gesamten irdischen Aufenthalt ergeben.
Jeder dieser Augenblicke ist für jeden von euch zu gestalten. Jeden dieser Augenblicke könntet ihr bewußt gestalten. In eurer Unkenntnis der bestehenden tatsächlichen Verknüpfungen eurer geistigen und physischen Aspekte jedoch, projiziert ihr die Vorstellungen oder scheinbaren Konsequenzen dessen in die Zukunft, von dem ihr **glaubt**, daß es sich aus eurer Entscheidung heraus ergeben **könnte**.
Aufgrund dessen unterlaßt ihr es, eine Entscheidung zu treffen, oder entscheidet euch etwas zu tun, von dem ihr glaubt, daß die Konsequenz daraus „nicht so schlimm" sein wird.

Das Leben, gleichgültig in welcher Seinsebene, findet nur im Augenblick statt.
Das JETZT ist auch der einzige Moment, in dem ihr geliebt werden könnt. Alles andere ist eine **Projektion** in die Zukunft

und beinhaltet aufgrund dessen bereits die Option des „Enttäuschtwerdens“ oder die Erinnerung an eure Vergangenheit. Beides ist im Augenblick des JETZT nicht tatsächlich, sondern wiederum nur als Bewußtseins- oder Informationszustand vorhanden.

Wahre Liebe, also die Liebe die nicht mit Erwartungen, Bedingungen oder Projektionen verbunden ist, kann nur in dem Augenblick des JETZT erlebt und erfahren werden.
Durch die Liebe, die nicht fragt und nicht fordert, die bedingungslose Liebe, läßt sich jeder Bewußtseinszustand aus eurer Erinnerung auflösen.

Der Mensch, der sich auf den Weg zur Erkenntnis des eigenen SELBST aufgemacht hat, der werdende kosmische Mensch, wird lernen, den Augenblick zu leben.

Gleichgültig welches Leben ihr bisher gelebt habt, gleichgültig, was ihr in eurer Vergangenheit getan habt, gleichgültig zu welcher Kategorie Mensch ihr auch immer gehören mögt, vieles von dem, was ihr getan oder unterlassen habt, war verknüpft mit dem Bedürfnis geliebt, gemocht oder anerkannt zu werden.
Ändert es dann, wenn ihr (euer) SELBST zu dem Entschluß kommt, daß es an der Zeit ist, Veränderungen herbeizuführen.
Alles was ihr braucht, habt ihr in euch (eurem) SELBST. Dann, wenn es an der Zeit ist, das aus euch heraus zu aktivieren, was ihr als Handwerkszeug benötigt um eure nächsten Schritte zu tun, werdet ihr in eurer äußeren physischen Welt, dem materiell gewordenen Spiegel eurer Bewußtseinsinhalte, finden.
Doch vergeßt nicht, daß das, was euch in eurer äußeren Welt begegnet, „nur“ das Handwerkszeug ist, eure innere Welt zu erweitern und auszubauen.

Ihr **seid** geliebt, Kinder des Lichtes.

## Das kosmische Prinzip des Gebens und Nehmens

Es ist nun möglich, daß bei einigen von euch der Eindruck entstanden ist, ihr würdet alles „falsch“ machen. Alles was ihr macht, tut ihr aus gewissen Überzeugungen und Motivationen. „Falsch“ setzt voraus, daß es auch ein „Richtig“ gibt und damit verbunden wiederum allgemeingültige Wertmaßstäbe, die eine Einschätzung in „richtig“ und „falsch“ gestatten. Alles fließt, alles ist in Veränderung, lediglich allgemeingültige Wertmaßstäbe halten Werte fest. „Falsch“, ganz nebenbei bemerkt, bedeutet, nimmt man es nicht ganz genau, rückwärts gelesen „Schlaf“ und ihr könnt durchaus davon ausgehen, daß ihr dabei seid zu erwachen.

Das kosmische Prinzip des Gebens und Nehmens ist eng verbunden mit all den vorangegangenen Erläuterungen dieser, unserer Erzählung.
Die Bewußtseinsenergie des EINEN Wesens, also die Ursubstanz von allem, was im Kosmos existiert, ist in ihrem Energiezustand immer im **absoluten** Gleichgewicht beider polarer Anteile. Der Energiepegel dieser Bewußtseinsenergie ist so hoch, daß keine Wesenheit im Kosmos fähig und in der Lage wäre, den Energiegehalt auszuschöpfen.

Jedes Wesen im Kosmos wandelt jedoch fortwährend das Bewußtseinspotential des EINEN Wesens, die Ur-Energie, von der wir gesprochen haben, aus ihrem Ur-Zustand in materiell strukturierte Realitätsformen um. Dennoch bleibt die Ur-Energie in ihrem transformierten, also umgewandelten Zustand das, was sie vorher war. Lediglich **einige** Anteile der Energieform wurden durch die Gedankenenergie des realitätserschaffenden Wesens aktiviert.
Wir möchten diesen Vorgang anhand von Grafiken, die im Prinzip ein durchaus bekanntes physikalisches Phänomen erklären, verdeutlichen.
Die Grafiken sollen eine Glasröhre in „U“-Form darstellen, die in

ihrer Mitte einen weiteren Zugang hat, der jedoch zunächst verschlossen bleibt. Die Röhre ist mit einer Flussigkeit gefüllt, der Pegelstand befindet sich in beiden nach oben gerichteten Rohrenden im Ausgleich. (Abb. 18).

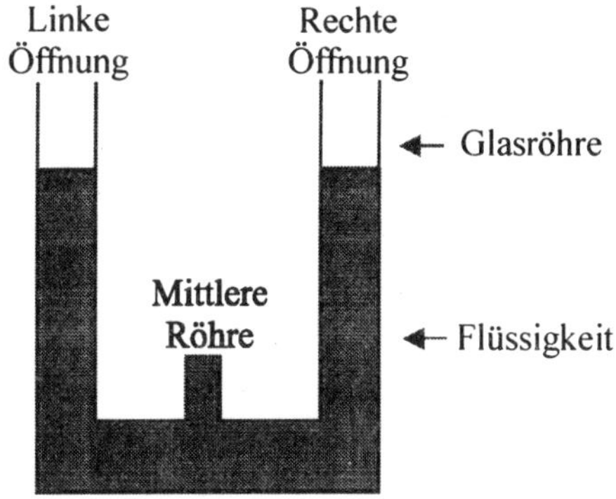


Abb. 18

Diese Darstellung steht symbolisch für die beiden polaren Anteile der Ur-Bewußtseinsenergie des EINEN Wesens, deren polare Anteile ebenfalls im Ausgleich sind.

Wird nun auf die linke Hälfte des Röhrengebildes in irgendeiner Form Druck ausgeübt, so daß der Druck sich gleichmäßig auf die gesamte Flüssigkeitsoberfläche auswirkt, wird der Flüssig-

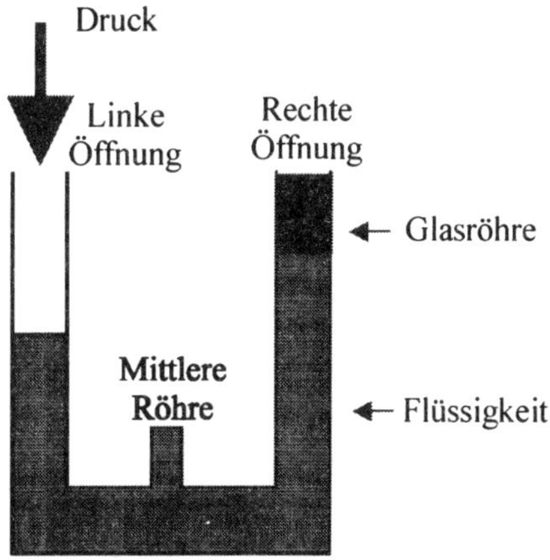


Abb. 19

keitspegel im rechten Röhrenbereich in dem Maß ansteigen, wie er im linken sinkt (Abb. 19).
Auf die kosmischen Zusammenhänge angewandt bedeutet dies nicht anderes, als daß durch die Zuwendung, beispielsweise eines polaren menschlichen Wesens, und damit ist das **polare Bewußtsein** eines Wesens zu verstehen, zu einer polaren Gegebenheit im gleichen Maße die gegenteilige polare Gegebenheit zum Vorschein kommt oder in den Vordergrund tritt. Polare Bewußtseinszustände sind in der Regel verbunden mit Absichten oder ähnlichen Strukturen, die Wertungen, Be- oder Verurteilungen oder den Überschuß oder das Defizit innerhalb einer Bewußtseinseinheit beinhalten.
Die Absicht oder Motivation ist der Katalysator für den Ausgleich energetischer Gegebenheiten.
Ein Mensch beispielsweise, der versucht durch die Zuwendung zur Spiritualität vor der Tatsache der physischen Existenz zu fliehen, wird feststellen, daß er immer wieder von der „Realität" eingeholt wird. Dies bedeutet nichts anderes, als daß durch das hierdurch entstandene Spannungsfeld versucht wird, die Energiepegel der Wesenheit wiederherzustellen.
Diese Information ist bereits im Ur-Bewußtsein gespeichert und nicht zu umgehen.
So wird dieser Mensch immer wieder konfrontiert sein mit „**Pro-**Em**blem**atik**en**", die ihm Hinweise darauf geben, daß die absolute Ausgeglichenheit beider Polaritäten nur hergestellt werden kann, wenn die beiden Pole **miteinander verbunden** werden.
Das Negieren oder die Verweigerung von Gegebenheiten liegt zwar innerhalb der freien Entscheidungsmöglichkeit einer Wesenheit, widerspricht jedoch dem kosmischen Prinzip des absoluten Ausgleiches und wünscht sich aus diesem Grunde wieder auszugleichen. Dies zu erlernen ist Teil eures Aufenthaltes auf dem Planeten Erde.

**Je mehr ihr also versucht, euch einem, euch (eurem) SELBST innewohnenden Anteil zu verweigern, desto mehr Energie fügt ihr diesem zu.**

Je stärker ihr euch einem Wunsch oder einem Bedürfnis verweigert, desto aktiver wird das Wissen, daß ihr nicht darüber verfügen könnt, und dementsprechend steigt der Energiepegel des Spannungsfeldes an, der Symboliken oder „Pro-Embleme" in eurer Realität erschafft, die euch auf diese Diskrepanz in euch hinweisen.

Die Zuwendung zur Trinität, die euch zu kosmischen Menschen werden läßt, beinhaltet den absoluten Ausgleich der polaren Energiestrukturen.
Dieser Zustand wird durch die Grafik der Abb. 20 gezeigt.
Wird Druck auf die mittelere Öffnung ausgeübt, so wird die

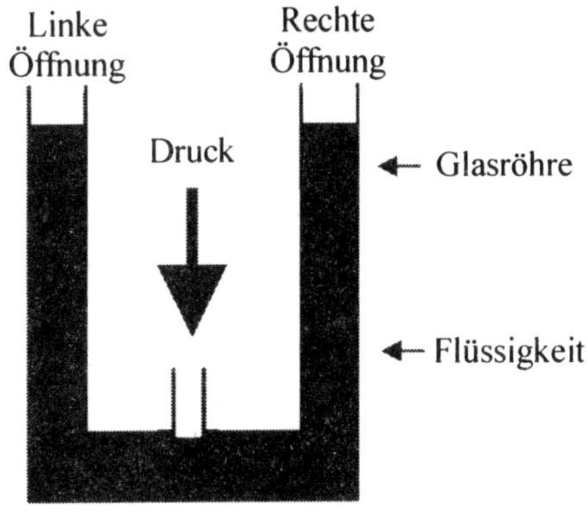

Abb.20

Flüssigkeit in beiden Röhrenhälften gleichmäßig nach oben gedrückt.
Dies bedeutet nichts anderes, als daß der sich seines SELBST bewußte oder der kosmische Mensch sich durchaus seiner beiden polaren Anteile bewußt ist und diese in vollem Umfange als Aspekte seiner Persönlichkeit akzeptiert. Wendet sich dieser Mensch einer Lebensthematik zu, so ist es ihm möglich, diese unter Zurkenntnisnahme und Akzeptanz seiner kosmischen Existenz in das Erkennen von Zusammenhängen zu integrieren, die Symbolhaftigkeiten seiner Existenz in vollem Umfange zu erkennen und wird sich auf seinem Wege der SELBST-Erkenntnis wiederum bewußter.

Versteht ihr, Kinder des Lichtes, wer ihr seid und wohin euch euer Weg führen wird?

## Genmanipulation

Da ihr nun schon erfahren habt, daß der Bereich der „Gen-Manipulation" mit der Manipulation der **Generierung** von Bewußtseinsenergie zu tun hat, möchten wir euch in diesem Zusammenhang noch einiges im Detail erläutern.
In eurem Verständnis der Wissenschaft ist es möglich, natürliche Lebensformen in Form, Aussehen und Eigenschaften so zu verändern, daß sie eurem **rationalen** Verständnis der Gegebenheiten am nächsten kommt. Eure Ratio ist der Wesensanteil von euch, der bei dem polar strukturierten Menschen eng mit dem irdischen oder physischen Bewußtsein verbunden ist und aufgrund dessen eben mit der Information der Angst und dem „Menschseinprogramm" verknüpft ist.
Bewußtsein wird „**gene**-riert", also von einem Zustand in einen anderen transferiert. Anders formuliert, wird Bewußtseinsenergie in Spannungszustände versetzt. Diese Spannungszustände in den Bewußtseinsstrukturen bringen sich in materieller Form zum Ausdruck, das bedeutet, sie manifestieren sich in dreidimensionaler Form.
Energie wird in Materie umgewandelt. Dieser Vorgang funktioniert innerhalb des „morpho-**gen**-en" Feldes sowohl für jede einzelne Lebensform, als auch im kollektiven Sein der gesamten Menschheit. Diese Zusammenhänge haben wir bereits mehrfach angesprochen.

Das „morpho-**gene**" oder „morpho-**gene**-tische" Bewußtseinsfeld bildet die Basis für die kollektive **Gene**rierung von Bewußtsein.
So ist das, was ihr als Materie bezeichnet, nichts anderes, als der grobstofflich gewordene Ausdruck geistiger, also feinstofflicher Bewußtseinsenergie.
Die Gene, die in Form der sogenannten DNS-Stränge in **jeder** Zelle eines Lebewesens vorhanden sind, bilden die materielle oder physische Informationsgrundlage eines Lebewesens, deren wahrhaftige Basis jedoch im morphogenen Bewußt-

seinsfeld jeder Wesenheit angelegt ist.

**Eure DNS-Stränge sind der für menschliche Wahrnehmung sichtbar gewordene Ausdruck von Bewußtseinsenergie oder reiner Information!**

Wird nun auf der materiellen oder physischen Ebene in die DNS-Stränge in der Form eingegriffen, daß enthaltene Informationen verändert oder gar entfernt werden, so ergibt sich mit der ursprünglich angelegten Information im morphogenen Feld der gentechnisch veränderten Wesenheit eine sehr starke energetische Diskrepanz zu ihrem materiellen Ausdruck. Während im morphogenen Feld die ursprüngliche Information erhalten bleibt, wird deren erzeugte körperliche Form verändert. Dies wird, und eure Wissenschaft wird das noch erkennen müssen, zu großen Schwierigkeiten führen, falls versucht wird, veränderte Lebensformen zu schaffen.
Durch Wissenschaftler, die in ihren, als verwirrt zu bezeichnenden Persönlichkeitsstrukturen, die sie wiederum an die „Leib-haftigen", also an die mit der Materie Verbundenen ketten, wurde dies bereits in kleineren Experimenten mehrfach versucht.
Pflanzliche und tierische Lebensformen sind ebenso Ausdruck des morphogenen Feldes, wie beispielsweise mineralische Lebensformen. Sie können als Anteil des kollektiven Daseins auf eurem Planeten bezeichnet werden, das, wie beispielsweise auch Wasser oder Luft, der Unterstützung der menschlichen „Ent-wicklung" des SELBST-Bewußtseins dienen und förderlich sein soll.
Dies bedeutet keineswegs, daß tierisches, pflanzliches oder mineralisches Leben untergeordnete oder minderwertige Lebensformen sind. Ihre Existenz jedoch hat einen anderen Zweck als beispielsweise die eure und soll euch als Begleitung und Unterstützung im weitesten Sinne dienen.
Menschliches und nichtmenschliches Leben sind aufeinander angewiesen und jegliche Lebensform hat ihren Stellenwert innerhalb der planetaren Gemeinschaft.
Werden diese Lebensformen in ihrem vorgesehenen mate-

riellen Ausdruck, also ihren Eigenschaften und/oder ihrer Form, durch die Manipulation ihrer Basisinformation, der DNS, verändert, so wirkt sich dies anders aus, als bei einer Wesenheit auf dem Wege der SELBST-Erkenntnis, also beispielsweise einem Menschen.

Die Diskrepanz zwischen geistiger Basisinformation, also dem morphogenen Feld, und der physischen Basisinformation, der DNS, wird sich drastisch auf die Existenz einer künstlich erzeugten Lebensform auswirken. Eingebunden wird auch derjenige sein, der seine physische Basisinformation, also seine Zellinformation, die DNS, zur Verfügung gestellt hat, da zwar eine physische jedoch **keine** morphogene „Verdopplung" stattgefunden hat.
Diesbezügliche Experimente sind eben an diesem Zusammenhang gescheitert. Eure Wissenschaft hat keinen Zugang zum morphogenen Feld, wie dies tatsächlich erforderlich wäre, und wird diesen in der erwünschten Form aller Voraussicht nach auch nicht erlangen.
Ihr werdet zu gegebener Zeit auch in euren Medien über fehlgeschlagene Experimente im Zusammenhang mit der Manipulation der Gene erfahren. Fürchtet euch jedoch nicht, ihr seid nicht wahrhaftig in Gefahr.

In jeder DNS-Struktur sind nicht nur die individuellen Informationen einer Lebensform gespeichert, oder besser in materielle Form gebracht, sondern auch ihr Anteil an der „Rolle" oder dem „Stellenwert" der Spezies innerhalb des kollektiven Lebens auf eurem Planeten.
Eine Pflanze wird in ihrem Grundbewußtsein Pflanze bleiben. Sie hat nicht die Möglichkeit sich mit anderen, auf dem Planeten Erde beheimateten Lebensformen im Geiste zu verbinden, dennoch verfügen Pflanzen in vielfältiger Form über Möglichkeiten gedanklicher und emotionaler Form, die ihr als Telepathie bezeichnet.
Anders bei der menschlichen Lebensform. Der Mensch beinhaltet in seinem Bewußtsein durchaus die Möglichkeit, geistige Verbindungen mit anderen Lebensformen, seien sie

nun tierischen, pflanzlichen oder mineralischen Ursprunges, einzugehen.
Der Mensch ist, neben der Lebensform „Planet“, der sehr wohl über ein eigenes Bewußtsein, das sehr hoch entwickelt ist und über ein im Prinzip perfekt aufeinander abgestimmtes „ökologisches“ System verfügt, die „höchste“ Lebensform. Obgleich der Mensch sich überwiegend seines wahren Daseins, mit all den damit verbundenen Möglichkeiten nicht bewußt ist, hat er latent in sich die Option, sich zu einem kosmischen Menschen zu entwickeln.
Die von uns verwendeten Bewertungen in Bezug auf „höhere“ und ähnliche Definitionen beziehen sich einzig und allein auf die Bewußtseinsebenen, und nicht auf irdische Werteskalen oder hierarchische Strukturen der Macht.

Wird der Mensch innerhalb seiner Bewußtseinsstrukturen zum kosmischen Menschen, so wird sich auch über die „Rückkopplung“ von geistiger und physischer Ebene eine Veränderung in der DNS-Struktur ergeben. Das bedeutet, Veränderungen in eurem persönlichen morphogenen Feld zeigen sich zwangsweise auch innerhalb der physischen oder materiellen Struktur des Menschen, da die materielle Strukturierung **immer und ohne** Ausnahme die Folge geistiger Impulse oder Konzeptionen ist.

**Der Geist beherrscht die Materie, nicht die Materie den Geist !**

Konntet ihr unserer Erzählung bis zu dieser Stelle folgen, vermögt ihr die Bedeutung der vorherigen Aussage wahrhaftig begreifen:

**Alles ist euch möglich. Nichts ist euch versagt.**

Es sei denn, ihr entscheidet euch in euch (eurem) SELBST für oder gegen das eine oder das andere.
Ihr, jeder einzelne von euch, ist der Meister seines eigenen SELBST und der damit verbundenen Umstände.

Versteht ihr, wovon wir sprechen, Kinder des Lichtes und der Liebe?

# Kosmisches Bewußtsein

Der kosmische Mensch ist sich der Gegebenheiten und Verbindungen zwischen geistiger und physischer Ebene bewußt und **empfindet** sich als Teil eines großen Ganzen. Diese Wandlung innerhalb eines menschlichen Bewußtseinsfeldes vollzieht sich durch das Erlernen innerhalb der physischen Bereiche. Es entsteht durch die Tat, die Handlung des Menschen, und nicht durch das Denken und Konzeptionieren. Kosmisches Bewußtsein und die daraus entstehenden inneren Glaubensüberzeugungen ergeben sich aus einem Bewußtseinswandel des Menschen, der sich aus der Hilflosigkeit, der Minderwertigkeit und der Unsicherheit des „BIN ICH?“ herausbegibt in die innere Überzeugung des „ICH BIN!“.
Das kosmische Bewußtsein eines menschlichen Wesens ergibt sich wiederum durch die Verbindung von Intuition, Konzeption **und** Handlung, dreier Aspekte, die, werden sie in Einklang gebracht, Realität nahezu übergangslos erzeugen.
Zweifel, Unsicherheit und Angst sind begrenzende und hindernde Strukturen innerhalb eurer Existenzbereiche. Erst durch die Überwindung dieser Begrenzungen wird der Mensch zum Ausdruck des kosmischen Bewußtseins.

Wie jedoch kann ein Mensch aus der im Prinzip unnatürlichen Verhaltensweise der Angst und des Zweifels sich hinausbegeben in die Überzeugung des absoluten Seins?
In euren Denkstrukturen macht sich immer wieder der Wunsch nach Veränderung breit. So gibt es bei jedem von euch Lebensbereiche, die ihr zu ändern wünscht. In eurer gedanklichen Konzeption versucht ihr in einem solchen Falle, aus dem derzeitigen „Ist“-Zustand in einen theoretischen „Soll“-Zustand zu gelangen. Um diesen Zustand herbeizuführen sind meist Voraussetzungen notwendig, die im Augenblick nicht erreichbar scheinen. So entwickelt sich also in eurer gedanklichen Vorstellung die Überzeugung, daß sich zunächst gewisse Umstände eures Lebens verändern müssen, damit ihr in die Lage versetzt werdet, eure Veränderungen auch realisieren zu

können.
Damit geratet ihr jedoch immer wieder in eine Falle. Schließlich und endlich ist der Weg, den ihr zurückzulegen wünscht, euer Ziel. Dadurch daß ihr versucht, Veränderungen in eurem Leben herbeizuführen, die abhängig sind davon, ob das Schicksal oder das Leben euch gewisse „Dinge" gibt, löst ihr euch wiederum von euch (eurem) SELBST und begebt euch in eine Abhängigkeitsstruktur.
Ihr erwartet die Veränderung eures Lebens und benötigt dazu etwas, sei es nun Geld, ein Mensch, mit dem ihr es tun könnt, oder eine Veränderung eures körperlichen Zustandes.
Also bittet ihr „die da oben" um Hilfe in der Erwartung, daß, wenn das, was ihr plant, das „Richtige" ist, euch auch die entsprechende Hilfestellung gewährt wird. Wiederum verknüpft ihr euer Leben und eure Verantwortlichkeit für euch (euer) SELBST mit Erwartungen, die von der äußeren Welt, denn dazu gehören auch bis zu einem gewissen Grad „die da oben", erfüllt werden muß, damit ihr wirken könnt.
Eure Erwartung wird jedoch nicht so erfüllt, wie ihr es euch ersehnt. Also akzeptiert ihr diesen Vorgang als „Botschaft", daß für euch der „richtige" Zeitpunkt noch nicht gekommen ist, oder das, was ihr geplant habt, nicht das „Richtige" für euch und euer Leben ist.
Ihr seid gegebenenfalls ein klein wenig frustriert und entschließt euch, nachdem ihr diese Phase überwunden habt dazu, euch eine neue Konzeption zu erstellen.
Der Ablauf ist wieder ähnlich und eines Tages seid ihr soweit, daß die Frustration überwiegt, und ihr resigniert. Der Zeifel, ob denn dies alles nun so seine Richtigkeit hat, beginnt euch zu dominieren, und eines schönen Tages wißt ihr gar nicht mehr, was nun eure „Auf-gabe" ist, und ihr tut nichts - aus „Ent-Täuschung" und Frustration.

Die Falle, in die ihr immer wieder tappt, ist zu suchen in euren „Er-**wart**-ungen", die ihr mit euren Vorhaben verbindet. Nichts und niemand ist fähig und in der Lage, euch eure Hoffnungen oder Erwartungen zu erfüllen, wenn nicht ihr (euer) SELBST euren Teil dazu beitragt, damit seelischer, geistiger und physischer Bereich miteinander in „**Ein-klang**“ gebracht werden.

Eure Vorstellung, die auf euren, in euch hineinprojizierten, Glaubensstrukturen basiert, suggeriert euch, daß ihr euer gewünschtes Ziel dann erreicht, wenn ihr all das, was bisher euer Leben bestimmt hat, zu einem großen Teil oder gar vollständig hinter euch laßt und eurem Leben eine große Wendung gebt.
Alles oder nichts ist die Devise, und ihr seid konfrontiert mit euren „Pro-Emblemen“, die euch ohnehin immer wieder behindern und begrenzen.

Ihr überseht, daß **euer Weg das Ziel ist**. Ihr überseht, daß euer Leben der Sinn und der Zweck eures Lebens ist.
Strebt ihr in eurem Leben danach, die damit verbundenen Umstände oder „Pro-Embleme“ zu verändern, so ist der konstruktive Weg gegebenenfalls derjenige, der euch nach und nach die Erfahrungen machen läßt, die euch zu dem werden lassen, was ihr zu sein wünscht.
Das bedeutet nichts anderes, als daß eine Veränderung der von euch erlebten Umstände dadurch eingeleitet werden kann, daß ihr euch eine Zielsetzung konstruiert und dabei berücksichtigt, daß ihr dabei selbst die Option habt, die ersten Schritte zu tun, wie es euch eben innerhalb der herrschenden Lebensumstände möglich ist.

Eure Glaubensstrukturen haben dafür gesorgt, daß ihr euch innerhalb eures „Pro-Emblem“-Bereiches und damit verbundener Situationen bewegt. Eine Begebenheit, die beispielsweise eure gesamten Lebensumstände drastisch verändern würde, könnte dazu führen, daß der damit verbundene Lern- und SELBST-Erkenntnisprozeß eines Menschen umgangen würde.
Zugegebenermaßen wäre dies die einfache Variante. Vergeßt jedoch in diesem Zusammenhang nicht, warum ihr euch inkar**m**iert habt: Ihr seid in körperlichem Ausdruck auf eurer Welt, um den Weg der SELBST-Erkenntnis zu gehen. Dies ist nur möglich, wenn SELBST-Erfahrung durch die Verbindung

von Impuls, Gedanke und Handlung konform gehen und somit Realität erschaffen wird oder sich daraus Spannungsfelder innerhalb der Bewußtseinsenergie ergeben, die andere Realitätsformen erzeugen.
Beides dient der Erkenntnis eures SELBST und läßt euch eure individuellen SELBST-Findungsprozesse erlangen.

Ein menschliches Wesen, das sich auf den Weg begeben hat, ein kosmischer Mensch zu werden, wird im Verlauf der Zeit lernen, die Situationen und Begebenheiten sowie die damit verbundenen Symbolhaftigkeiten in ihrer Ganzheit und all den Zusammenhängen zu deuten, zu begreifen und dementsprechend zu handeln.
Der polarisierte Mensch wird jegliche scheinbare Verhinderung als Scheitern, Versagen oder Verlassensein deuten und sich somit in seiner scheinbaren Minderwertigkeit und Unzulänglichkeit bestätigen.
Der Mensch auf dem Wege zum kosmischen Bewußtsein wird über die polarisierte Zerrissenheit der projizierten Emotionen hinauswachsen und sich emotional festigen, was jedoch innerhalb gewisser Beurteilungsstrukturen wiederum dazu führen kann, daß die damit verbundene Gelassenheit (Gehen-lasssenheit) als Emotionslosigkeit definiert werden könnte.
Tatsächlich legt der Mensch auf dem Wege zur kosmischen Anbindung eine gewisse Neutralität an den Tag, die daraus stammt, daß Bewertungsstrukturen entfallen, die bei einem polarisierten Menschen durchaus Gefühle vielfältiger Art auslösen könnten.
In seinem Verständnis für die wahren Vorgänge sieht der kosmische Mensch seine Anteile in den Gegebenheiten, schöpft daraus seine Kenntnisse und geht weiter seines Weges.
Der kosmische Mensch lebt und erlebt seine individuelle Wahrheit in dem Wissen, daß diese Wahrheit durch wachsende Erkenntnisse sich jederzeit wandeln kann.

Dieser Mensch ruht in seinem eigenen morphogenetischen (morphogenen) Feld und wird zunehmend unabhängiger von äußeren Gegebenheiten der dreidimensionalen oder phy-

sischen Welt.
Das bedeutet schließlich und endlich, daß der Mensch innerhalb des kosmischen Bewußtseins zwar nach wie vor Teil des Kollektives ist, jedoch innerhalb seines eigenen Bewußtseins zu ruhen vermag.

Äußere Einflüsse nehmen weitaus weniger Einfluß auf das Energiefeld des kosmischen Menschen.
So leidet der polarisierte Mensch beispielsweise oftmals unter dem Wechsels des Wetters. Dies liegt daran, daß bei einem bevorstehenden Wetterwechsel das geographisch regionale Energiefeld sich anders strukturiert und die damit verbundenen Energieveränderungen sich auch auf das morphogene Bewußtseinsfeld des Menschen auswirken. Gleiches gilt ebenfalls für energetische Veränderungen innerhalb des gesamten planetaren Systems, wie beispielsweise Schwingungserhöhungen des globalen morphogenen Bewußtseinsfeldes.
Derartige Umstrukturierungen machen dem polarisierten Menschen gegebenenfalls zu schaffen, da dieser **noch** nicht wahrhaft in sich selbst zu ruhen vermag und aufgrund dessen auf Energiezufuhr „von außen“ angewiesen ist.
Energieveränderungen wirken sich beispielsweise an manifestierten Blockaden oder sich manifestierenden Störungen im Energiefluß beim Menschen aus, wie es alte körperliche Verletzungen oder Ähnliches darstellen.
So empfindet ein Mensch Schmerz oder empfängt andere Mitteilungen des Körpers auf derartige Gegebenheiten.

Dem kosmischen Menschen gelingt es, sein Energiegefüge unabhängig von äußeren Strukturen zu machen und somit unbeeinflußbar von äußeren Gegebenheiten zu werden.

## Zweifel und innere Gewißheit

Ihr sucht nach dem Kontakt zu euren höheren Aspekten. Viele von euch glauben, aufgrund ihres begrenzten SELBST-Wertgefühls, daß sie Führung und Anleitung durch andere Wesenheiten erleben und erfahren können. So machen sie sich auf die Suche nach Wesenheiten, von denen diese Menschen glauben, daß sie auch mit ihnen als „minderwertige" Wesen kommunizieren werden und ihnen helfen werden, ihr Leben und die damit verbundenen Umstände veränderbar zu machen.

Diese Menschen übersehen jedoch immer wieder, daß Kommunikation mit höheren Aspekten, immer und ohne Ausnahme über die eigenen „höheren" Anteile stattfindet.
Die Wertung „höher" ist in diesem Zusammenhang einzig und allein von eurer Sichtweise aus zu betrachten und bezieht sich bestenfalls auf einen, im Vergleich mit eurem, erweiterten Bewußtseinszustand.
Anders formuliert bedeutet Kommunikation mit höheren Aspekten nichts anderes, als daß ihr euren eigenen höheren Aspekt und die dort angesiedelten Fähigkeiten nutzt, um mit anderen höheren Aspekten von anderen Wesenheiten zu kommunizieren.
In eurem antrainierten Minderwertigkeitsgefühl überseht ihr, daß ihr sehr wohl fähig seid, euren eigenen höheren Anteil zu aktivieren und diesen für euch einzusetzen. Es fällt euch deshalb nicht auf, da ihr dabei nicht auf den wahrhaftigen Vorgang achtet, sondern lediglich das Ergebnis für euch von Bedeutung ist.

Eure Wahrnehmung, also das, was jeder von euch für die Wahrheit erachtet und deshalb sämtliche Sinnesorgane darauf fixiert, ist in ihren bewußten Schichten so trainiert, daß ihr das Gefühl habt, euch „sicher" sein zu müssen. Erst wenn ihr euch sicher seid, könnt ihr vertrauen.
Dies ist wiederum ein antrainiertes Phänomen, das ihr in all euren Lebensbereichen immer wieder finden könnt.
Euer Bestreben nach Sicherheit ist wiederum darin zu suchen,

daß ihr in euch den Wunsch tragt, nichts „falsch“ machen zu wollen, da die Erinnerung an Bestrafung nach wie vor aktiv ist. Der Begriff „Bestrafung“ ist in diesem Zusammenhang anzusehen als Mitteilungen von anderen Menschen in Form von Handlungen, Bemerkungen, Gesten oder Mimiken, die euch signalisieren oder signalisierten, daß ihr eine Verfehlung begangen habt. Dies hat in euch den Grundstein gelegt, euch an die Regeln zu halten, da ein Regelverstoß immer wieder durch den Entzug dessen in mehr oder weniger schwerer Form geahndet wurde, was euch so wichtig ist, nämlich dem Gefühl, liebenswert zu sein und geliebt zu werden.
So versucht ihr, euch sicher zu sein oder wenigstens ein klein wenig sicherer zu sein, bevor ihr euch auf „etwas“ einlaßt, das gerade im feinstofflichen Existenzbereich, für euch nicht wirklich greifbar ist.
Da jedoch die geistigen oder feinstofflichen Existenzebenen meist nicht mit euch in rein verbaler Form kommunizieren, erlebt oder erfahrt ihr oftmals ein Gefühl. Ihr könnt euch innerhalb eurer Prägungen jedoch wiederum nicht sicher sein, da es sich ja „nur“ um ein Gefühl handelt.
Also bleibt euch der Zweifel, ob das, was ihr nun spürt, der Wahrheit entspricht oder lediglich eine Projektion eurer Wunschvorstellungen ist.

Um euch sicher sein zu können, müßtet ihr euch schon darauf einlassen. Ihr müßtet es in euch erleben und erfahren, um so die Sicherheit zu gewinnen.
Wiederum geht es um den Lernprozeß, der verbunden ist mit euren Erwartungen oder Hoffnungen, die ihr in ihn hineinprojiziert.
Die Sicherheit erlangt ihr durch das **TUN**. Das **TUN** verhindert ihr oftmals, solange ihr euch nicht sicher sein könnt. Die Katze beißt sich in den Schwanz, und ihr beginnt wieder von vorn. Solange ihr euch nicht sicher sein könnt ......, aber das hatten wir ja schon.

## Innere Führung

Die innere Führung muß nicht aktiviert werden. Sie muß weder gesucht noch gefunden werden, sie ist Teil eures gesamten SELBST.
Eure innere Führung ist die leise Stimme, die ihr in eurer lauten Welt kaum oder nur selten zu hören oder zu spüren vermögt. Je nach Strukturierung eurer eigenen Persönlichkeit mag eure innere Führung durch vielfältige Möglichkeiten eurer Realität mit euch kommunizieren.
**Wir verweisen nochmals darauf, daß eure innere Führung immer und ohne Ausnahme für euch tätig ist.**
In einigen Fällen arbeitet eure innere Führung über eure Bedürfnisse und Wünsche, indem sie in euch eben Wünsche oder Bedürfnisse erweckt. In anderen Fällen drückt sie sich über symbolhafte Geschehnisse in eurer äußeren Welt aus.
So könnt ihr durchaus gegebenenfalls feststellen, daß, wenn ihr euch (eurem) SELBST eine Frage gestellt habt, ihr die Antwort darauf durch eine Symbolik, durch einen Satz, den ein Mensch aus eurer Umgebung sagt, oder sonstige Erlebnisse erfahrt. Unter Umständen hört ihr die Antwort gar in einem eurer Fernseher oder lest sie in der Zeitung. In einem derartigen Zusammenhang mag sich der gesprochene oder gelesene Satz durchaus auf eine andere Thematik beziehen. Für euch jedoch ist es die Antwort auf eure Frage.
Oftmals seid ihr jedoch wieder konfrontiert mit euren Glaubens-überzeugungen, die euch suggerieren, daß dies keinesfalls möglich ist. Also werdet ihr wieder verunsichert, weil ihr euch (euer) SELBST verunsichert und geht einfach davon aus, daß eure Frage noch immer der Beantwortung bedarf. So sucht ihr weiterhin nach etwas, das längst hinter euch liegt.
Wieder seid ihr konfrontiert mit einer Form der Unwissenheit, aus der die Unsicherheit entspringt, die einzig und allein auf euren Glaubensstrukturen der Minderwertigkeit und der Unzu-länglichkeit basiert.

Die Frage, ob ihr nun innere Führung habt oder nicht, sollte sich euch im Prinzip nicht stellen.

Das, was ihr als innere Führung definiert, erfüllt nicht eure Erwartungen und kommuniziert oftmals nicht so mit euch, wie ihr es euch erhofft oder erwünscht.
Eure innere Führung arbeitet mit Symboliken und Gefühlen. Wenn ihr lernt, das Ganze zu sehen und euch (euer) SELBST als einen Teil des Ganzen betrachtet, wird es euch möglich sein, die Symbole und Emotionen eurer inneren Führung zu verstehen und zu begreifen.

Sicherheit in Bezug auf das, was euch euer Innerstes übermittelt und dies zu verstehen, zu begreifen und auch umzusetzen, erreicht ihr dann, wenn ihr euch nach und nach darauf einlaßt.
Nicht die großen „Dinge“ eures Lebens haben die tatsächliche Bedeutung. Der Augenblick des JETZT ist meist viel zu kurz, um „Großes“ geschehen zu lassen. Selbst das „Große“ setzt sich in letzter Konsequenz aus einer Vielzahl kleiner „Dinge“ zusammen.
Die kleinen „Dinge“ bestimmen euer Leben und daraus setzt sich euer gesamtes Leben zusammen.
Lernt in den „kleinen Dingen“ euer Leben zu finden. Lernt in den „kleinen Dingen“ eures täglichen Lebens die Sicherheit kennen, die ihr sucht. Nichts in eurem Leben kann größer sein, euch mehr Sicherheit geben, als euch und damit eurem SELBST vertrauen zu können.
Ein Wesen, das verlernt hat, sich und damit auch anderen bis in die letzte Konsequenz zu vertrauen, kommt nicht umhin, dieses Vertrauen wieder zu erlernen.
Lernt zu vertrauen. Lernt euch SELBST und damit eurem SELBST durch den Augenblick des JETZT und allen mit diesem jeweiligen Augenblick verbundenen Situationen, Gegebenheiten und Symboliken wieder zu vertrauen.

Die Stimme der inneren Führung ist leise und hält sich zurück.
Solange euer physisches SELBST laut schreit und nichts und niemanden zu Wort kommen läßt, weil es im Besitz der Kontrolle sein und bleiben möchte, solange wird es euch schwer fallen, euch (euer) SELBST zu hören.

Doch wiederum geht es darum zu lernen. Jeder Mensch tut dies auf seine ihm ureigene Art und Weise.

Ihr werdet es lernen, Kinder des Lichtes. Ein jeder auf seine Art. Und der letzte von euch bestimmt, wann es soweit ist..........

## Sexualität

Das Thema Sexualität ist für viele von euch nach wie vor ein schwieriges. Geprägt durch vielerlei Glaubenssätze und dogmatisches Gedankengut wird die Sexualität und insbesondere das Ausleben derselben verbunden mit Attributen wie „schmutzig“, „schlecht“, „triebhaft“, „demütigend“ und ähnlichem. Somit ist die Sexualität klassifiziert als „schlecht“ und konsequenterweise abzulehnen.
Soweit im Ansatz der Anteil der physischen Bewußtseinsprogrammierung.

Der Umgang vieler Menschen mit und in der Sexualität hat sich durchaus verändert. Dennoch ist sie in vielen zwischenmenschlichen Verbindungen der Träger vielfältiger Frustrationen und Unausgeglichenheiten.
Eure Medienmaschinerien der Suggestion übermitteln euch ein Bild von Frauen, die sich den Männern hemmungslos und unendlich lustvoll hingeben und von Männern, die äußerst maskulin sind und über schier unbegrenzte Potenz verfügen, um den Frauen exzessive Erlebnisse der Lust zu bescheren.
Insoweit eine, vom menschlichen Standpunkt aus betrachtet, reizvolle Vorstellung, die vielen von euch in dieser Form jedoch versagt bleibt.
Selbst wenn euch bewußt ist, daß die euch in euren Filmen und sonstigen Medien vermittelten Bilder nicht der Realität entsprechen, wird der Wunsch, das Bedürfnis geweckt.
Was euch bleibt, ist die erlebte Realität, die oftmals völlig anders aussieht und verbunden ist mit Unverständnis, unterdrückten Vorstellungen und Frustrationen.
Diese wiederum in euch hineinprojizierten Vorstellungen der Sexualität und die scheinbare Unmöglichkeit, eure Träume und Wünsche in der Realität auch ausleben zu können, bilden ein Spannungsfeld innerhalb des morphogenen Bewußtseinsfeldes, das zu einer weiteren Spaltung und Trennung der beiden Geschlechter führt.

Weibliche und männliche Menschen sind Ausdruck oder

Symbolik polarer Strukturen.
Die feminine Energiestruktur repräsentiert das konstruktive, liebende, Geborgenheit gebende Element, die maskuline Energiestruktur das destruktive, mächtige und beherrschende Prinzip.
In diesem Zusammenhang ist weder das eine „gut“ noch das andere „schlecht“.
Somit sind wir wieder im Bereich der Spannungsfelder und deren Ausdruck innerhalb polaritätsgebundener Strukturen. Ein weibliches Wesen wird meist ein Defizit innerhalb des männlichen Energiepotentials, und ein männliches Wesen wird dieses Defizit innerhalb der eigenen weiblichen Energie haben.
Obwohl innerhalb der Bewußtseinsfelder der weiblichen und der männlichen Wesenheiten beide Energieformen in vollem Umfang latent vorhanden sind, überwiegt jedoch die eine oder andere Seite. Individuell auf den Menschen bezogen bedeutet dies, daß eine Vermischung beider Energiestrukturen aufgeteilt auf unterschiedliche Lebensbereiche in unterschiedlichen Kombinationsmöglichkeiten existiert.

Dieses dadurch erzeugte Spannungsfeld sorgt dafür, daß innerhalb der dreidimensionalen Realitätsstruktur die weiblichen Wesen mit der zerstörerischen Energie der Männer konfrontiert sind und die männlichen Wesen mit der Geborgenheit gebenden oder erschaffenden Energie der Frauen.
Soviel zur Theorie.
In der Praxis des dreidimensionalen Lebens wirkt sich die Vermischung von weiblicher und männlicher Energiestruktur durchaus so aus, daß sie durch vorhandene Defizite oder Überschüsse innerhalb der polaren Energiestrukturen für Anziehung oder Ablehnung sorgen.
Ein männliches Wesen, das einen Anteil seiner ihm innewohnenden weiblichen Aspekte lebt und verwirklicht, wird sich gegebenenfalls von einem weiblichen Wesen angezogen fühlen, das den männlichen Aspekt lebt und umgekehrt.
Einerseits wirkt die nicht nach außen gebrachte und somit bewußt oder unbewußt gelebte Energie anziehend auf einen Menschen, der diesen Ausdruck eben gerade nicht leben kann,

und andererseits wirken die damit verbundenen Verhaltensweisen wiederum abstoßend, oder zumindest in der Weise, daß ein gewisses Unverständnis bei beiden Beteiligten existiert oder im Laufe der Zeit ans Tageslicht kommt.
Ein Mensch, gleichgültig ob maskulin oder feminin, der beispiels-weise aufgrund seines „Menschwerdungsprogrammes“ Macht glaubt ausleben zu müssen, wird damit Menschen faszinieren, die dies nicht können oder glauben, dies nicht zu wollen.
Somit werden sich innerhalb einer zwischenmenschlichen Beziehung gewisse „Spiele“ entwickeln, die beiden Menschen die Möglichkeit bieten sich dem anderen, im Prinzip der Energiestruktur des anderen, anzunähern.
Die Auswirkungen dieses „Spiels“ sind für die betroffenen Menschen durchaus physisch zu verspüren, da sie oftmals mit Schmerz und Leid verbunden sind, dennoch geht es im Prinzip nicht um die Auswirkungen dieser Spielvarianten, sondern um den dahinter stehenden Ausgleich energetischer Strukturen, die als Basis für diesen Tummelplatz dienen.

Betrachtet euch einmal die Menschen aus eurem engeren Umfeld und versucht genau herauszufinden, was diese euch durch ihre Verhaltensweisen zeigen. Versucht herauszufinden, was euch an ihnen fasziniert oder stark anzieht, und setzt diese Verhaltensweisen in Relation zu euren tief in euch verwurzelten Wünschen und Bedürfnissen. Auf diese Art und Weise werdet ihr etwas mehr über euch (euer) SELBST erfahren und euch besser erkennen können.

Was hat all dies mit Sexualität zu tun?
Durch den Akt der sexuellen Vereinigung wird auf der physischen, der körperlichen Ebene, der höchstmögliche Ausdruck der absoluten Verbindung zwischen männlicher und weiblicher Energie erlebt. Dabei ist die Form der körperlichen „Be-fried-igung“ jedoch so etwas, wie ein reines „Nebenprodukt“.
Der Sexualtrieb ist als die Motivationsenergie anzusehen, die diesen Vorgang ermöglicht.

Die Energiefelder der sich vereinigenden Menschen vermischen sich und tauschen sich aus. Der Akt sexueller Vereinigung bleibt niemals ohne „Folgen“, da die Vermischung zweier Energiefelder immer und ohne Ausnahme zu Veränderungen innerhalb der morphogenen Energiestrukturen führt. Die Veränderung der morphogenen oder geistigen Struktur führt zwangsweise auch zu „Pro-Emblemen“, also zu Symbolhaftigkeiten, die den Menschen, gleichgültig in welcher Form, zu der Erkenntnis seines eigenen SELBST führen.

Nun mag es durchaus sein, daß sich Freunde und Feinde der „freien“ Sexualität in gleichem Maße angesprochen und bestätigt fühlen.
Was ihr in diesem Zusammenhang an Bestätigung oder Ablehnung bezüglich dieser Thematik für euch daraus verwendet, liegt einzig und allein in eurem Ermessen, da ihr euren Weg der SELBST-Erkenntnis auf eure eigene Weise gehen müßt.

Es ist möglich, daß ihr zu den Menschen gehört, die den Akt der geschlechtlichen Vereinigung mit gewissen Ritualen verbindet. Es mag durchaus sein, daß ihr Sexualität mit einem Partner oder mit einer Partnerin erfahren und erleben möchtet.
Andererseits gehört ihr vielleicht zu den Menschen, die ihre Partner oder Partnerinnen von Zeit zu Zeit wechseln, da euch dies als der einzige Weg erscheint, eure Bedürfnisse zu befriedigen.
Gleichgültig in welche Kategorie ihr euch einteilt, ihr werdet für euer Verhalten immer plausible Gründe und Absichten finden.

Überseht bei dieser Thematik jedoch niemals euer tiefes Bedürfnis nach der Liebe, die nicht fragt und nichts verlangt.
Eure Sexualität bietet euch, zumindest im Ansatz, das Gefühl, daß dies möglich sein könnte.
Sucht ihr nach Frieden in euch und glaubt, daß die scheinbare sexuelle „Be-fried-igung“ euch dies bieten könnte, werdet ihr feststellen müssen, daß diese euch auf Dauer versagt bleiben wird.

Auf der Suche nach dem Frieden in euch versucht ihr gegebenenfalls, diese durch den reinen körperlichen Akt der Vereinigung zu finden. In diesem Falle werdet ihr irgendwann feststellen, daß die rein körperliche Befriedigung zu viele wahre Bedürfnisse offenläßt und eure Suche nach **dem** Erlebnis sexueller Art wird euch immer mehr dominieren.

Die körperliche Vereinigung zweier Menschen hat Im Prinzip viel mit Vertrauen zu tun. Hier habt ihr oftmals große Defizite, da die Ereignisse eures Lebens euch in vielen Fällen gezeigt haben, daß vertrauen in letzter Konsequenz nicht oder nur ansatzweise möglich ist.
So könnt ihr euch in das intensive Erleben der Sexualität nicht fallenlassen, sondern glaubt euch die „Blöße" des reinen und gegebenenfalls ungehemmten Erlebens nicht geben zu können. Vertrauen wird durch Kontrolle der eigenen Persönlichkeit oder durch die Kontrolle des Partners ersetzt und es bildet sich, wir wiederholen uns, wiederum ein Spannungsfeld, das sich durch Symboliken oder durch „Pro-Embleme" zum Ausdruck bringt. Dieses Streben nach energetischem Ausgleich ist Teil eures Lebensausdruckes und konfrontiert euch durch reale physische Geschehnisse, die euch zu eurer Erkenntnis des eigenen SELBST führen.

Wird die Sexualität auf die rein körperliche Ebene verschoben, bietet sie einen Spielplatz von Macht, Gier und weiteren egomanen Verhaltensweisen, die dem wahrhaften Ausdruck des sexuellen Erlebens im Prinzip vollständig widerspricht. Dies öffnet Tür und Tor für die Pervertierung, die sich nicht auf sexuelle Praktiken bezieht, sondern einzig und allein auf die damit verbundenen Zwänge und Machtstrukturen die der Unterdrückung des oder der Beteiligten Vorschub leisten.

Könntet ihr, Männer wie auch Frauen, eure Bedürfnisse und Wünsche ausleben, so würdet ihr ein größeres Potential des Friedens in euch finden, als ihr es je vermutet hättet.
Das, was ihr innerhalb eures Menschwerdungsprogrammes über die „schlimme" Sexualität gelernt habt, hindert euch,

Zärtlichkeit, Vertrauen und Geborgenheit in großem Umfange zu erleben und zu erfahren und somit seid ihr wieder konfrontiert mit euren Zweifeln und Frustrationen, die, nach Meinung der scheinbar Mächtigen, notwendig sind, um euch eben nicht zu euch (eurem) SELBST bringen zu können und euch somit weiterhin in den hierarchischen Machtstrukturen eurer Zivilisation zu belassen.
Sexualität ist der pure Ausdruck von Lebenskraft und -energie. Unterdrückt sie oder lebt sie aus, ganz wie es euch beliebt. So oder so, werdet ihr euch (euer) SELBST und eure Persönlichkeitsanteile erkennen und erfahren. Und einzig und allein darum geht es in eurem Leben.
Seht, was ihr sehen könnt, und verändert, was ihr verändern könnt. Nicht mehr und nicht weniger. So wie es jedem von euch möglich ist, Kinder des Lichtes.

## Lösungen

Wir haben euch nun vieles erzählt, das euch durchaus die Möglichkeit an die Hand gibt, Zusammenhänge eurer dreidimensionalen Existenzstrukturen unter anderen Gesichtspunkten zu betrachten, dadurch veränderte Bewußtseinszustände und darauf basierend Verhaltensweisen zu entwickeln, die eurem wahren Seinszustand näher kommen, als dies bisher der Fall war.

Ob ihr dies nun tut oder nicht, ob ihr zu diesem Zwecke ausgerechnet unsere Übermittlungen als Basis verwendet oder nicht, ist einzig und allein jedem von euch SELBST und eurem persönlichen Empfinden der Wahrheit überlassen.

Wir haben euch Theorie übermittelt, Wissen, Information oder Energie. Gleichgültig, wie ihr es definiert, jeder Begriff definiert ein- und dasselbe.

Ihr findet, so ihr dies wünscht und ihr danach sucht, für euch innere Impulse und ihr findet Ansätze für veränderte Sichtweisen und für geistige Konzeptionen.

Was ihr nicht finden werdet, so sehr ihr auch gerade **danach** sucht, sind die Möglichkeiten und Wege zur Handlung oder zur Tat.

Impulse und Hinweise vermögen wir zu geben, soweit sie dem Verlauf der Zeit und den damit verbundenen Gegebenheiten nicht entgegenlaufen oder ihn nicht in einer Form beeinflussen, die der Freiheit der Entscheidung des einzelnen Wesens entgegengerichtet ist.

Könnt ihr euch mit dem vermittelten Wissen identifizieren, so nehmen wir Einfluß auf euch und euer weiteres Leben innerhalb eures Kollektives. Also im Prinzip ein manipulativer Akt unsererseits. Geben wir euch nun Verhaltensweisen an die Hand, die aus **unserer** Sicht gesehen, zu eurem Vorteile sind, und ihr würdet euch, aus welcher Motivation auch immer daran halten, so würden wir in euer Leben auf eine Art und Weise eingreifen, die nach unserer Einschätzung keineswegs gerechtfertigt wäre.

SELBST-Erkenntnis mag durchaus durch Übermittlungen oder andere Informationsquellen Unterstützung finden, die SELBST-

**Erfahrung** jedoch muß jedes Wesen innerhalb des Kosmos aus sich (seinem) SELBST heraus **erleben** und **erfahren**.

Doch seid in diesem Zusammenhang nicht traurig, frustriert oder fühlt euch keinesfalls verlassen oder gar „von oben" ungeliebt.
Verlaßt einfach euer Bewußtsein der Unzulänglichkeit und der Minderwertigkeit und begebt euch in dem Maße in die Erfahrung, die sich in dem Augenblick der Konfrontation ergibt.
Jede Erfahrung, mag sie in eurem Bewertungssystem noch so klein sein, wird euch durch ihre Symbolik lehren. Sucht die Symbolhaftigkeit zu begreifen, sucht euren Anteil daran und alles wird sich ergeben, in einer Art und Weise, die ihr nicht für möglich erachtet hättet.

Ihr sucht nach Lösungen. In der Bedeutung des Wortes heißt dies nichts anders, als daß eine Loslösung von etwas stattfindet, an das ihr bisher euch gebunden fühltet.
Eine Lösung ist ein Vorgang, bei dem sich etwas oder jemand von etwas anderem oder jemand anderem loslöst. So könnt ihr euch von „Dingen", Situationen, Menschen, Glaubensstrukturen und vielem mehr lösen. Zu lösen vermögt ihr euch dann, wenn ihr es (wenn es euer) SELBST nicht mehr für „not-wendig" erachtet festzuhalten. In euren spirituellen Dogmen verwendet ihr dafür das Schlagwort des „Loslassens".
Erst wenn ihr nicht mehr festhaltet, vermögt ihr loszulassen. Fest haltet ihr nur dann, wenn ihr etwas noch dringend „benötigt".
Versucht, soweit es euch möglich ist, eure „Pro-Embleme" nicht zu verdrängen, sie zu übertünchen mit Mechanismen der Ablenkung und der SELBST-Lüge, sondern versucht die Symbolhaftigkeit **hinter** den Gegebenheiten und euren Anteil daran zu erkennen.
ALL-ES im Kosmos folgt den absolut logischen Zusammenhängen von Ursache und Wirkung und nicht den projizierten Abläufen von Schuld und Sühne.
Ihr, jeder einzelne von euch, seid geliebt. Ohne wenn und aber

und ohne jegliche Bedingung Diese bedingungslose Liebe läßt euch leiden oder Freude erfahren, ganz wie **ihr** (euer) SELBST **es wollt**.
Eure scheinbare Hilflosigkeit ist eine Projektion und entspricht in keinem Falle den wahren, den kosmischen Gegebenheiten eures SELBST.

Löst euch, so wie es einem jedem von euch möglich ist, von dem, was euch behindert und begrenzt.
Die Liebe, die nicht fragt und nicht verlangt, ist der Schlüssel zu euren Lösungen. Für all eure Behinderungen und Konfrontationen gibt es einen Grund, der in eurem ureigenen Bewußtsein zu finden ist. Dort und nur dort vermögt ihr es zu finden.
Wenn es euch gelingt, euer „Pro-Emblem" zu lieben, also die Symbolhaftigkeit hinter der Herausforderung, so werdet ihr sie lösen können. Tut nicht vor euch (eurem) SELBST so, als würdet ihr die Herausforderung lieben, sondern versucht, die Symbolik **dahinter** als das zu akzeptieren, was sie in Wahrheit ist: Eine manifestierte Form des Urbewußtseins des EINEN Wesens, geschaffen um euch Zusammenhänge von euch (eurem) SELBST zu verdeutlichen und zu vermitteln.

Nicht ein einziges Wesen im gesamten Kosmos ist schlecht oder gut. Jedes Wesen **IST**. Jegliche andere Form der Sichtweise basiert auf Bewertungs- und Beurteilungsskalen.
Ihr, jeder einzelne von euch **IST**,und das allein ist ALL-ES, worum es wahrhaftig geht.

# Ihr seid, wie ihr seid

Ihr lebt in einem dreidimensionalen Raum-Zeitgefüge, das durch polare oder zweidimensionale Denk- und Gefühlsstrukturen dominiert wird. Die Möglichkeit eines Menschen, sich über die Zweidimensionalität in die Dreidimensionalität der Gedanken- und Gefühlsmuster zu begeben, ist zwar latent vorhanden, wird jedoch zu dieser Zeitqualität aufgrund hier mehrfach beschriebener Vorgänge nicht oder nur kaum genutzt.
Gemäß der polaren, also zweidimensional strukturierten Gegebenheiten eures Existenzbereiches gibt es nun zwei Möglichkeiten, warum ihr unserer Erzählung bis zu diesem Punkt gefolgt seid. Die eine Möglichkeit ist, daß ihr unsere Übermittlungen aufgrund eurer Bewertungsstrukturen als so entsetzlich und verwerflich empfindet, daß ihr euch dadurch in die Lage versetzen könnt, euch fürchterlich zu ärgern, und aufgrund dessen nur sehen wollt, wie diese Erzählung wohl enden wird, damit ihr im Anschluß eurer Empörung lautstarken Ausdruck verleihen könnt.
Die weitere Möglichkeit ist, daß ihr tief in euch fühlt, daß euch etwas berührt, euch anspricht.

Im Prinzip spielt es für uns keine große Rolle, für welche der Varianten ihr euch entscheidet, von denen eine jede zugegebenermaßen nochmals einige Kombinationsmöglichkeiten anbietet.
Die Frage, ob ihr als einzelne Wesen oder als Kollektiv euren Weg der SELBST-Erkenntnis gehen werdet, stellt sich nicht.

Einige von euch mögen durchaus einige Schwierigkeiten mit der Vorstellung haben, daß ihr eure Realität aufgrund eurer Bewußtseinsinhalte selbst gestaltet, da es letztendlich keine höhere Macht gibt, die euch führt und leitet und euch auch in einigen Situationen „den Riegel vorschiebt".
Der Weg zur Erkenntnis des eigenen SELBST ist das kosmische Prinzip, verursacht durch das Bedürfnis der EINEN Wesenheit, die bedingungslos liebt und aufgrund dessen ALL-

ES aus sich SELBST heraus geschehen läßt. Das eine Geschehnis hat die gleiche Bedeutung wie das andere, denn ALL-ES ist EINS. Der Weg zur SELBST-Erkenntnis einer einzelnen Wesenheit ist der Weg des EINEN Wesens und der Weg des EINEN Wesens ist der Weg der einzelnen Wesenheit. Beides ist EINS und das Große ist dem Kleinen in letzter Konsequenz ebenfalls gleichgestellt. ALL-ES ist mit ALL-EM verbunden und nichts in den Weiten des ALL-ES ist wahrhaftig voneinander getrennt.
Das Prinzip von Ursache und Wirkung ist das einzig gültige. **Niemals** wird es darum gehen, schuldig werden zu können oder in anderer Form von einer „höheren" Macht beurteilt, bewertet oder anderweitig „eingeschätzt" zu werden.

Einigen von euch mag die Vorstellung, alle Geschehnisse selbst zu gestalten und zu manifestieren, das eigene SELBST-Bild vollständig durcheinanderwirbeln.
Wieder anderen von euch vermag diese Vorstellung wiederum Angst einjagen, und sie sorgen sich darum, daß sie durch ihre Gedanken oder Handlungen auf dieser, eurer Welt Leid und Schmerz erzeugen könnten.

Euch allen sei gesagt, daß ihr innerhalb eures Kollektivs zusammenwirkt und daß es niemals irgend etwas geben könnte, das euch in irgendeiner Form schuldig werden lassen kann.
Ihr seid, wie ihr seid. ALL-ES in den Weiten des (Welt) All(e)s ist so, wie es ist.
Erst wenn sich in einer Wesenheit das Bedürfnis entwickelt, aus sich (ihrem) SELBST heraus anders sein zu wollen, bilden sich die entsprechenden Möglichkeiten aus dem unerschöpflichen Bewußtseinspotential des EINEN Wesens und tragen zu dieser Veränderung bei.
Dennoch ist jegliche Wesenheit nach ihrer Veränderung wieder einmal so, wie sie gerade eben ist.

Was euch daran hindert so zu sein, wie ihr eigentlich sein möchtet, sind eure in euch hineinprojizierten Vorstellungen und

Glaubensstrukturen, über die wir ausführlich berichtet haben.
Laßt all eure Wertmaßstäbe einmal beiseite und betrachtet euch als kosmische Wesenheiten, die sich der kosmischen Zusammenhänge völlig bewußt sind, würdet ihr, als euch eures wahren SELBST bewußte Wesenheiten anderen in irgendeiner Form noch Schaden zufügen können und wollen?

Ihr seid, wie ihr seid. Dies ist die einzige Möglichkeit, wie es euch möglich ist, euch zum Ausdruck zu bringen.
Je mehr ihr eure antrainierten Masken und Schutzmechanismen fallen lassen könnt, desto mehr könnt ihr das sein, was ihr wahrhaftig seid: kosmische Wesenheiten in dreidimensional strukturierten Körpern auf dem Wege der SELBST-Erkenntnis.
ALL-ES ist so, wie es ist. Anders kann es nicht sein.

Ihr seid unendlich geliebt, Kinder des Lichtes. Ihr seid behütet, geschützt und geführt von euren eigenen höheren Anteilen und den damit verbundenen höheren Anteilen anderer Wesenheiten.
Ihr seid geliebt, Kinder des Lichtes, mehr als ihr es euch vorstellen könnt. Laßt also eure Furcht hinter euch und geht einfach ins Licht ..............

## Geld, Krankheit und sonstige Unwägbarkeiten

Viele von euch leben in finanziellem Mangel, in Krankheit oder sonstigen Unwägbarkeiten, die, wie ihr inzwischen wißt, immer und ohne Ausnahme symbolhafte Manifestationen aus begrenzten Bewußtseinszuständen sind.

Ihr sagt, Geld ist schlecht oder Geld ist die Wurzel allen Übels. Wie kann etwas gut oder schlecht sein, das keine sich selbst bewußte Lebensform ist und somit über kein eigenständiges Bewußtsein verfügt?
Geld ist in eurer Vorstellung deshalb für euch nicht verfügbar, da ihr für euch selbst noch keinen Mechanismus entwickeln konntet, um das mit dieser Mangelerscheinung verbundene Bewußtseinsfeld zu verändern. In euren vorherrschenden Glaubensstrukturen ist Geld etwas, das ihr euch einerseits zwar wünscht, da ihr damit die Umsetzung gewisser Vorstellungen oder die Befriedigung gewisser Bedürfnisse verbindet, dennoch gibt es den Glaubenssatz der „Mangel-haftigkeit“ in euch, die Vorstellung, daß Geld nur über gewisse, den Vorgaben eurer Zivilisation entsprechenden Mechanismen zu erhalten ist.
Das monetäre System basiert im Prinzip auf der Vorstellung von Leistung und Gegenleistung. Eine Leistung wird in irgendeiner Form erbracht und mit einer Gegenleistung entgolten. Dieses künstlich erzeugte Prinzip erstreckt sich über alle Bereiche menschlichen Lebens und basiert auf dem Prinzip der Unterdrückung und Begrenzung der Wesenheiten.
Somit ist Geld Ausdruck des Leistungsentgelts geworden und somit sehr eng mit dem Selbstwertgefühl eines Menschen verknüpft.
Ein Wesen, das über diese Mittel nicht oder wenig verfügen kann, wird sich in einer auf Besitz und Macht ausgerichteten Gesellschaft als unterlegen, minderwertig oder hilflos den Gegebenheiten ausgeliefert fühlen.
Ein Mensch, der sich in das System eingefügt hat oder glaubt, sich diesem System nicht entziehen zu können, wird einen Großteil seines Lebens damit verbringen, Leistung zu erbringen um sich das „Leben“ leisten zu können.

Die Wirtschaftssysteme werden innerhalb derartiger Strukturen dazu eingesetzt werden, Bedürfnisse im Menschen zu erwecken, die ihn dazu motivieren, finanzielle Mittel einzusetzen, um diese künstlichen Bedürfnisse zu befriedigen. Ein Kreislauf schließt sich, denn der Mensch wird sich früher oder später, entweder durch eingegangene Verpflichtungen oder durch die steigenden Ansprüche in der Abhängigkeit des Wirtschaftssystems befinden. Dann entsteht daraus die scheinbare Basis des Lebens, und die damit verbundenen materiellen Gegebenheiten werden dafür sorgen, daß das Leben dieses Menschen sich darum dreht, Karriere zu machen und daß der Arbeitsplatz nicht verlustig gehen darf.

Ganz ähnlich verhält es sich mit Bewußtseinsblockaden, die sich in körperlicher Form manifestieren, euren Erkrankungen.
Auch hier bildet die Art eures Lebens und die damit verbundenen Glaubenssätze die Basis für die Störung im ungehinderten Fluß der Energie. Eure Medizin bietet euch erhaltende Systeme an, die zwar dafür sorgen die körperlichen Störungen, die Symptome, zu lindern, Heilung jedoch ist in der Regel nur möglich, wenn der betroffene Mensch seine Bewußtseinsstrukturen verändert.

Alle eure Strukturen des Mangels und der Begrenzung lassen andere an euch „verdienen“ oder profitieren. Nicht nur im materiellen Sinne, sondern auch in den energetischen Bereichen.
Damit dies funktionieren kann, sind Abhängigkeiten absolut notwendig.

Alles, was ihr braucht um euer Leben zu verändern und euren Vorstellungen entsprechend zu gestalten, habt ihr in euch. Um Veränderungen herbeizuführen, müßt ihr nichts anderes tun, als eure Sichtweisen zu verändern und euch ein klein wenig mit euren Glaubensstrukturen zu beschäftigen, die eurem „Menschseinprogramm“ entspringen.
Beginnt ein wenig eure Motivationen zu überprüfen, damit ihr erkennen könnt, ob sie „rein“ oder durch Ängste und damit

verbundene Handlungsweisen geprägt sind. Vergeßt jedoch nicht, daß es nicht erforderlich ist, alles „richtig“ zu machen, denn dies würde, wie ihr inzwischen ja wißt, wiederum der Befürchtung entspringen, es ansonsten „falsch“ zu machen.
Tut das was ihr könnt und was euch möglich ist in der Art wie ihr JETZT in diesem Augenblick gerade könnt und wie es euch JETZT gerade, wenn ihr euch selbst dazu entscheidet, möglich erscheint.
Sucht euch auf eurem Wege der SELBST-Findung die Hilfen und Hilfsmittel, die ihr glaubt zu brauchen und zu denen ihr euch hingezogen fühlt.

Jeder von euch ist das Maß der Dinge, soweit es euer eigenes Leben betrifft. Jede(r) von euch ist sein(e) eigene(r) Meister(in), wenn ihr euch (euer) SELBST wahrhaftig verstanden habt.

## Die Illuminaten

Ein schier unerschöpfliches Thema.
Der Begriff der „Illuminaten“ ist durch eure esoterischen und spirituellen Propagandamaschinerien geprägt worden als der Inbegriff der „Handlanger“ des „Bösen“, diejenigen, die euch peinigen, knebeln, unterdrücken und euch verdummen.
Eure Wörterbücher bezeichnen den Begriff der „Illumination“ als besonders ausgeprägte oder festlichen Anlässen angepaßte Beleuchtung. Die „Illusion“ ist ein Vorgang der (SELBST) Täuschung.
Dies soll keineswegs ein Loblied auf diese Wesenheiten werden. Seid euch jedoch bewußt, daß diejenigen, die ihr als Illuminaten bezeichnet, auch ihren Zweck und Sinn innerhalb des großen Ganzen erfüllen. Erst eure eigene Projektion eurer Ängste auf ein bestimmtes Feindbild gibt euch die Möglichkeit euch mit eurer Angst auseinanderzusetzen. Dabei ist im Prinzip nicht entscheidend, wer in diesem Zusammenhang der „Feind“ ist, sondern lediglich der Gedanke oder das Gefühl „dahinter“ - denn schließlich und endlich gibt euch erst dieses Aufschluß über eure wahren Gedanken und Gefühle, also eure Bewußtseinsinhalte.

Obwohl im kosmischen Gefüge jegliche Energieform stets im absoluten Gleichgewicht, im ständigen Ausgleich liegt oder zumindest danach strebt, gibt es eine Form des Energie-, Bewußtseins- oder Informationszustandes, die sich scheinbar „außerhalb“ der Polarität befindet.
Der Bewußtseinsenergie der **LIEBE**, der absoluten, unabdingbaren, der bedingungslosen Liebe ist keine vergleichbare oder wahrhaftig ausgleichende Energie entgegenzusetzen.
Das EINE Wesen ist diese Bewußtseinsform und das EINE Wesen ist energetisch nicht auszugleichen. Das EINE Wesen läßt ALL-ES im Kosmos seine eigenen Wege zurück zur EINHEIT finden. Jegliche Form von Beeinflussung von dort ist absolut ausgeschlossen, da dies dem einzig wahren Prinzip der bedingungslosen Liebe widersprechen würde.

Nun, es gibt durchaus die „dunkle“, die „böse“ Seite des Lebens. Im Prinzip wäre jede Bewußtseinsstruktur, die eine Wesenheit in ihrem freien Ausdruck begrenzt oder beschränkt, als „böse“ zu bezeichnen.
Im kosmischen Gefüge gibt es zwei Strömungen, die einander gegengesetzt sind. Diese Strömungen erzeugen ein Spannungsfeld innerhalb des Energiesystems, aus dem jegliche existente Lebensform entspringt. Insoweit wiederholen wir uns.
Diese beiden Energieströme sind also unabdingbar für alle Gegebenheiten innerhalb des kosmischen Gefüges. Polare Energiestrukturen bilden also die Basis für ALL-ES, was war, ist oder sein wird.
Der eine ursprüngliche Pol ist die Liebe außerhalb der EINHEIT, der andere ursprüngliche Pol ist die Angst außerhalb der EINHEIT.
Jede Wesenheit trägt beide polaren Energie- oder Bewußtseinsstrukturen **in** sich, wobei eine Energieform überwiegen muß, da dieses energetische Ungleichgewicht für die Existenz eines Wesens Voraussetzung ist.
Damit ein lichtes oder ein der Liebe entstammendes Wesen die gegenteilige Form des Bewußtseins **erleben** kann, wird es sich in eben diese „gegenteiligen“ Seinsformen begeben, da dies im Zuge der Zeit zur absoluten Vereinigung beider Energiestrukturen führen wird.
Eine Wesenheit, die dem Energiestrom der Angst oder der Dunkelheit entspringt, wird nicht umhinkommen, die **Erfahrung** der Liebe und des lichtvollen Lebens und Erlebens machen zu können, damit auch diese Energieform sich mit der anderen vereinigen kann.
Wo also steht nun „gut“ und „böse“. Wiederum sind es die Beurteilungen und Bewertungen der jeweiligen Existenzformen und die damit verbundenen Sichtweisen.
Gut und Böse sind wahrhaftig nicht existent, sondern lediglich Bewußtseinszustände, die erzeugt sind, um der Verbindung, der EINHEIT zu dienen.

Eine Wesenheit, die der lichten Energie entspringt, kennt die Dunkelheit nicht, da die Dunkelheit niemals erlebt und erfahren wurde. Wie soll dieses Wesen wissen, was das Licht und die Liebe wahrhaftig ist, wenn es nichts anderes kennt?
Eine der Dunkelheit und der Angst entspringende Wesenheit kennt nur diesen Bewußtseinszustand und wird das Licht und die Liebe **erleben** und **erfahren** müssen, um sie kennenzulernen, um sie wahrhaftig zu begreifen.

Nun geratet ihr in ein Dilemma, denn nun fällt es euch schwer, euch selbst einzuschätzen und euch zuzuordnen. Seid ihr nun „dunkel" und erlebt das „Licht" oder seid ihr „Licht" und erfahrt das Dunkel?
Euer Wunsch ist es, „Licht" zu sein, und aufgrund dessen entschließt ihr euch jetzt gerade in euren Gedanken dazu, daß ihr die Dunkelheit erlebt.
Doch in diesem Zusammenhang die Frage an euch: Habt ihr in eurem Leben niemals die Liebe erlebt, die dem menschlichen Wesen möglich ist? Gab es nie das Gefühl der Liebe in euch?

Nun, wir verunsichern euch. Auch wenn dies in diesem Zusammenhang unsere Absicht war, möchten wir euch darauf hinweisen, daß ihr, wie mehrfach erwähnt, **beides** in euch tragt. Euer Wunsch, dem Licht entgegenzustreben ist letztendlich auf eure freie Entscheidung zurückzuführen, die ihr getroffen habt, weil ihr es für euren Weg empfindet.
So wie ihr euch entschieden habt, auf das Licht zuzugehen, haben sich andere entschieden, dies eben nicht zu tun. Früher oder später werden auch diese nicht darum herumkommen, den Weg zurückzugehen und sich irgendwann wieder in die EINHEIT zu begeben.

Gäbe es die „dunkle" Seite nicht, so könntet ihr die damit verbundenen Erfahrungen nicht machen. So würde euch auf eurem Wege der Bewußtwerdung eine wesentliche Erfahrung fehlen. Diejenigen, die euch dies ermöglichen sind beispielsweise die von euch als „Illuminaten" bezeichneten, die in euch und um euch herum eine Form der „lichtvollen" Illusion erzeugt

haben, die es euch ermöglicht, nach Alternativen und Sinnhaftigkeiten zu suchen.
Solange ihr die „Bösen", die derzeit noch „wahrhaft" Mächtigen eures Planeten verurteilt und als „Feinde" betrachtet, befindet ihr euch innerhalb der Gedanken- und Gefühlsstrukturen, die von ihnen erzeugt wurden.
Wenn es euch gelingt die „Bösen" als Teil eines großen Ganzen betrachten zu können, so wird es euch gelingen auch den Anteil des Bewußtseins des EINEN Wesens zu lieben, der eben durch diese „dunklen" Wesenheiten repräsentiert wird.
Wenn es euch gelingt die „Bösen" als Teil des großen Ganzen zu **lieben**, was glaubt ihr, werden sie dem entgegenzusetzen haben?

Ihr habt die erzeugte Illusion über lange Zeiträume hinweg akzeptiert. Nicht aus eurem physischen Bewußtsein heraus, das unter diesen Voraussetzungen leidet, sondern aus euren „höheren" Anteilen heraus, die **wissen**, daß dies der Weg der SELBST-Erkenntnis ist.

Gemessen an den polaren irdischen und zweidimensionalen Bewertungsskalen sind die Illuminaten und die „dunklen" Wesenheiten durchaus „schlecht" und „böse", da sie euch Leid und Schmerz, Minderwertigkeit und Unzulänglichkeit erleben lassen.
Aus einer anderen Sichtweise betrachtet, liefern sie euch die Beweggründe oder Motivationen für Veränderungen in euren Bewußtseinsstrukturen, die euch aus der Enge (den Ängsten) aus eigenem Antrieb gehen lassen.
Durchaus etwas „Gutes", das sie bewirken. Dennoch wißt ihr im Augenblick nicht, ob wir euch zu täuschen versuchen. Fragt euer Herz.
Beide Formen der Energie sind in diesem Vorgange der Begrenzung und der daraus resultierenden Befreiung vertreten.

Die trinitäre Betrachtungsweise, die Sichtweise des kosmischen Menschen, läßt euch diese Zusammenhänge nicht nur wahrhaftig begreifen, sondern läßt euch auch aus der Begren-

zung der polaren Betrachtungsweise, der Unterscheidung von „gut“ und „böse“ oder anderen polaren Strukturen, frei.
Durch die Veränderung eurer Sichtweisen entsteht Verständnis für ALL-ES, was ist, und das wiederum bildet den Grundstock der wahren Liebe.

Versucht, andere nicht zu verurteilen. Laßt eure Feindbilder fallen und versucht aus euren Herzen heraus zu verstehen. Laßt die Angst hinter euch und entscheidet frei und ungebunden für euch und euer Leben.
Niemand im Kosmos ist fähig euch zu manipulieren, zu unterdrücken oder zu beherrschen, wenn ihr es nicht gestattet.

Wenn ihr in euch (eurem) SELBST, in der Mitte eures (S)EINS ruht, bildet ihr einen lichten Kern, der durch nichts zu beeinflussen oder zu beeinträchtigen ist.

Fühlt in euch hinein, Kinder des Lichtes. Vermag dies euer Weg zu sein?

## Der Vorgang der Transmutation

Vieles wurde gesagt und geschrieben über den Vorgang der planetaren Schwingungserhöhung.
Auch wir haben in der Vergangenheit und in anderen Übermittlungen darüber, eurem Bewußtseinszustand entsprechend, gesprochen.

Vieles von dem, was ihr gehört habt, hat in einigen von euch Angst und Furcht hervorgerufen.
Eurem eigenen SELBST-Bild entsprechend glaubt ihr, euch außerhalb des Bewußtseins des EINEN Wesens zu befinden, was aufgrund der kosmischen Gegebenheiten jedoch keineswegs möglich ist, da ALL-ES das Bewußtsein des EINEN Wesens **ist**.

Der Vorgang der Transmutation ist ein Ereignis, das darauf beruht, daß über die Bewußtwerdung großer Anteile der Menschheit eine grundlegende Veränderung in den Strukturen des kollektiven morphogenen (oder morphogenetischen) Feldes stattfindet.
Diese Veränderung innerhalb des kollektiven Bewußtseinsfeldes zieht logischer- und konsequenterweise auch eine Veränderung der Generierung, also der Umwandlung von Ur-Bewußtsein in den materiellen Zustand, nach sich.
Während eure gedanklichen Projektionen heute noch auf euren aktuellen Bewußtseinsinhalten, teilweise geprägt von Angst und Unterdrückung, basieren, wird sich durch die Veränderungen der nächsten Jahre für euch selbst ein völlig anderes Bild abzeichnen.

Der Vorgang der globalen Bewußtseinswandlung wird dann eingeleitet werden, wenn eine gewisse Anzahl von Wesenheiten einen gewissen Bewußtseins- oder Erkenntnisstand erreicht haben. Somit wird wiederum die Wechselwirkung zwischen persönlichen und kollektiven morphogenen Feldern zum Tragen kommen, und in der Folge wird eine Form der Veränderung der Bewußtseinsinhalte stattfinden, die sich unter gewissen Umständen als „lawinenartig“ beschreiben lassen würde.

Viele von euch stecken gerade in intensivsten Bewußtwerdungs- oder Selbsterkenntnisprozessen. Viele von euch erleben intensive Konfrontation mit eigenen Begrenzungen im SELBST-Ausdruck. Verbunden ist dieser Vorgang für euch oftmals mit großem Schmerz und Leiden, und dennoch gibt es in euch den Antrieb, der euch dies durchstehen und überwinden läßt.
In euch ist das „sichere“ Gefühl, daß es der „richtige“ Zeitpunkt für eine derartige Wandlung ist, auch wenn gegebenenfalls der Anteil eures physischen SELBST, euer Ego, immenses Schmerzpotential in euch erzeugt.

Der Wandel der Bewußtseinsstrukturen ist bereits in vollem Gange. Dennoch wird der globale Wandlungsvorgang voraussichtlich noch einige Zeit in Anspruch nehmen.

„Gleich-gültig“, was ihr heute noch über diesen Vorgang der Transmutation denkt oder glaubt, es gibt keinerlei Begründung, um Angst oder Unsicherheit in euch zu erzeugen.
Ihr werdet es lernen und begreifen. Der Verlauf der Zeit wird es euch zeigen.

Seid dessen versichert, Kinder des Lichtes.

## Wie funktioniert das Channeln?

Der Vorgang des „Channelns“ oder des „Kanalseins“ läßt sich so beschreiben, daß eine Wesenheit über die persönlichen Begrenzungen ihres Bewußtseins hinaus befähigt und in der Lage ist, Informationen zu erhalten, die gegebenenfalls über ihr eigenes Verständnis der Gegebenheiten hinaus gehen.
Maßgeblich für die Qualität einer Übermittlung ist die „Durchlässigkeit“ der kanalisierenden Persönlichkeit. Dem zugrunde liegt wiederum die Absicht oder Motivation des Menschen oder der Wesenheit, die als Kanal für die Übermittlung der Information zur Verfügung steht.
Es findet immer eine Art Wechselwirkung zwischen dem Channel und der übermittelnden Wesenheit statt. Dieser Vorgang kann in einigen Fällen zu Fehlinterpretationen führen, da die Definition der übermittelten Informationen durch den Bewußtseinsfilter des Channels laufen muß, da Sprachausdruck oder Wortschatz des Kanals verwendet werden.
In diesem Wechselspiel und Austausch mag das Channel durchaus feststellen, daß ein gewisses Bedürfnis erwächst, Worte oder Definitionen zu verwenden, die nicht zu dem ursprünglichen Wortschatz oder Sprachgebrauch der als Kanal dienenden Wesenheit gehören.

Da bei der Kanalisierung lichter Bewußtseinsenergien immer und ohne Ausnahme die Entscheidungsfreiheit des Kanals gewährleistet bleiben muß, bedeutet dies in der Konsequenz auch, daß die empfangende Wesenheit gegebenenfalls einen Teil der Informationen beim Vorgang des Channelns auch unmittelbar in sein eigenes Bewußtseinsgefüge übernimmt, aber in seinen Lebensstrukturen durchaus oftmals erst selbst lernen muß, die erhaltenen Informationen in die eigenen Lebensabläufe zu integrieren.

In euren Wertvorstellungen betrachtet ihr Menschen, die als Kanal „dienen“, oftmals als weiter entwickelte Menschen. Es mag sich durchaus eine Art der Bewußtseinserweiterung durch die Wechselwirkung von unterschiedlichen Bewußtseinszuständen ergeben, dennoch entspricht eure „Höherstellung" dieser Menschen wiederum eurem eigenen SELBST-Bild und eurem eigenen SELBST-Wertgefühl.

Im Prinzip sind Menschen die als Channel „dienen" als Wesenheiten zu betrachten, denen es aufgrund der unterschiedlichsten Begebenheiten gelungen ist, ihre innere Stimme durch „Hören" oder „Fühlen" wahrnehmen zu können.

Oftmals entspringt der Wunsch „channeln" zu können letztendlich dem Bedürfnis nach einer Form der „Unterstützung" in den Abläufen des Lebens und ist in solchen Fällen mit gewissen Angststrukturen verknüpft. Herrscht das Bewußtsein der Angst vor, so öffnet sich die betreffende Wesenheit gegebenenfalls der dementsprechenden Energie und empfängt von dort ihre Informationen.

Betrachtet also jegliches Material, das euch auf diesem Wege zugänglich gemacht wird auch unter dem Aspekt gewisser persönlicher Unzulänglichkeiten des „Empfängers", und sucht in **allen** Informationen nach **eurer** eigenen Wahrheit. Seht derartige Übermittlungen nicht als die einzig seligmachende Wahrheit an, sondern sucht darin eure eigenen Anteile und betrachtet alles als Hinweise, die euch bei eurer Bewußtwerdung dienlich sein **können**.
**Ihr** seid diejenigen, die sich in körperlicher Form inkar**m**iert haben und somit diejenigen, die seelische, geistige und körperliche Aspekte miteinander verbinden können und im Prinzip auch sollten.
Nichts und niemand kann euch vorschreiben, was ihr tun oder lassen sollt, denn ihr kommt nicht umhin, dies in eurer **eigenen** Verantwortlichkeit für euer eigenes Leben zu tun.

## Wer war Jesus Christus?

Solltet ihr in eurem tiefen Bedürfnis nach Information das Lesen dieses Kapitels vorwegnehmen, so wird euch gegebenenfalls das Verständnis der folgenden Worte fehlen.
Bewußt haben wir diese Information bis zum Ende unserer Übermittlungen zurückgehalten.

In einer Welt, die geprägt war und geprägt ist von einer Vielzahl von Göttern, denen allen eines gemein war und ist, nämlich das Bedürfnis nach Verehrung und, gegebenenfalls auch sehr subtil versteckt, das Bedürfnis, die menschlichen Wesen des Planeten Erde zu ihren Zwecken zu verwenden und einzusetzen, war es erforderlich, der Menschheit ein durchaus „lichtes" Vorbild an die Hand zu geben.
Die herrschenden Machtstrukturen auf eurer Welt gibt es schon seit geraumer Zeit. Die Wesenheiten, die sich dieser „dunklen" Seite verschrieben haben, und die Ereignisse, die sie initiieren, können jedoch dauerhaft nicht das kosmische Bedürfnis nach SELBST-Verwirklichung und SELBST-Erkenntnis unterbinden.

So wurde ein sich SELBST-bewußtes Wesen inkar**m**iert, das das Bewußtsein des kosmischen Menschen nicht nur latent in sich trug, sondern bei dem dieses Bewußtsein **aktiviert** war.

Für diese Wesenheit, die euch als „Jesus Christus", der „Nazaräer" oder ähnlich bekannt ist, war das Leben auf eurer Welt durchaus qual- und schmerzvoll. Eure Überlieferungen geben euch vielfältige Hinweise auf sein Leben, die in vielen Zusammenhängen als Symbolik zu betrachten sind.
Der Nazaräer war im Prinzip durch sein Wissen, seine Kenntnisse der wahren Vorgänge innerhalb des kosmischen Gefüges und seine damit verbundenen Fähigkeiten ein absolut vereinsamter Mensch, da er in seiner Persönlichkeitsstruktur in weiten Bereichen vollständig von seinen Mitmenschen **unverstanden** blieb.

Seine Bewußtseinsstruktur, seine menschliche Persönlichkeit, entsprang wiederum dem kollektiven Bedürfnis der Menschheit nach einem „Leitbild“ auf ihrem Wege der Bewußtwerdung.
Als „Sohn Gottes“ wurde er deshalb definiert, da zu dieser Zeitepoche ein Sohn früher oder später der „Nachfolger“ des „Vaters“ wurde. Somit wurde eine Symbolik gestaltet, innerhalb der der „göttliche Vater“, also das auf Verehrung ausgerichtete „höhere Wesen“, durch den „Sohn“, das sich SELBST-bewußte Wesen, „ersetzt“ werden sollte.

Die Inkarmation des Nazaräers hat wahrhaftig stattgefunden und hat innerhalb des kollektiven morphogenen Feldes gewisse „kosmische“ Informationen des jetzt werdenden, kosmischen Menschen verankert.
Der Nazaräer ist die Versinnbildlichung des kosmischen Menschen, der die („negativ“) machtvolle Struktur des „göttlichen“ Wesens ersetzt, durch das von Liebe zu ALL-EM, was ist geprägte kosmische Bewußtsein.

Die „Rückkehr“ des Bewußtseins des Nazaräers, seine „Wiedergeburt“, ist so zu verstehen, daß das Bewußtsein des Nazaräers, also das in körperlichen Ausdruck gebrachte kosmsiche Bewußtsein, sich auf eurem Planeten global verbreiten wird.

Es gibt in euren Überlieferungen noch andere „Lehrer“, auf die in diesem Zusammenhang nicht näher eingegangen werden muß.

Ihr werdet es erleben, Kinder des Lichtes und der Liebe

## Zum Schluß

Wir sind nun mit unseren Übermittlungen für diesen Zeitpunkt zum Ende gekommen.
Wenn ihr wissen wollt, wer und was ihr seid, so fragt euch selbst und hört, was euer Herz euch sagt. Dies war, ist und wird immer die einzige Wahrheit sein, die für jeden einzelnen von euch wahrhaftige Bedeutung hat.
Ihr seid das Salz dieser Erde, also die Wesenheiten, die aufgrund ihrer eigenen SELBST-Erkenntnisprozesse Veränderungen im großen Umfange werden einleiten können und auch einleiten werden. Im Prinzip tut ihr dies bereits, es ist euch lediglich nicht bewußt, da eure Erwartungen und Vorstellungen der Abläufe sich anders strukturiert haben, als sie wahrhaftig geschehen werden.
Seht euch als das, was ihr nun einmal seid: Lichte Wesenheiten, Sternengeborene, die sich in die Enge der körperlichen Inkar**m**ationszyklen begeben haben. Dies bezieht sich auf **jedes** Leben auf eurem Planeten.
Ihr habt alle Unterstützung, alle Hilfe und alle Liebe, die ihr braucht. Nehmt sie an, so wie ihr könnt, und gestaltet euer Leben.

Wir übermitteln euch unsere Anerkennung und unseren Respekt für euer Tun, für euren Mut und für eure Kraft, die ihr immer wieder aus euch SELBST bezieht.

Wir sind Alciae, Wesenheiten von Alcyone, der zentralen Sonne der Plejaden.

Wir verneigen uns vor euch und grüßen euch in der LIEBE des EINEN.

## Schlußwort des Autors

Mich selbst hat das Schreiben dieses Buches sehr tief geprägt. Die damit verbundenen Empfindungen, die unbeschreibliche Form von Liebe und Verständnis für ALL-ES, was ist, hat mich beim Schreiben sehr tief beindruckt.
Zugegebenenmaßen muß ich sagen, daß ich im Vorfeld der Veröffentlichung schon Bedenken hatte und jetzt, in dem Moment, in dem ich diese Zeilen hier schreibe, noch habe.
Dennoch sagt mir ein „Gefühl", daß es an der Zeit für diese Texte ist, wenn sie auch vielen dogmatischen Prägung unserer „esoterischen und spirituellen Szene" zuwiderlaufen.

Ich wünschen Ihnen / Dir, daß das Lesen der Texte Sie / Dich ein wenig beeindrucken konnte und Ihnen/Dir Kentnisse und Wissen aus Ihrem / Deinem eigenen Herzen zugänglich machen konnte.

Auf den folgenden Seiten finden Sie / findest Du einige Informationen über weitere Tätigkeiten und Aktivitäten des von mir gegründeten (und wohl noch etwas wachsenden) Projekt Rainbowsun.

Ich wünsche Ihnen / Dir einen weiteren licht- und liebevollen Weg zu der Erkenntnis des eigenen SELBST.

Keman

*Begleitung auf dem Weg zu neuem Bewußtsein*

# Das Projekt Rainbowsun

Das „Projekt Rainbowsun" ist eine Initiative des in Deutschland lebenden Channels Keman.
Der Name Rainbowsun (Regenbogensonne) symbolisiert die Verbindung zur Sonne als dem licht-, energie- und lebenspendenden Aspekt der Erde und dem Regenbogen und dessen vielfältigen Farben als Symbol für den Formenreichtum der auf diesem Planeten lebenden Wesenheiten.
Das Projekt Rainbowsun widmet sich in seiner Tätigkeit der Begleitung der Menschen auf dem Weg zu neuem Bewußtsein, ohne deren Unabhängigkeit und Eigenverantwortlichkeit in Frage zu stellen.

## *Die Aufgabenstellung des Projekt Rainbowsun*

Eine Verbindung zwischen den geistigen Bereichen und den körperlichen Ebenen soll geschaffen werden, da wir Menschen nur durch die Verbindung von Beidem die uns innewohnenden Fähigkeiten in vollem Ausmaß zur Geltung bringen können.

Werden Geist und Körper miteinander verbunden, so kann der geistige Bereich sich durch den Körper zum Ausdruck bringen und die körperliche Ebene die geistigen Möglichkeiten für seine damit unbegrenzt werdende Existenz erleben und erfahren.
Diese anstehende Symbiose setzt Erkenntnis und Verständnis für **beide** Ebenen voraus. Das Projekt Rainbowsun wird im Rahmen seiner Möglichkeiten in diesen Bereichen **ausschließlich** begleitend tätig sein.
Die Tätigkeit des Projekt Rainbowsun läßt sich in drei Bereiche aufgliedern, die sich jedoch immer wieder überschneiden werden:

**1. Vermittlung von Erkenntnis oder Wissen (Impuls)**
**2. Begleitung in der Konzeption/ Vorbereitung (Gedanke)**
**3. Unterstützung in der Umsetzung (Handlung)**

Dafür bieten wir der Philosophie des Projekt Rainbowsun angemessene und angepaßte Leistungen und Hilfmittel an.

Die Entscheidung ob oder welche Informationen oder Leistungen des Projekt Rainbowsun akzeptiert oder angenommen werden, muß jeder suchende Mensch für sich selbst und eigenverantwortlich treffen.
Dabei kann und darf es jedoch „nur“ um Hilfe zur Selbsthilfe gehen.

Wir sind uns bewußt, daß wir es nicht jedem Recht machen und die Erwartungen von jedem erfüllen können. Sollten Sie sich von unseren Aktivitäten nicht angesprochen fühlen, kennen Sie vielleicht jemanden der daran interessiert ist.
Alles Licht und alle Liebe dieser Erde für Sie

Keman & das Rainbowsun- Team

Das Projekt Rainbowsun ist unter folgenden Anschriften erreichbar:

**Deutschland:**
Projekt Rainbowsun
Günzkofen 11 b
D- 84166 Adlkofen
Tel.: (0049) - (0) 8707-931777
Fax: (0049) - (0) 8707-931778
e-Mail:
rainbowsun.keman@t-online.de

**Österreich und Schweiz:**
Projekt Rainbowsun
Oberrain 36
A- 6721 Thüringerberg
Tel.: (0043)-(0)5550-2124
Fax:(0043) - (0)5550-4340
e-Mail: lichtquell@aon.at

Internet-Homepage: http://www.rainbowsun.via.t-online.de

**Bitte beachten Sie die folgenden Seiten und fordern Sie kostenlos und unverbindlich Informationen an.**
**In unregelmäßigen Abständen werden Informationen in Form der „Rainbowsun-News“ versandt. Die Zusendung der „News“ ist kostenlos** (Stand 01.07.1999).

*Projekt* ***Rainbowsun***

## *HILFSMITTEL:*

### **Geometrische Strukturen:** (eigene Entwicklung)

Die Geometrischen Strukturen lassen sich als „Bewußtseins-Technologie" bezeichnen. Sie nehmen harmonisierenden und aktivierenden Einfluß auf das persönliche Bewußtseinsfeld eines Menschen oder schaffen einfach entsprechende „positive" Energien in Räumen. Die, aus der Symbolik dieser Strukturen generierte „Bewußt-Seins-Energie" „zwingt und manipuliert" nicht, sondern wirkt individuell unterschiedlich auf den Menschen ein und überläßt dem Anwender seine Eigenverantwortung.
Folgende Strukturen sind z.Zt. erhältlich:
**„STERNENPENDEL" * „STERN DER HARMONIE"**
**STAR OF GOLDEN LIGHT" * „0"-PUNKT-GENERATOR"**

### **Informierte Bergkristalle:**

Die Kristalle werden mit einer eigens entwickelten Technologie so informiert, daß sie die erhaltene Information als Teil ihres eigenen „Bewußtseins" akzeptieren. Sie sind als preisgünstiges Hilfsmittel für unterschiedliche Lebensbereich zu betrachten und unterstützen energetisch in diesen Bereichen.
Folgende Bergkristalle sind zur Zeit erhältlich:
***„Innerer Frieden" * „Lebensfreude" * „Klarheit" * „Schwingung"***
***„Handystein" * „Harmonie" * „Selbstliebe"***

## *Information:*

### **Audiocassetten** (gechannelt von Keman):

Channelings der Wesenheiten von Alcyone zu verschiedenen Themen. Diese Cassetten sind als Unterstützung für unterschiedliche „Lernthemen" zu betrachten und enthalten tiefgehende Informationen zu den einzelnen Themen.

**Videocassetten:** (von und mit Keman)
zu verschiedenen Themen. Z.Zt erhältlich: **„Spirituelle Geometrie“**. Dieses Video enthält weitreichende Informationen zum Thema „Spiritualität und Geometrie“. Weitere Videos zu unterschiedlichen Themen sind in Vorbereitung.

**Seminare:**

**„Wege ins Licht-Teil 1“, von und mit Keman**
**„Wege ins Licht-Teil 2„“von und mit Keman**
**„Familienmuster erkennen und lösen“**
von und mit Werner Bauer (Familientherapeut)
**„Der 21 - Tages - Prozeß“**
in Begleitung von Werner Bauer (Familientherapeut)

**Broschüren:**

Z.Zt. erhältlich:
„Alle Botschaften an Keman von Nov. 1995 bis Okt. 1998“
Weitere Broschüren zu verschiedenen Themen werden im Laufe der Zeit veröffentlicht.

**Bücher:**

Wege ins Licht - Teil 1 - Das Erwachen der Götter
Wege ins Licht - Teil 2 - Die Rebellion der Götter
Wege ins Licht - Teil 3 - Das Spiel der Seelen
Autor: Keman, erschienen im Lichtquell Verlag, Regensburg
Diese Bücher können auch direkt über Rainbowsun bezogen werden.

**Informieren Sie sich bitte kostenlos und unverbindlich, indem Sie unser Informationsmaterial anfordern.**

# *Der 21-Tages-Prozeß*

**Leben durch Licht und Prana**

Ein Schritt auf dem Weg nach Hause....

.....damit Du Dich daran erinnerst,
daß Du ein spirituelles Wesen bist,
das die Erfahrung des Menschseins macht

In diesem Lichtnahrungsprozeß geht es nicht darum, zu essen oder nicht zu essen, es geht um die Veränderung unseres Bewußtseins, daß wir göttliche Lichtwesen sind.

Es ist ein Prozeß, der uns den Weg nach Hause finden läßt.
Es ist Dein eigener Herzensweg, die Rückerinnerung auf die wahre Quelle von Liebe und Licht.
Es ist ein Einweihungsweg, um die Einheit mit Gott wiederzufinden.

Ich, Werner Josef Bauer, lade Dich ein, Deinen Herzensweg mit Gleichgesinnten und mit meiner Begleitung zu gehen. Ich selbst habe den Prozeß im Juli/August 1998 durchlaufen und werde Dich während Deines Prozeßes begleiten.

***Weitere Bücher der Wesenheiten von Alcyone und Keman***

## Wege ins Licht -Teil 1 - Das Erwachen der Götter

Keman, Lichtquellverlag, ISBN 3-926563-74-5, Preis 34,80 / ATS 254,00 aa

„Wir leben in einer Zeit des Wandels. Viele alte, uns bekannte Strukturen scheinen zu versagen. Viele Menschen haben Angst vor der Zukunft und vor den damit verbundenen Ereignissen. In absoluter Klarheit und Reinheit vermitteln uns die Freunde von den Plejaden ein völlig neues und für jeden verständliches Bild unseres tasächlichen Mensch-Seins. Unverschlüsselt erhalten wir Informationen über unsere göttliche Herkunft, warum wir uns auf diesem Planeten inkarniert haben und wohin uns der Weg der Entwicklung führen wird........"

## Wege ins Licht - Teil 2 - Die Rebellion der Götter

Keman, Lichtquellverlag, ISBN 3-926563-75-3, Preis 34,80 / ATS 254,00

„Dieses Buch ist ein Aufruf an alle Lichtarbeiter, sich zu erinnern. Die Wesenheiten von Alcyone, der zentralen Sonne der Plejaden, übermitteln uns Wissen, das in dieser Qualiät bisher kaum zu finden ist. Es ist an der Zeit, einen Bewußtwerdungsprozeß einzuleiten, der uns in die Schwingungsebenen der fünften Dimension bringen wird. Wir können uns aus dem Massenbewußtsein „ausklinken" und unsere Realität in der Weise gestalten, wie wir es uns wünschen."

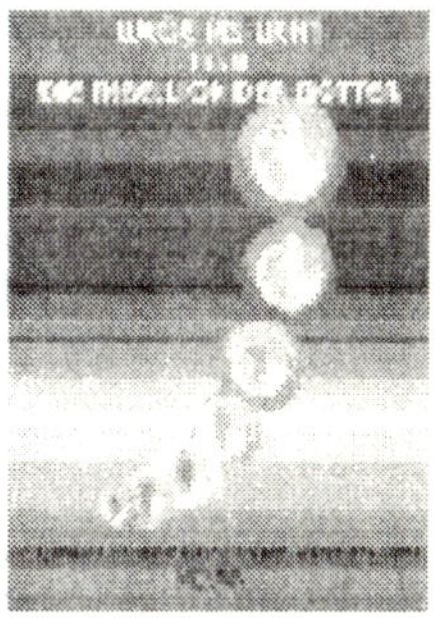

## Wege ins Licht - Teil 3 - Das Spiel der Seelen

Keman, Lichtquellverlag, ISBN 3-926563-77-X, Preis 34,80 / ATS 254,00

„Sehr verständlich, sehr liebevoll aber auch sehr eindringlich beschreiben die kollektiven Wesenheiten von Alcyonedie Zusammenhänge zwischen unseren Bewußtseinsinhalten, also unserem Denken und Fühlen, und unserer täglichen Realität. Nichts, aber auch rein gar nichts geschieht auf dieser Welt zufällig. Alles und alle sind untrennbar miteinander verbunden........."